Von der Souveränität

Joseph de Maistre

(1.4.1753–26.2.1821)

zeitgenössischer Kupferstich

Joseph de Maistre

Von der Souveränität

Ein Anti-Gesellschaftsvertrag

Übersetzt aus dem Französischen von Claudia Oestmann

Kulturverlag Kadmos Berlin

Bibliografische Information der Deutschen Nationalbibliothek

Die Deutsche Nationalbibliothek verzeichnet diese Publikation in der Deutschen Nationalbibliografie; detaillierte bibliografische Daten sind im Internet über <http://dnb.d-nb.de> abrufbar

Internet: www.kulturverlag-kadmos.de
Umschlaggestaltung: Wolfram Burckhardt
Gestaltung und Satz: Readymade, Berlin
Druck: MCP
Printed in EU
ISBN 978-3-86599-296-3

Inhalt

Zweites Buch:
Von der Natur der Souveränität

Vorwort

Eine Annäherung

Habeant sua fata libelli – Bücher haben ihre eigenen Schicksale. Dieses berühmte Diktum von Terentianus Maurus trifft wohl in besonderer Weise auf Joseph de Maistres unvollendetes Werk »De la Souveraineté« zu, das er im Schweizer Exil unter dem Einfluß, ja Schock der Französischen Revolution, deren unmittelbares Opfer er als Exilant ja war, schrieb. Der von ihm gewählte Untertitel »Ein Anti-Gesellschaftsvertrag« läßt ihn gewissermaßen programmatisch gegen den Rousseauschen Gesellschaftsvertrag zu Felde ziehen, gerüstet mit den Waffen des Witzes, eines beißenden Spottes und eines kristallklaren Verstandes – und nicht zu Unrecht sagt Baudelaire, daß dieser ihn denken gelehrt habe. Doch ungeachtet aller seiner Anstrengungen, die Thesen Rousseau zu widerlegen, ist der Ausgang dieser Schlacht, zumindest wenn man die Kriegsbeute als Indiz des Ausgangs nehmen mag, eindeutig – und vielleicht darf man die Tatsache, daß das Werk nicht zu seiner Fertigstellung gelangt ist, schon als vorzeitige Kapitulation betrachten. Rousseau hat, ungeachtet seiner Gegnerschaft, seinen Siegeszug bis heute fortgesetzt, seine 1762 erschienene staatsrechtliche Abhandlung *Du contrat social* ist seither in Dutzenden von Ausgaben erschienen, die Rezeption des Werkes ist Legion und jeder Schüler erhält im Geschichtsunterricht Einblicke in die Grundlagen des politischen Rechts Rousseauscher Prägung. Er hört von einem fiktiven Gesellschaftsvertrag, der in vorgeschichtlicher Zeit von den Menschen beschlossen wurde, indem sie sich zu einem allgemeinen Willen (volonté générale) zugunsten eines Souveräns bekennen, dessen Aufgabe im Bewahren und Schutz der Freiheit und Gleichheit besteht. Er hört, daß dieser Souverän das Volk ist, das diesen allgemeinen Willen als sittliches Prinzip repräsentiert, dem sich alle unterwerfen und dem als »reiner Wille« eine metaphysische Dimension innewohnt. Schlußendlich hört er von Rousseaus Bekenntnis zu Freiheit und Gleichheit und zur Demokratie als der besten Regierungsform.

Gegen eine solche imposante Wertephalanx hingegen steht de Maistre auf der anderen Seite mit einer kleinen Anhängerschaft relativ verlassen dar und wirkt auf den ersten Blick zugegebenermaßen wenig *modern*. In diesem Zusammenhang wird des öfteren auf eine seiner bekanntesten Schriften »Considérations sur la France« – Betrachtungen über Frankreich – hingewiesen, in der er die Ursachen der, wie er sie nennt, »satanischen« Revolution analysiert und die Voraussetzungen einer Wiederherstellung der Monarchie in Frankreich erörtert, in deren Prinzip er – unabhängig von der Person des Souveräns – nach wie vor die beste und stabilste Regierungsform erblickt. Wenngleich seine Werke bei einer konservativen, der Revolution skeptisch bis feindselig gestimmten Leserschaft, insbesondere in Frankreich naturgemäß Anklang fanden und in der Folgezeit auch eine gewisse Wirkung hervorbrachten, so wohnt der Gestalt de Maistre eine gewisse Tragik inne, da es ihm zeitlebens nicht gelungen ist, den erstrebten politischen Einfluß aktiv mitzugestalten. Statt dessen fiel er des öfteren gerade bei jenen in Ungnade, deren intellektuelle Grundlage er in seinen Schriften formulierte – wie beispielsweise Ludwig XVIII., der zunächst von den *Considérations* begeistert war, eine spätere Schrift de Maistres (*Essai sur le principe générateur des constitutions politiques – Über das grundlegende Prinzip der politischen Verfassungen*) jedoch als Kritik an seiner Entscheidung für eine konstitutionelle Monarchie empfand. De Maistres Eigentümlichkeit läßt sich an der Rolle ablesen, die er im öffentlichen und politischen Leben spielte. Mehr als zwei Jahrzehnte lang verfocht er die gegenrevolutionären Thesen und die folgenden Herrschaften wie Jakobinertum, Direktorium und Kaiserreich dementierten sie jedesmal. Denn auch die Restauration enttäuschte ihn. Und so ist es eben jene intellektuelle Eigenständigkeit und Wahrheitsliebe, die de Maistre, der im Dienste des Königs von Sardinien stand, politisch des öfteren im Wege standen und ihn nicht nur im wahrsten Sinne des Wortes als Exilanten auswiesen. Vielleicht ist es gerade diese Heimatlosigkeit und die Inanspruchnahme seines Werkes durch verschiedene Interessen, die einer unvoreingenommeneren Deutung der Gedanken und Schriften de Maistres den Weg verstellt und ihm, wenn er überhaupt bekannt ist, vor allem in Deutschland nicht den allerbesten Ruf beschert haben. Und so ist es auch nicht zufällig, daß derzeit keine Schrift von ihm im Buchhandel erhältlich ist und auch keine Anstrengungen unternommen wurden, seine Schriften ins Deutsche aufzunehmen. Eine Ausnahme stellt seine Schrift »Du Pape« – *Vom Papst* – dar, die, inzwischen vergriffen, vor allem in katholischen Kreisen eine gewisse Aufmerksamkeit erlangt hat.

Warum also de Maistre verlegen, wenn man nicht glühender Verfechter der Monarchie oder eingefleischter Traditionalist ist und sich nach dem alten Bündnis von Staat und Kirche (Rom) sehnt?

Als wir vor einigen Jahren im Zuge der Planung einiger Titel – Gustav Landauers *Briefe aus der Französischen Revolution* und Guy Lenôtres *Die Guillotine* – zur Französischen Revolution auf den Titel stießen, war es weniger die Person de Maistre, als insbesondere die Thematik, die unsere Aufmerksamkeit weckte. Nach der Lektüre des Buches jedoch, das unbestritten als ein höchst interessantes Zeitdokument und ein luzider, wenngleich eigenwilliger Kommentar des *Gesellschaftsvertrags* gelesen werden kann, drängte sich darüber hinaus mit Gewalt die Analogie auf, das auch wir als Zeitgenossen einer bedeutenden Umwälzung der politischen Verhältnisse ausgesetzt waren. Die de Maistre so drängende Frage nach dem *Souverän* und den Prinzipien der Herrschaft wurde plötzlich wieder aktuell, und zwar in dem Maße, in dem althergebrachte und liebgewonnene Garanten der staatlichen Souveränität zu bröckeln anfingen und anderen Systemen Platz machten. Der europäische Einigungsprozeß und die Einführung des Euro, die neue Rolle der Nationalstaaten, die zunehmenden Verflechtungen von Wirtschaft und Politik im Zuge einer immer mehr vernetzten und globalisierten Welt, um nur einige Beispiele zu nennen, haben die Koordinaten der Politischen Ökonomie verschoben. »Nationale Regierungen, heisst es etwa in der Zeitschrift ›Foreign Affairs‹, verlören nicht nur Autonomie in einer sich globalisierenden Wirtschaft, sondern teilten heute Machtkompetenzen, auch politische, soziale und sicherheitspolitische, die einst Kernfunktionen der nationalstaatlichen Souveränität gewesen seien, mit Unternehmen, internationalen Institutionen und Nicht-Regierungsorganisationen. Die stetige Konzentration der Macht in den Händen von Staaten, die mit dem Westfälischen Frieden 1648 begonnen habe, sei endgültig vorbei.«*

Zugleich gehört es zu den grundlegenden Folgen des Zweiten Weltkrieges, daß insbesondere in Europa eine Rückkehr zu uneingeschränkter nationalstaatlicher Souveränität ungeachtet der Bemühungen des gaullistischen Frankreich praktisch ausgeschlossen war, da Europa

* Zitiert nach: Neue Zürcher Zeitung, 3. Januar 1998 (Kommentar).

seine bis dahin dominierende Stellung in der Welt an die Flügelmächte der USA und der Sowjetunion gebunden sah und außenpolitisch von diesen abhängig wurde. Mit dem Ende des Ost-West-Konflikts wurde die weltpolitische Bühne noch einmal neu aufgemischt.

Selbstredend bleibt es nicht aus, daß solche massiven Veränderungen Unsicherheiten und Ängste schüren. Beim vielstimmigen Widerstand gegen den internationalen wirtschaftlichen Wettbewerb vereinen sich konservative Befürchtungen über einen Verlust an staatlicher Souveränität und kultureller Autonomie mit sozialdemokratischen Ängsten über ein Zerrinnen staatlicher Regulierungsmittel und -gewalt in der nationalen Wirtschaft. Vielen Zeitgenossen steht das Abdanken des Nationalstaates zugunsten der globalen Kraft einer anonymen und als menschenfeindlich verteufelten Wirtschaftsdynamik als Schreckgespenst vor Augen. Man sieht die großen Wirtschaftsunternehmen das Spiel der Globalisierung weiterspielen, stets auf der Suche nach dem besten Standort und unbeeinflußt von vaterländischen Gefühlen, während dem Nationalstaat die undankbare Aufgabe der Daseinsvorsorge, der Steuern und der Umverteilung bleibt, die ihn immer mehr in einen Teufelskreis führen. Denn je mehr er verlangt, desto weniger wird er von den Leistungsträgern erhalten, die sich proportional zum Einkommen in zunehmendem Maße dem Fiskus über Grenzen, die immer weniger Bedeutung haben, entziehen und zur langsamen Aushöhlung des Gemeinwesens beitragen.

Vor diesem – freilich sehr pessimistisch gezeichneten – Hintergrund öffnet sich plötzlich ein neuer, durchaus vertrauter Zugang zu dieser Schrift, gibt sie doch einen spannenden und präzisen Einblick in die Hohlräume der frühen Moderne und läßt ihre verdrängten Fragen ans Tageslicht treten, Fragen, die uns in analoger Hinsicht sehr vertraut sind und an heutige Debatten erinnern. Nicht als Utopist, sondern als Strukturalist der Macht, geht es ihm weniger um das Naturrecht als um die konkrete Maschine der Macht, und anders als Rousseau, der über die Konstruktion einer ursprünglichen Gewaltübertragung die Grundlage der modernen Gesellschaft weniger begründet als vielmehr beschwört, bleibt der Skeptiker de Maistre auf dem Boden der Tatsachen. Abgesehen davon, daß die mitunter sehr bissige Lektüre ein Lesevergnügen darstellt, läßt er sich gewissermaßen als eine Art intellektueller Sparringspartner betrachten, der die Argumente des Gegners seziert, seine Schwächen offenlegt und den Gedankengang auf die Spitze bringt.

Peter Richard Rohden hat dies sehr schön ausgedrückt*:

> »Die Doktrin de Maistres gleicht einem Gebäude, dessen ganze Anlage dadurch bestimmt ist, daß es in jeder Einzelheit das genaue Gegenteil des Nachbarhauses darstellen soll, und das trotzdem, um überhaupt stehen zu können, der ständigen Anlehnung an das Nebenhaus bedarf.« Oder um mit Stendhal zu sprechen: de Maistre »kristallisiert« Voltaire, freilich in negativer Richtung. Er verleiht dem Antlitz des Gegners übermenschliche Züge, bis dessen Schriften als eine förmliche Enzyklopädie des Satans erscheinen.*

Freilich sind die Antworten, die de Maistre in der Auseinandersetzung mit Rousseau anbietet, nicht in einem engen Sinne auf heutige Fragen übertragbar, aber sie markieren doch in gewisser Hinsicht einen intellektuellen Stil, der meines Erachtens etwas vernachlässigt ist und für den de Maistre uns in *Von der Souveränität* ein Paradebeispiel gibt. Ungeachtet aller seiner Polemik, gilt es de Maistre als einen wachen Geist mit dem Gespür für die relevanten Fragen zu lesen – nicht mehr, aber auch nicht weniger.

Berlin, im September 2000 Wolfram Burckhardt

---

* Peter Richard Rohden, Joseph de Maistre als politischer Theoretiker, München 1929, S. 144.

Editorische Bemerkung

Diese Übersetzung von *De la Souveraineté*, das hier zum ersten Mal ins Deutsche übertragen wird, erfüllt nicht den Anspruch einer textkritischen Edition. Der wissenschaftlich arbeitende Leser wird ohnehin nicht umhin kommen, auf die einsprachige textkritische Edition (De Maistre, De la Souveraineté, Paris 1991) zu verzichten.

Die von de Maistre stammenden Fußnoten sind auf das erste und zweite Buch bezogen mit arabischen Ziffern durchgezählt. Nützliche Anmerkungen und Hinweise der Übersetzerin sind in eckigen Klammern wiedergegeben [ ] und Fußnoten mit einem Sternchen (*) markiert. Die zahlreichen lateinischen Zitate aus Tacitus, Ovid u.a., die de Maistre in den Fußnoten anführt, sind nur in Ausnahmefällen übersetzt, in denen uns diese für das Verständnis notwendig erschienen. Oft erfüllen die Zitate lediglich eine den Text unterstreichende Funktion, so daß wir uns aus praktischen Gründen und um die Leserlichkeit des Textes nicht durch einen zu großen Fußnotenapparat zu erschweren, zu diesem Vorgehen entschieden haben. Für die zahlreihen Hinweise und Zitate auf Rousseau, insbesondere auf den *Gesellschaftsvertrag* haben wir als Grundlage die Politischen Schriften Bd. 1 von J.-J. Rousseau (UTB, Paderborn 1977) genommen und, da die einzelnen Stellen teilweise neu übersetzt wurden, nicht immer eigens zitiert.

Erstes Buch

Vom Ursprung der Souveränität

KAPITEL I

Von der Souveränität des Volkes

Non illi imperium
Vergil

Das Volk ist der Souverän, sagt man. Und von wem? Von sich selbst offenbar. Das Volk ist also auch Untertan. Hier liegt gewiß eine Zweideutigkeit, wenn nicht gar ein Irrtum vor, denn das Volk, das *befiehlt*, ist nicht dasselbe, das *gehorcht*. Es reicht, den allgemeinen Satz aufzustellen, »*Das Volk ist der Souverän*«, um zu fühlen, daß es hier eines Kommentar bedarf.

Diese Erklärung wird, wenigstens in der französischen Gesellschaftsordnung, nicht auf sich warten lassen. Das Volk, wird man sagen, übt seine Souveränität durch seine Repräsentanten aus. Hiermit fängt es an, verständlich zu werden.

Das Volk ist ein Herrscher, welcher nicht imstande ist, die Herrschaft auszuüben. So hat wenigstens jedes männliche Individuum dieses Volkes, wenn die Reihe an ihm ist, das Recht, eine bestimmte Zeit lang zu regieren. Geht man beispielsweise von einer Bevölkerungszahl von 25 Millionen Menschen in Frankreich und 700 für zwei Jahre gewählten Abgeordneten aus und wären diese 25 Millionen Menschen unsterblich und die Abgeordneten würden der Reihe nach ernannt, so dürfte sich jeder Franzose ungefähr alle 3500 Jahre regelmäßig König nennen.

Da man aber in diesem Zeitraum nicht umhin kann, von Zeit zu Zeit zu sterben, und da es überdies den Wählern frei steht, so zu wählen, wie es ihnen beliebt, erschrickt man bei der Vorstellung über die entsetzlich große Anzahl von Königen, die zu sterben verdammt wären, ohne jemals regiert zu haben.

Doch da diese Frage einer ernsthaften Untersuchung bedarf, halten wir zunächst fest, daß man sich möglicherweise in diesem Punkt, wie in so vielen anderen, nicht verstanden hat.

Beginnen wir also damit, die Frage präziser zu fassen:

Man hat mit Eifer darüber gestritten, ob die Souveränität von Gott oder von den Menschen stammte, aber ich weiß nicht, ob man bemerkt hat, daß beide Behauptungen zugleich wahr sein können.

Es ist in einer vereinfachten und untergeordneten Bedeutung sehr richtig, daß die Souveränität auf menschlicher Übereinkunft beruht, denn wenn irgendein Volk darin übereinstimmte, nicht mehr zu gehorchen, so würde plötzlich die Souveränität verschwinden, und es ist unmöglich, sich die Gründung einer Herrschaft vorzustellen ohne ein Volk, das einwilligt zu gehorchen. Wenn nun die Gegner der These vom göttlichen Ursprung der Souveränität nur dies zu sagen beabsichtigen, so haben sie recht, und es wäre nutzlos, darüber zu streiten. Da Gott es nicht für nötig hielt, sich bei der Gründung der Reiche übernatürlicher Mittel zu bedienen, ist gewiß, daß alles vom Menschen gemacht ist. Sagt man jedoch, die Souveränität komme nicht von Gott, weil er sich der Menschen bedient, um sie zu gründen, so behauptet man gleichzeitig, er sei nicht der Schöpfer des Menschen, weil wir alle von einem Vater und einer Mutter abstammen. Alle *Theisten*[1] des Universums stimmen zweifellos darin überein, daß der, welcher die Gesetze verletzt, sich somit dem göttlichen Willen widersetzt und vor Gott schuldig macht, obwohl er nur den menschlichen Geboten zuwider handelt. Denn Gott hat den Menschen als gesellschaftsfähiges Wesen erschaffen, und da er die Gesellschaft *gewollt* hat, so hat er auch die Souveränität und die Gesetze *gewollt*, ohne die es keine Gesellschaft gibt.

Die Gesetze kommen also von Gott, sofern es sein Wille ist, daß es Gesetze gebe und man ihnen gehorche, und doch kommen diese Gesetze auch von den Menschen, da sie von Menschen gemacht sind. Genauso stammt die Souveränität von Gott, da er mit Ausnahme des Bösen der Schöpfer von allem ist, und da er vor allem der Schöpfer der Gesellschaft ist, die nicht ohne die Souveränität bestehen kann. Und dennoch ist dieselbe Souveränität in einem gewissen Sinne auch wieder Menschenwerk, und zwar in dem Maße, wie diese und jene Regierungsform gegründet und mit dem Einverständnis der Menschen verkündet wurde.

Die Verfechter der These vom göttlichen Schöpfertum können also nicht bestreiten, daß der menschliche Wille bei der Gründung der Regierungen eine gewisse Rolle spielt, und die Anhänger der entgegengesetzten Anschauung können ihrerseits nicht leugnen, daß Gott im be-

---

[1] Obwohl dieses Wort in seiner ursprünglichen Verwendung mit dem des *Deisten* synonym ist, hat die Gewohnheit daraus einfach das Gegenteil zu *Atheist* gemacht, und in dieser Bedeutung gebrauche ich es. Es ist ein notwendiges Wort, da *Deist* den Glauben an jegliche Form der Offenbarung ausschließt.

sonderen Sinn und in überlegener Weise der Schöpfer der nämlichen Regierungen ist.

Es scheint also, daß diese beiden Behauptungen: »Die Souveränität kommt von Gott« und: »Die Souveränität kommt vom Menschen« sich nicht gänzlich widersprechen, genauso wenig wie diese beiden: »Die Gesetze stammen von Gott« und: »Die Gesetze stammen von den Menschen«. Daher genügt es, daß man einander versteht und die Begriffe richtig gebraucht und nicht verwechselt. Mit Hilfe dieser Vorsichtsmaßnahmen schützen wir uns davor, uns zu verrennen, und mir scheint, man sollte vornehmlich dem Schriftsteller Gehör schenken, der sagt: »Ich komme nicht, um euch zu sagen, ob die Souveränität von Gott kommt oder von den Menschen; laßt uns nur zusammen untersuchen, was an ihr göttlich und was menschlich ist.«

Kapitel II
Der Ursprung der Gesellschaft

Es ist ein merkwürdiger Wahn des Menschen, sich Schwierigkeiten zu bereiten nur um des Vergnügens willen, sie zu beseitigen.

Die Geheimnisse, die ihn von allen Seiten umgeben, genügen ihm nicht. Er verwirft sogar die klarsten Begriffe und verwandelt alles in Probleme durch irgendwelche Winkelzüge des Stolzes, die ihn dazu verleiteten, es als unter seiner Würde anzusehen, das zu glauben, was alle glauben. So hat man lange über den Ursprung der Gesellschaft gestritten, und statt ganz einfach das anzunehmen, was sich dem Verstand natürlicherweise anbietet, hat man die Metaphysik bemüht, um aus der Luft gegriffene Hypothesen aufzustellen, die vom gesunden Menschenverstand und der Erfahrung verworfen werden.

Wenn man die Anfangsgründe der Gesellschaft zum Problem erhebt, setzt man offenbar voraus, daß es für das Menschengeschlecht eine vorgesellschaftliche Zeit gab, aber genau das müßte erst bewiesen werden.

Es läßt sich zweifellos nicht bestreiten, daß die Erde im allgemeinen zum Aufenthaltsort des Menschen bestimmt ist. Da nun die Vermehrung der Menschen der Absicht des Schöpfers entspricht, so ergibt sich daraus, daß es in der Natur des Menschen liegt, sich über die gesamte Erdoberfläche verteilt in großen Gesellschaften zusammenzufinden. Denn es liegt in der Natur eines Lebewesens, nach dem Willen Gottes zu leben, und dieser Wille wird durch die Gegebenheiten vollständig ausgedrückt.

Der vereinzelt lebende Mensch ist also keineswegs der *Naturmensch*. Das Menschengeschlecht selbst war noch nicht das, was es sein sollte, als eine kleine Anzahl von Menschen auf einem Gebiet von großer Fläche verteilt war. Damals gab es nur Familien und diese solcherart verstreut lebenden Familien waren, einzeln oder in Hinblick auf ihre zukünftige Vereinigung, erst Embryonen von Völkern.

Und wenn uns lange nach der Bildung der großen Gesellschaften einige in der Wüste verlorene Völkerstämme noch immer die Erscheinungen der Menschengattung im ihrem Kindheitsstadium präsentieren, so handelt es sich dabei immer um Kind-Völker, die noch nicht das sind, was sie sein sollen.

Was wäre von einem Naturforscher zu halten, der behauptete, der Mensch sei ein Tier von 30 bis 35 Daumenbreit Größe, ohne Kraft und Verstand und würde nur unartikulierte Schreie ausstoßen? Dieser Naturforscher wäre, indem er der physischen und geistigen Natur des Menschen nur Kindheitsmerkmale zuschriebe, jedoch nicht lächerlicher als der Philosoph, der die politische Natur desselben Lebewesens in den *Anfangsgründen* der Gesellschaft sucht.

Jegliche Frage über die *Natur* des Menschen muß von der Geschichte beantwortet werden. Der Philosoph aber, der uns mit Vernunftgründen beweisen will, was der Mensch sein soll, verdient unser Gehör nicht. Er ersetzt die Erfahrung durch Bequemlichkeitsgründe und den Willen des Schöpfers durch seine eigenen Entscheidungen.

Ich nehme an, daß man zu beweisen vermag, daß ein Wilder in Amerika glücklicher und weniger lasterhaft lebt als ein zivilisierter Mensch. Läßt sich daraus schließen, daß letzterer ein entwürdigtes Lebewesen, oder, wenn man so will, weiter vom *Naturzustand* entfernt ist als der erste? Keineswegs. Das hieße zu behaupten, die individuelle Natur des Menschen bestünde darin, ein Kind zu bleiben, weil er in diesem Lebensalter noch ohne Laster und Unglück ist, welche ihn im Mannesalter heimsuchen müssen. Immer wieder zeigt uns die Geschichte die Menschen in mehr oder weniger zahlreichen Gesellschaften vereint und von verschiedenen Herrschern regiert. Hatten sie sich bis zu einem gewissen Grad vermehrt, konnten sie nicht mehr anders leben. Alles, was sich vor der Bildung der Gesellschaft ereignete, ist uns unbekannt und der wahren Bestimmung des Menschen fremd.

Also gab es eigentlich für den *Menschen* keine vorgesellschaftliche Zeit, denn vor der Herausbildung der politischen Gesellschaften war der Mensch noch nicht ganz Mensch, und es ist absurd, die Wesensmerkmale irgendeines Lebewesens im Keim desselben suchen zu wollen.

So ist also die Gesellschaft keineswegs das Werk des Menschen, sondern das unmittelbare Ergebnis des Schöpferwillens, dessen Absicht darin lag, daß der Mensch das werde, was er schon immer und überall gewesen ist.

Rousseau und alle Aufklärer seines Schlages stellen sich ein Volk *im Naturzustand* (das ist ihre Ausdrucksweise) vor, oder versuchen es jedenfalls. Sie beraten regelrecht über die Vor- und Nachteile des gesellschaftlichen Zustands und entschließen sich endlich dazu, vom einen zum anderen überzugehen. Aber in dieser Annahme ist nicht die Spur eines gesunden Menschenverstandes. Wie lebten diese Menschen, bevor es den *Nationalkonvent* gab, wo sie schließlich beschlossen, sich einen Herrscher zu geben? Sie lebten offensichtlich ohne Gesetze, ohne Regierung – und seit wann?

Ein wesentlicher Irrtum besteht darin, sich den Gesellschaftstand als einen Zustand der Wahl vorzustellen, gegründet auf der Übereinkunft der Menschen, auf einen Beschluß und einen Urvertrag, den es nicht geben kann. Spricht man vom *Naturzustand* im Gegensatz zum Gesellschaftsstand, so redet man bewußt Unsinn. Das Wort *Natur* ist einer dieser allgemeinen Begriffe, die man wie alle abstrakten Begriffe mißbraucht. Dieses Wort beinhaltet in der am meisten gebräuchlichen Bedeutung tatsächlich nur die Summe aller Gesetze, aller Kräfte und aller Wirkmächte, die das Universum bilden. Es bedeutet *die besondere Natur* dieses oder jenes Lebewesens, die Summe der Eigenschaften, die es zu dem machen, was es ist und ohne die es etwas anderes wäre und die Absichten des Schöpfers nicht erfüllen könnte. So bildet die Zusammensetzung aller Teile, welche die zur Zeitmessung bestimmte Maschine ausmachen, die *Natur* oder das Wesen der Uhr; und die *Natur* oder das Wesen des *Pendels* besteht darin, eine bestimmte Form, ein bestimmtes Ausmaß und eine bestimmte Stellung zu haben: sonst wäre es kein Pendel mehr, und könnte seine ihm zugedachten Funktionen nicht erfüllen. Zur *Natur* einer Viper gehört das Kriechen, eine Schuppenhaut, scharfe und bewegliche Zähne, die ein tödliches Gift verspritzen, usw. Zur *Natur* des Menschen gehört es, ein vernunftbegabtes, religiöses und gesellschaftsfähiges Tier zu sein. Eine unveränderliche Erfahrung lehrt uns dies, und ich sehe nicht das geringste, das man dieser Erfahrung entgegenhalten könnte. Wenn jemand beweisen möchte, daß zur Natur der Viper Flügel und eine melodiöse Stimme gehören und zu der des Bibers, vereinzelt auf den Gipfeln der höchsten Berge zu leben, dann steht es ihm frei, dies zu tun. Währenddessen glauben wir, daß das, was ist, so sein soll und immer so gewesen ist.

»Die Gesellschaftsordnung«, sagt Rousseau, »ist ein heiliges *Recht*, das als Grundlage aller anderen dient. Dieses Recht kommt nicht von der *Natur*: es ist auf Übereinkünfte gegründet.« (*GV*, 1. Kapitel)

Was ist die *Natur*? Was ist ein *Recht*? Und inwiefern ist eine *Ordnung* ein *Recht*? ... Aber gehen wir über diese Schwierigkeiten hinweg: die Fragen nehmen kein Ende bei einem Mann, der alle Begriffe mißbraucht und keinen einzigen definiert. Zumindest haben wir das Recht, ihn nach den Beweisen dieser ehrgeizigen Behauptung »*Die Gesellschaftsordnung kommt nicht von der Natur*« zu fragen. – »Ich muß«, sagt er selbst, »das, was ich soeben behauptet habe, begründen.« Das hätte er tatsächlich tun sollen, aber die Art, wie er die Begründung in Angriff nimmt, ist wahrhaft merkwürdig. Er benötigt drei Kapitel, um zu beweisen, daß die Gesellschaftsordnung weder von der Familiengesellschaft noch von der Gewalt oder von der Sklaverei herrührt (Kap. 2, 3, 4), und er schließt daraus (Kap. 5), *daß man immer zu einer ersten Übereinkunft zurückgehen muß*. Diese Art der Beweisführung ist bequem, es fehlt nur die majestätische Formel der Geometer: »*Was es zu beweisen galt*«.

Es ist reichlich verwunderlich, daß Rousseau noch nicht einmal versuchte, die einzige Sache zu beweisen, die es zu beweisen galt: denn wenn die Gesellschaftsordnung eine natürliche ist, gibt es keinen Gesellschaftsvertrag.

»Bevor wir nun«, sagt er, »den Vorgang untersuchen, durch den ein Volk einen König[2] wählt, wäre es gut, den Vorgang zu untersuchen, der ein Volk zu einem Volk macht: denn dieser Vorgang ist, weil notwendigerweise früher als der andere, die wahre Grundlage der Gesellschaft.« (*Ibid.*, Kap. V) – »Es ist der ewige Wahn der Philosophen«, sagt anderswo derselbe Rousseau, »das zu leugnen, was ist, und das zu erklären, was nicht ist[3].« Fügen wir unsererseits hinzu: es ist der ewige Wahn Rousseaus, sich über die Philosophen[4] lustig zu machen, ohne zu bedenken, daß auch er *Philosoph* ist – im wahrsten Sinne des Wortes, den er diesem Wort zuwies. So leugnet beispielsweise der *Gesellschaftsvertrag* von Anfang bis Ende die Natur des Menschen, so wie sie ist – um einen Gesellschaftsvertrag zu erklären, den *es nicht gibt*.

Auf diese Weise pflegt man zu urteilen, wenn man den Menschen von der Gottheit trennt. Es hätte wenig bedurft, die Augen auf den Ursprung der Lebewesen zu richten, anstatt sich abzumühen und doch nur auf Irrtum zu stoßen, aber auf eine so einfache, sichere und tröstliche Art zu philosophieren ist nicht nach dem Geschmack der Schriftsteller dieses unglücklichen Jahrhunderts, dessen wirkliche Krankheit der Abscheu gegenüber dem gesunden Menschenverstand ist.

Würde man denn nicht sagen, daß der Mensch, dieses Eigentum der Gottheit[5], durch einen blinden Zufall auf die Erde geworfen wurde und

---

2 Warum einen *König*? Es hätte heißen müssen: einen *Herrscher*.

3 *Nouvelle Héloïse*, Bd. IV[c].

4 Siehe *Emile*, Bd. III [korrekt: Bd. IV], ein Porträt Rousseaus von diesen Herren von derart frappierender Wahrheit. Er vergißt lediglich zu ergänzen: *et quorum pars magna fui.*

5 Dieser schöne Ausdruck Platons findet sich im *Phaidon*.

daß er durch das Ergebnis seiner Wahl das ist, was er ist? Sicherlich setzte sich Gott irgendein Ziel, als er den *Menschen* erschuf. Die Frage reduziert sich nun darauf, ob der Mensch *durch* oder *gegen* den göttlichen Willen ein – wie Aristoteles sagt – *politisches Lebewesen* geworden ist. Obwohl diese öffentlich geäußerte Frage wahrhaft Züge des Wahnsinns trägt, wird sie dennoch indirekt in einer Vielzahl von Schriften gestellt, deren Autoren sich sogar ziemlich häufig dafür entscheiden, sie zu verneinen. Mit dem Wort *Natur* wurden zahllose Irrtümer verkündet. Wiederholen wir deshalb, daß die Natur eines Lebewesens nur in der Zusammensetzung der diesem Lebewesen vom Schöpfer zugewiesenen Eigenschaften besteht. Herr Burke hat tiefsinnig bemerkt, daß man unmöglich genug bewundern könne, wie sehr *die Kunst die Natur des Menschen ist*: ja, ohne Zweifel ist der wirkliche *Naturmensch* der Mensch mit all seinen Neigungen, Kenntnissen und Künsten und das Gewebe des Webers *genauso* natürlich wie das der Spinne.

Der *Naturzustand* des Menschen besteht also darin, das zu sein, was er heute ist und was er immer gewesen ist, d.h. *gesellschaftsfähig*. Alle Geschichtsbücher der Welt bestätigen diese Wahrheit. Weil man in den Wäldern Amerikas, einem neuen Land, über das noch nicht alles gesagt ist, umherziehende Horden gefunden hat, die wir *Wilde* nennen, so folgt daraus nicht, daß der Mensch von Natur aus nicht gesellschaftsfähig sei: der Wilde ist eine Ausnahme und beweist daher gar nichts; entweder ist er aus dem *Naturzustand* gefallen oder hat ihn noch gar nicht erreicht. Wohl gemerkt, der Wilde stellt keine ausdrückliche Ausnahme dar, denn diese Gattung Mensch lebt in Gesellschaft und kennt die Souveränität ebenso wie wir. Seine Majestät, der Kazike*, ist statt mit dem Fell des sibirischen Fuchses mit fettigem Biberfell bekleidet; er verschlingt seinen gefangenen Feind auf fürstliche Art, anstatt ihn auf sein Ehrenwort hin freizulassen, wie dies in unserem entarteten Europa geschieht. Aber letztendlich gibt es auch unter den Wilden eine Gesellschaft, eine Souveränität, eine Regierung und gewisse Gesetze. Was die falschen oder wahren Geschichten über vereinzelt in Wäldern angetroffene menschliche Wesen angeht, die gänzlich wie Tiere gelebt haben, so ist man ohne Zweifel davon entbunden, solche auf diese Arten von Tatsachen oder Erzählungen gegründeten Theorien zu untersuchen.

---

* Häuptling der Indianer in Mittel- und Südamerika.

Kapitel III
Von der Souveränität im allgemeinen

Wenn die Souveränität nicht der Gründung des *Volkes* vorausgeht, so sind diese beiden Begriffe zumindest gleichberechtigt, da es eines Herrschers bedarf, um ein *Volk* zu gründen. Ebenso unmöglich ist es, sich eine menschliche Gesellschaft oder ein *Volk* ohne Herrscher vorzustellen, wie einen Bienenstock und einen Bienenschwarm ohne Königin, denn der Bienenschwarm lebt kraft der ewigen Naturgesetze auf diese Weise oder gar nicht. Die Gesellschaft und die Souveränität entstehen also gemeinsam. Aus diesem Grund lassen sich diese beiden Begriffe nicht voneinander trennen. Stellen wir uns den vereinzelt lebenden Menschen vor: in diesem Fall geht es weder um Gesetze noch um eine Regierung, denn er ist noch kein vollständiger Mensch und es gibt noch keine Gesellschaft. Bringen wir den Menschen mit seinesgleichen in Berührung, so setzen wir von diesem Moment an einen Herrscher voraus, weil wir eine Gesellschaft voraussetzen, die nicht ohne Herrscher existieren kann. Der erste Mensch war der König seiner Kinder[6] und jede vereinzelt lebende Familie wurde auf dieselbe Art regiert. Aber sobald die Familien miteinander in Berührung kamen, brauchten sie einen Herrscher und dieser *Herrscher* machte daraus ein *Volk*, indem er ihnen Gesetze gab, denn Gesellschaft entsteht nur durch den Herrscher. Jeder kennt den berühmten Vers:

»Der erste König war ein glücklicher Soldat.«

Man hat vielleicht niemals etwas Falscheres gesagt. Es muß im Gegenteil heißen: *Der erste Soldat wurde von einem König bezahlt.*

Sobald die Menschen miteinander in Berührung kamen, entstanden ein *Volk*, eine Zivilisationsform und ein Herrscher. Das Wort *Volk* ist ein relativer Begriff, dessen Bedeutung untrennbar mit der Vorstellung

---

6 Indem ich bemerke, daß keine menschliche Gemeinschaft ohne irgendeine Form der Herrschaft existieren kann, so beabsichtige ich keineswegs, eine genaue Machtgleichheit zwischen der väterlichen und der höchsten Autorität herzustellen. Über diesen Punkt ist bereits alles gesagt worden.

von der Souveränität verknüpft ist, denn die Vorstellung vom *Volk* erweckt diejenige einer Versammlung um ein gemeinsames Zentrum herum; und ohne Souveränität gibt es weder Zusammenhalt noch politische Einheit.

In bezug auf die Gründung der Gesellschaft und der Souveränität muß man also die Vorstellungen von Wahl und Beschluß ins Reich der Phantasie verweisen. Dieser Prozeß ist das unmittelbare Werk der Natur, oder besser gesagt, ihres Schöpfers.

Wenn die Menschen solche einfachen und einleuchtenden Ideen zurückgewiesen haben, verdienen sie unser Bedauern. Gewöhnen wir uns daran, in der menschlichen Gesellschaft ausschließlich den Ausdruck göttlichen Willens zu sehen. Je mehr die falschen Gelehrten versucht haben, uns zu isolieren und den Zweig von seinem STAMM zu lösen, desto mehr müssen wir uns daran klammern, wenn wir nicht austrocknen oder verfaulen wollen.

Kapitel IV
Von besonderen Herrschaftsformen und von Nationen

Dieselbe Macht, welche die Gesellschaftsordnung und die Souveränität beschloß, hat auch entsprechend der unterschiedlichen Charaktere der Nationen unterschiedliche Formen der Souveränität beschlossen.

Die Nationen entstehen und vergehen genauso wie die Individuen. Die Nationen haben buchstäblich *Väter* und *Gründer*, die gewöhnlich berühmter sind als ihre Väter, obwohl der größte Verdienst dieser Gründer nur darin besteht, den Charakter des Kind-Volkes zu erfassen und es in die Lage zu setzen, seine ganze Energie zu entfalten.

Die Nationen haben eine allgemeine *Seele* und eine wahrhaft moralische Einheit, die sie zu dem macht, was sie sind. Diese Einheit wird vor allem durch die Sprache angezeigt.

Der Schöpfer hat auf dem Globus die Grenzen der Nationen gezeichnet, und der heilige Paulus sprach philosophisch zu den Athenern, als er ihnen sagte: *Er hat aus einem einzigen das ganze Menschengeschlecht gemacht, damit sie die ganze Erde bevölkern, indem er die genaue Zeit und die Grenzen ihres Aufenthalts in der Welt vorherbestimmte* (Apostelgeschichte 17,26). Diese Grenzen sind sichtbar, und man sieht immer wieder, wie jedes Volk bestrebt ist, eins der durch diese Grenzen abgesteckten Gebiete vollständig auszufüllen. Manchmal lassen unüberwindliche Verhältnisse zwei Nationen aufeinanderprallen und zwingen sie, sich zu vermischen. Ihre Entstehungsprinzipien durchdringen sich und erzeugen eine *hybride* Nation, die – je nachdem – mehr oder weniger mächtig und berühmt sein kann, als wenn sie von *reiner* Rasse wäre. Werden jedoch die Prinzipien mehrerer Nationen in einen Topf geworfen, so schaden sie sich gegenseitig. Die Keime unterdrücken und ersticken einander, und die Menschen, die sie ausmachen, werden – weil zu einer gewissen politischen und moralischen Mittelmäßigkeit verdammt – trotz einer großen Anzahl persönlicher Verdienste niemals die Aufmerksamkeit der Welt erringen, bis eine große Erschütterung einen der Keime befreit und ihm gestattet, die anderen zu verschlingen und der eigenen Substanz einzuverleiben. *Italiam*! *Italiam*!

Manchmal überlebt eine Nation inmitten einer anderen, viel größeren und widersteht der Vermischung, weil nicht genug Affinitäten zwischen ihnen bestehen und bewahrt somit ihre moralische Einheit.

Wenn also ein außergewöhnliches Ereignis die herrschende Nation in Unordnung bringt oder ihr eine große Bewegung aufzwingt, so wird man sehr erstaunt sein zu sehen, wie die andere dem allgemeinen Impuls widersteht und eine entgegengesetzte Entwicklung einnimmt. So erklärt sich das Wunder der Vendée. Die anderen mit dem Königreich Unzufriedenen konnten, obwohl viel zahlreicher, nichts Vergleichbares hervorbringen, weil diese Unzufriedenen nur *Menschen* sind, die Vendée hingegen eine *Nation* ist. Von dort kann sogar das Heil kommen, denn die *Seele*, von der diese wunderbaren Anstrengungen geleitet werden, hat wie alle wirksamen Kräfte eine Expansionskraft, die sie dazu führt, sich beständig weiter auszudehnen, so daß sie – indem sie allmählich alles assimiliert, was ihr ähnelt und den Rest unterdrückt – schließlich genug Übergewicht gewinnen kann, um das Wunder zu vollbringen.

Bisweilen äußert sich die nationale Einheit jedoch deutlich in einem sehr kleinen Volksstamm; und um sich darüber hinweg zu trösten, daß sie keine eigene Sprache besitzt, eignet sie sich – mit einem Akzent und besonderen Ausdrucksformen – diejenige der Nachbarn an. Die Tugenden und Laster der nationalen Einheit sind die ihren; um aber nicht die Lächerlichkeiten der anderen zu übernehmen, befreit sie sich davon und macht sich ohne eigene körperliche Kraft bekannt. Getrieben von der Notwendigkeit zu handeln, wird sie auf ihre Art siegen. Die Natur wird sie durch eine ihrer beliebten Kontraste leicht an die Seite von apathischen oder unbedeutenden Völkern stellen, die schon von weitem auf sie aufmerksam machen werden. Man wird ihre Raubzüge im Reich der öffentlichen Meinung zitieren, sie wird schließlich Aufsehen erregen, man wird sie zitieren, und sie bringt es dahin, sich mit großen Namen zu vergleichen und man wird sagen: *Ich entscheide nicht zwischen Genf und Rom.*

Wenn man vom eigentlichen *Wesen* einer Nation spricht, so ist der Ausdruck nicht so metaphorisch, wie man glaubt.

Aus diesen verschiedenen Wesensarten der Nationen entstehen die unterschiedlichen Regierungsformen. Man kann sagen, jede hat ihre Wesensart, denn diejenigen, welche derselben Kategorie angehören und denselben Namen tragen, präsentieren sich dem Auge des Betrachters in unterschiedlichen Nuancen.

Dieselben Gesetze können nicht für verschiedene Provinzen geeignet sein, in denen unterschiedliche Lebensgewohnheiten herrschen und die unter gegensätzlichen klimatischen Bedingungen leben und nicht dieselbe Regierungsform ertragen können.

Die allgemeingültigen Ziele jeder guten Einrichtung müssen jedem Land gemäß den Verhältnissen angepaßt werden, welche sich sowohl aus der dortigen Situation als auch aus der Wesensart der Einwohner ergeben. Anhand dieser Verhältnisse muß man jedem Volk das ihm eigene System von Einrichtungen zuweisen, welches, vielleicht nicht als solches, aber für den Staat, für den es bestimmt ist, das Beste ist.

Für einen Staat ist nur eine einzige gute Regierung möglich, und da tausend Ereignisse die Verhältnisse eines Volkes zu verändern vermögen, so können nicht nur verschiedene Regierungen für verschiedene Völker richtig sein, sondern auch für dasselbe Volk zu verschiedenen Zeiten!

Zu allen Zeiten wurde viel über die beste Regierungsform gestritten, ohne zu bedenken, daß jede in bestimmten Fällen die beste und in anderen die schlechteste sein kann!

Man darf also nicht glauben, »*daß jede Regierungsform für jedes Land geeignet ist: die Freiheit beispielsweise gedeiht nicht in jedem Klima und steht also nicht jedem Volk zur Verfügung. Je mehr man über diesen von Montesquieu aufgestellten Grundsatz nachdenkt, desto mehr erweist sich dessen Wahrheit. Je mehr man ihn anzweifelt, desto mehr gibt man dazu Anlaß, ihn durch neue Beweise zu untermauern* ...«[7].

Wenn man die Frage nach der absolut besten Regierungsform stellt, so ist dies eine ebenso unlösbare wie unbestimmte Frage oder, wenn man so will, sie beinhaltet ebenso viele gute Antworten, wie es mögliche Kombinationen in den absoluten und relativen Lagen der Völker gibt.

Aus diesen unbestreitbaren Grundsätzen geht eine nicht weniger unbestreitbare Konsequenz hervor: daß nämlich der Gesellschaftsvertrag eine Chimäre ist. Denn wenn es ebenso viele verschiedene Regierungen wie Völker gibt, wenn die Formen dieser Regierungen von der Macht, die jeder Nation ihre moralische, physische, geographische und wirtschaftliche Lage vorgegeben hat, gebieterisch vorgeschrieben werden, so ist es nicht mehr zulässig, von einem *Vertrag* zu sprechen. Jede Form von Souveränität ist ebenso wie die Souveränität im allgemeinen

---

[7] *GV*, 3. Buch, Kapitel VIII.

das unmittelbare Resultat des Schöpferwillens. Der Despotismus ist für diese Nation genauso natürlich und legitim wie die Demokratie für jene[8]. Und wenn ein Mensch in einem Buch, das eigens um der Behauptung willen geschrieben wurde, »daß man immer auf eine Übereinkunft zurückgreifen müsse«[9], diese unerschütterlichen Grundsätze[10] selbst aufstellt, wenn er in einem Kapitel schreibt, »der Mensch ist frei geboren«[11] und in einem anderen, daß »die Freiheit nicht in jedem Klima gedeiht, und daher nicht für alle Völker gilt«[12], so wäre dieser Mensch unstrittig einer der lächerlichsten des Universums.

Da keine Nation sich ihre Wesensart und ihre Lage, die sie für eine solche Regierung geeignet sein läßt, selbst zu geben vermochte, haben sich alle nicht nur darüber verständigt, auf abstrakte Art an diese Wahrheit zu glauben, sondern auch daran zu glauben, daß die Gottheit bei der Gründung ihrer besonderen Formen von Souveränität unmittelbar beteiligt war.

Die heiligen Bücher zeigen uns den ersten König des auserwählten Volkes, gewählt und bestätigt durch einen unmittelbaren Eingriff der Gottheit. Die Geschichtsbücher aller Nationen des Universums geben für ihre jeweiligen Regierungen denselben Ursprung an. Nur die Namen haben sich geändert. Nachdem sie die Abfolge ihrer Fürsten bis zu einer mehr oder weniger zurückliegenden Epoche zurückverfolgt haben, sind alle schließlich bei mythologischen Zeiten angekommen, deren wirkliche Geschichte uns besser unterrichtet als alle anderen. Allesamt zeigen sie uns die von Wundern umgebene Wiege der Souveränität. Stets interveniert die Gottheit bei der Gründung der Reiche, stets ist zumindest der erste Herrscher ein Auserwählter des Himmels: er empfängt das Zepter aus den Händen der Gottheit. Sie teilt sich ihm mit, inspiriert ihn, sie schreibt auf seiner Stirn das Zeichen ihrer Macht ein, und die

---

8 Wird man selbst bei dieser Hypothese sagen können, daß es immer einen Pakt gibt, kraft dessen jede vertragschließende Partei gehalten ist, die Regierung, so wie sie ist, aufrechtzuerhalten? In diesem Fall wird der Vertrag für den Despotismus und die unumschränkte Monarchie genau derjenige sein, den Rousseau am Ende seines bemitleidenswerten Kapitels über die Sklaverei ins Lächerliche zieht: »Ich schließe mit dir eine Übereinkunft, ganz zu deinen Lasten und ganz zu meinem Vorteil, die ich einhalten werde, soweit es mir gefällt, und die du einhalten wirst, soweit es mir gefällt.« (*GV*, 1. Buch, Kap. IV).

9 Ibid., 1. Buch, Kap. V.

10 Ibid., 2. Buch, Kap. IX, XI; 3. Buch, Kap. I, III, VIII.

11 Ibid., 1. Buch, Kap. I.

12 Ibid., 3. Buch, Kap. VIII.

Gesetze, die er seinesgleichen diktiert, sind nur die Frucht seiner himmlischen Unterhaltungen.

Das sind Märchen, wird man sagen, in Wahrheit weiß ich nichts darüber; aber die Märchen aller Völker, selbst die der modernen, enthalten viele Wahrheiten. Das *Salbgefäß zu Reims* beispielsweise ist nur eine Hieroglyphe: man muß nur lesen können. Die Heilkraft, die manchen Fürsten oder Dynastien zugeschrieben wurde, ist auf das universelle Dogma des göttlichen Ursprungs der Souveränität zurückzuführen. Seien wir also nicht erstaunt darüber, daß die alten Volksgründer im Auftrag Gottes zu uns sprachen. Sie fühlten, daß sie nicht das Recht hätten, in ihrem eigenen Namen zu sprechen. Übrigens kam es nur ihnen zu, wörtlich zu sagen: »*Est Deus in nobis, agitante calescimus ipso*«[8]. Die Philosophen dieses Jahrhunderts haben sich vielfach über das Bündnis zwischen Staat und Kirche beklagt: sicher haben die Menschen alles mißbraucht, aber der weise Beobachter kann nicht umhin, ihre Beharrlichkeit in der Verbindung dieser beiden Gebilde zu bewundern – je weiter man in die Antike zurückgeht, desto öfter findet man eine religiöse Gesetzgebung. Alles, was uns die Nationen über ihren Ursprung erzählen, beweist, daß sie sich darauf geeinigt haben, die Souveränität in ihrem Wesen nach göttlich anzusehen. Andernfalls hätten sie uns ganz andere Erzählungen überliefert. Nirgends ist die Rede von einem *Urvertrag*, einer freiwilligen Gemeinschaft oder einem Beschluß des Volkes. Kein Geschichtsschreiber erwähnt die *Urwählerversammlungen* von Memphis oder Babylon. Es ist schierer Wahn zu glauben, das universelle Vorurteil sei ein Werk der Herrscher. Das private Interesse kann sehr wohl den allgemeinen Glauben mißbrauchen, aber es kann ihn nicht erfinden. Wäre der Glaube, von dem ich spreche, nicht durch die innere Zustimmung der Völker begründet, so hätte man sie nicht nur nicht zwingen können, ihn zu übernehmen, sondern die Herrscher hätten solchen Betrug auch gar nicht erfinden können. Im allgemeinen ist jede universelle Idee natürlichen Ursprungs.

---

[8] Ovid, Fasti 6,5: »Ein Gott ist in uns. Unter seinem Wirken brennen unsere Herzen.«

KAPITEL V

Untersuchung einiger Gedanken Rousseaus über den Gesetzgeber

Rousseau hat ein Kapitel *über den Gesetzgeber* geschrieben, in dem alle Begriffe auf die unerträglichste Weise durcheinander geworfen sind. Zunächst einmal kann das Wort *Gesetzgeber* zwei unterschiedliche Bedeutungen haben: der Sprachgebrauch erlaubt, es dem außergewöhnlichen Mann zu verleihen, der Staatsgrundgesetze verkündet, sowie dem weniger bewundernswerten Mann, der die bürgerlichen Gesetze veröffentlicht. Es scheint, Rousseau gebraucht das Wort im ursprünglichen Sinn, denn er spricht von demjenigen, »der es wagt, ein Volk zu gründen und der die Republik konstituiert.« Kurz darauf jedoch sagt er, daß »*der Gesetzgeber* IM STAAT *in jeder Hinsicht ein außergewöhnlicher Mann ist.*«[13] Hier ist schon ein Staat vorhanden, folglich wurde bereits ein Volk gebildet: es geht also nicht mehr darum, ein Volk zu *gründen*, sondern es allenfalls zu reformieren.

Daraufhin werden im gleichen Atemzug und ohne Erbarmen Lykurg, die modernen Gesetzgeber der italienischen Republiken, Calvin und die Dezemvirn zitiert.

Calvin schuldet Rousseau Dank dafür, daß er ihn neben Lykurg gestellt hat. Sicherlich benötigte er einen solchen Mentor und wäre ohne ihn niemals in der Lage gewesen, sich eine so gute Gesellschaft auszusuchen.

Was die Dezemvirn betrifft, so war Rom, als ihm drei Deputierte die bürgerlichen Gesetze aus Griechenland holten, bereits 300 Jahre alt und besaß alle grundlegenden Gesetze, und ich sehe nicht ein, warum man die Dezemvirn als außerhalb der menschlichen Sphäre[14] stehende Lebewesen betrachten muß, weil sie gesagt haben:

SI IN JUS VOCAT; ATQUE EAT SI CALVITUR PEDEMVE STRUIT, MANUM ENDO JACITO

---

13 *GV*, 2. Buch, Kap. VII.

14 Der Gesetzgeber ist im Staat in jeder Hinsicht ein außergewöhnlicher Mann ... Sein Amt ... hat nichts gemein mit menschlicher Herrschaft.« (*GV*, Ibid.)

und gewiß noch tausend andere schöne Dinge mehr, über die Vermächtnisse, die Testamente, die Beerdigungen, die Wege, die Wasserspeier und die Dachrinnen, die dennoch nicht an die Erschaffungen Lykurgs heranreichen.

Rousseau verwechselt alle diese Begriffe und behauptet ganz allgemein, daß der Gesetzgeber weder Beamter noch Herrscher sei. »Sein Amt«, sagt er, »besteht in einer übergeordneten Tätigkeit, die nichts mit der menschlichen Herrschaft gemein hat[15]«. Will Rousseau sagen, daß ein einfacher Privatmensch von einem Herrscher um Rat gefragt werden und ihm gute Gesetze vorschlagen kann, die unter Umständen angenommen werden können, so äußert er eine dermaßen triviale und sterile Wahrheit, daß man sich nicht weiter damit beschäftigen muß. Beabsichtigt er jedoch zu behaupten, ein Herrscher könne nicht – wie die Dezemvirn – bürgerliche Gesetze machen, so gereicht ihm diese Entdeckung gänzlich zur Ehre, denn niemand hätte je daran gezweifelt. Will er damit schließlich beweisen, ein Herrscher könne im eigentlichen Wortsinn kein Gesetzgeber sein und den Völkern echte verfassunggebende Gesetze geben, indem er für sie ein politisches Rechtswesen einführt oder vervollkommnet, so verweise ich ihn auf die Weltgeschichte.

Aber die Weltgeschichte stellt für Rousseau kein Hindernis dar, denn wenn sie ihn widerlegt (was fast immer geschieht), so behauptet er, sie sei im Unrecht. »Derjenige, welcher die Gesetze verfaßt«, sagt er, »hat kein gesetzgebendes Recht *oder darf keines* haben.« (*Ibid.*)

Hier muß man schweigen: da Rousseau selbst wie ein Gesetzgeber spricht, so gibt es nichts mehr dazu zu sagen. Er zitiert jedoch auch die Geschichte, und es ist der Mühe wert zu untersuchen, wie er dies tut.

»Rom«, sagt er, »sah sich in seiner Blütezeit ... bereits dem Untergang nah, weil es auf denselben Häuptern (den Dezemvirn) sowohl die gesetzgebende Gewalt, als auch die höchste Macht vereint hatte.« (*Ibid.*)

Wenn also erstens die gesetzgebende Gewalt und die höchste Macht Rousseau zufolge dieselbe sind, so ist das, als habe er gesagt, die Dezemvirn vereinten sowohl die höchste Macht als auch die höchste Macht [*sic*]. Da zweitens selbst nach Rousseau »die Dezemvirn sich niemals das Recht anmaßten, aus eigener Autorität ein Gesetz zu verabschieden«[16] und da die Gesetze, die sie verfaßt hatten, tatsächlich von

---

15 *GV*, Ibid.
16 *GV*, Ibid.

der Versammlung der Zenturien gebilligt wurden, so ist das wieder so, als habe er gesagt, die Dezemvirn hatten die gesetzgebende Gewalt und hatten nicht die gesetzgebende Gewalt [*sic*].

Letztendlich besteht die einfache Wahrheit, nicht Rousseau, sondern Titus Livius zufolge, in der Unvorsichtigkeit der Römer, ihren Beamtenstand abzuschaffen und alle Gewalt den Dezemvirn zu übertragen.[17] Auf diese Weise schufen sie echte Herrscher, die wie alle *unvorbereiteten* Herrscher den Kopf verloren und ihre Macht mißbrauchten. Hierbei handelt es sich wieder um eine dieser altbekannten banalen Wahrheiten, die mit dem, was Rousseau zu beweisen beabsichtigte, in keiner Weise übereinstimmt. Kommen wir zu Lykurg.

»Als Lykurg«, sagt er, »seinem Vaterland Gesetze gab, so begann er damit, die Königswürde niederzulegen.« (*Ibid.*) Diese Worte bedeuten offenbar, daß dieser berühmte Gesetzgeber *als König und in dem Augenblick*, als er seinem Land Gesetze geben wollte, die Königswürde niederlegte, um sich in die Lage zu versetzen, dies tun zu können. Nun haben wir bis jetzt geglaubt, daß Lykurg, genau genommen, niemals König war, daß man ihn nur eine Zeitlang als solchen ansah, d.h. von dem Tod seines Bruders bis zu dem Moment, als die Schwangerschaft seiner Schwägerin bekannt gegeben wurde. Daß er also in Wahrheit acht Monate lang regiert hatte, jedoch als Regent und Tutor des jungen Charilaos (*Prodikos*), und daß er, indem er den Spartanern seinen Neffen zeigte und zu ihnen sagte: »Meine Herren Spartaner, es ist uns ein König geboren«, dem legitimen Erben nur einen Akt strenger Gerechtigkeit hat widerfahren lassen, was man nicht als *Abdankung* bezeichnen kann. Wir haben außerdem geglaubt, daß Lykurg damals überhaupt nicht daran dachte, *seinem Vaterland Gesetze zu geben*, und daß er seit dieser erinnerungswürdigen Zeit, durch den Haß und die Intrigen der Witwe seines Bruders und ihrer Anhänger ermüdet, nach Kreta, Kleinasien, Ägypten und, einem griechischen Historiker zufolge, sogar nach Spanien, Afrika und bis nach Ostindien reiste, und daß er erst nach der Rückkehr von seinen langen Reisen sein großes Werk in Angriff nahm – besiegt von den wiederholten Bitten seiner Landsleute und von den Orakeln der Götter. So erzählt es Plutarch, aber Rousseau hätte wie Molière sagen können: »*Wir haben das alles geändert.*«

Da sieht man, wie dieser große Politiker die Geschichte kannte!

---

[17] »*Placet creari decemviros sine provocatione, et ne quis eo anno alius magistratus esset.*« (Titus Livius, 1., III).

Kapitel VI
Fortsetzung desselben Themas

Nachdem wir nun gesehen haben, was Rousseau zufolge der Gesetzgeber *nicht sein soll*, nun also zu dem, was er ihm zufolge *sein soll.*

»Um den Nationen entsprechend die besten Gesellschaftsregeln herauszufinden«, sagt Rousseau, »benötigte man *eine höhere Intelligenz*, welche die Leidenschaften der Menschen wahrnimmt, aber selbst keine verspürt, die keine Beziehung zu unserer Natur hat, diese aber in ihrer ganzen Tiefe kennt, deren Glück von uns unabhängig ist und die sich jedoch gern um das unsere kümmert.«[18]

Diese Intelligenz ist bereits gefunden. Derjenige, welcher sie auf Erden sucht oder dort, wo sie ist, nicht sieht, ist nicht ganz bei Trost.

»Man bräuchte *Götter*, um den Menschen Gesetze zu geben.«[19]

Keineswegs, man braucht nur einen.

»Derjenige, der es wagt, ein Volk zu gründen, muß sich dazu imstande fühlen, die menschliche Natur sozusagen zu verändern und jedes Individuum, das ein in sich vollkommenes und einzelnes Ganzes ist, in einen Teil eines größeren Ganzen zu verwandeln, von dem dieses Individuum bis zu einem gewissen Grad sein Leben und Sein empfängt. Er muß imstande sein, die Konstitution des Menschen zu verändern, um sie zu stärken und die physische und unabhängige Existenz, die wir alle von der Natur bekommen haben, durch eine partielle und moralische Existenz zu ersetzen. Kurzum, er muß dem Menschen seine eigenen Kräfte wegnehmen, um ihm welche zu geben, die ihm wesensfremd sind und von denen er ohne die Hilfe seiner Umgebung keinen Gebrauch machen kann.«[20]

Der *Gründer eines Volkes* ist ein Mann, dessen herausragende Eigenschaft ein gewisser *praktischer*, gesunder Menschenverstand ist, der mit den metaphysischen Spitzfindigkeiten auf Kriegsfuß steht. Lykurg hätte von der Tirade, die wir eben gelesen haben, kein Wort verstanden und

[18] GV, 2. Buch, Kap. VII: Vom Gesetzgeber
[19] Ibid.
[20] Ibid.

hätte den Autor dem mächtigen Äskulap empfohlen. Was ist die *Verwandlung* eines *Individuums*, dessen Wesen und Zweck vom Höchsten Wesen vorherbestimmt ist? Was ist dieses v*ollkommene und einzelne Ganze*? Wo, wann und wie hat dieses Wunder existiert? Woraus besteht die *Konstitution des Menschen*? Was ist die *Stärkung* einer Konstitution durch die *Veränderung* dieser Konstitution? Was ist die *physische und unabhängige Existenz* eines seinem Wesen nach moralischen und abhängigen geistigen Wesens? Gott sei Dank errichtet der gesunde Menschenverstand seine Herrschaft nicht auf diesen Spinnweben.

»Daher findet man im Werk der Gesetzgebung zwei miteinander unvereinbare Dinge: eine über der menschlichen Kraft stehende Aufgabe und zu ihrer Ausführung eine Macht, die unbedeutend ist.«[21]

Im Gegenteil, zur Ausführung seiner Aufgabe verfügt der Gründer einer Nation über eine *allumfassende Macht.* Denn »*er ist geboren, um zu befehlen, hat er doch von Natur aus eine ›wirksame Gnade‹, die Menschen dazu zu bringen, ihm freiwillig zu gehorchen, weil er von den Göttern geliebt wird und mehr Gott als Mensch ist.*«[22]

Rousseau zeigt daraufhin genau, wie und warum alle Gesetzgeber im Namen der Gottheit gesprochen haben müssen und fügt diese bemerkenswerten Worte hinzu: »Aber es steht nicht jedem Menschen zu, die Götter zum Sprechen zu bringen oder glaubwürdig zu sein, wenn er sich als deren Dolmetscher ausgibt. Die große Seele des Gesetzgebers ist das wahre Wunder, das sein MISSION beweisen muß. Jeder kann in Steintafeln ritzen oder ein Orakel kaufen, geheimen Umgang mit einer Gottheit vorgeben oder einen Vogel dazu dressieren, ihm ins Ohr zu sprechen oder andere plumpe Mittel finden, um dem Volk Sand in die Augen zu streuen. Wer nur das kann, wird mit einigem Glück sogar eine Gruppe von Narren um sich scharen können, aber niemals imstande sein, ein Reich zu gründen, und sein närrisches Werk wird bald mit ihm untergehen.«[23]

So ist der Charakter Rousseaus: er begegnet häufig einzelnen Wahrheiten und drückt sie besser aus als jeder andere, aber diese Wahrheiten bleiben fruchtlos in seinen Händen – fast immer zieht er falsche Schlußfolgerungen, weil sein Stolz ihn dazu bringt, sich beständig vom Weg des gesunden Menschenverstandes zu entfernen, um sich in die Beson-

---

21 Ibid.
22 Plutarch, *In Lykurg.*, übers. von Amyot.
23 *GV*, 2. Buch, Kap. VII.

derheit zu stürzen. Niemand schneidet sich besser die Materialien zurecht als er und niemand baut damit schlechter. Alles in seinen Werken ist gut, außer seinen Gedankengebäuden.

Nach dem brillanten und sogar tiefgründigen Abschnitt, den wir gerade gelesen haben, erwartet man interessante Schlußfolgerungen über die Organisation der Völker. Hier das Resultat:

»Man muß aus all diesem nicht mit Warburton schließen, daß die Politik und die Religion bei uns zu Lande ein gemeinsames Ziel hätten, sondern daß am Anfang der Nationen die eine der anderen als Werkzeug dient.«[24]

Desinit in piscem. Warburton, der sich selbst mit einbezog, hat nie behauptet, daß die Politik und die Religion *bei uns zu Lande dasselbe Ziel* verfolgten, was nichts heißen soll. Aber er hat vielleicht sehr zu Recht gesagt, daß das Ziel der Politik verfehlt ist, wenn die Religion ihr nicht als Basis dient.

---

* William Warburton (1698-1779), anglikanischer Bischof von Gloucester.

[24] Ibid. Ende des VII. Kapitels.

Kapitel VII
Von den Gründern und von der Staatsverfassung der Völker

Wenn man über die sittliche Einheit der Nationen nachdenkt, besteht kein Zweifel daran, daß sie das Ergebnis einer einzigen Ursache ist. Was der weise Bonnet in der Zurückweisung von Buffons Traum über den Körper der Tiere sagt, läßt sich auch über den politischen Körper sagen: jeder Keim ist notwendigerweise *unteilbar* und es ist immer nur ein einzelner Mensch, von dem jedes Volk seinen vorherrschenden Wesenszug und sein Unterscheidungsmerkmal erhält.

Will man herausfinden, warum und wie ein Mann im Wortsinn eine Nation *hervorbringt* und wie er ihr diese sittliche Veranlagung, diese Wesensart, diese allgemeine Volksseele vermittelt, die über die Jahrhunderte und unzählige Generationen hinweg auf fühlbare Art fortdauern und das Volk von allen anderen unterscheiden soll, so steht man vor einem der vielen Geheimnisse, über das man sich trefflich streiten kann.

Die Genealogien der Nationen sind in ihren jeweiligen Sprachen geschrieben. Genau wie die Völker entstehen, wachsen, vermischen, durchdringen, vereinigen, bekämpfen sich auch die Idiome und sterben.

Manche Sprachen, wie die ägyptische, sind im wahrsten Sinn des Wortes untergegangen, andere, wie die griechische und lateinische, sind nur in gewisser Hinsicht tot und leben weiter in der Schrift.

Darunter ist die hebräische vielleicht von allen Sprachen die älteste – sei es, daß man sie für sich oder als einen Dialekt des *Syrischen* betrachtet, das immer noch vollständig im Arabischen weiterlebt, ohne daß das Verstreichen von fünfzig Jahrhunderten seine Züge hätte auslöschen können. Die Vermischung der Idiome erzeugt dasselbe Durcheinander wie die Vermischung der Völker; trotzdem ist man in diesem Labyrinth nicht vollständig verloren, und für das scharfblickende Auge des Ritter Jones* lassen sich die drei ursprünglichen Nationen, von denen alle

---

* Der englische Jurist und berühmte Orientalist Sir William Jones (1746-1794), der Gründer der Asiatischen Gesellschaft von Kalkutta (1784),

anderen abstammen, durch eine Vielzahl von Dialekten, die für unsere Ohren besonders fremdartig sind, hindurch zurückverfolgen.[25]

Aber die Ausführung derlei hochfliegender Spekulationen gehört nicht zu diesem Buch. Ich komme auf mein Thema zurück und stelle fest, daß die Regierung einer Nation genausowenig deren Werk ist wie ihre Sprache. Wie in der Natur die Keime zahlloser Pflanzen zum Sterben bestimmt sind, wenn nicht der Wind oder die Hand des Menschen sie an einen Ort bringt, wo sie befruchtet werden sollen, so gibt es in den Nationen gewisse Fähigkeiten, gewisse Kräfte, die so lange potentielle sind, bis sie – allein durch die Umstände oder von einer geschickten Hand eingesetzt ihre Entwicklung erhalten.

Der Volksgründer verkörpert exakt diese geschickte Hand. Mit einem außergewöhnlichen Scharfsinn oder, was wahrscheinlicher ist, mit einem untrüglichen Instinkt ausgestattet (denn oft ist sich das Genie nicht dessen bewußt, was es hervorbringt und unterscheidet sich vor allem darin vom Verstand), ahnt der Volksgründer die Stärken und verborgenen Qualitäten, welche die Wesensart seiner Nation bilden und errät die Mittel, um sie fruchtbar zu machen, in Gang zu setzen und daraus den größten Nutzen zu ziehen. Man sieht ihn nie schreiben oder diskutieren. Seine Handlungsweise verdankt sich der Inspiration, und wenn er manchmal die Feder zur Hand nimmt, so geschieht es nicht, um eine Abhandlung zu schreiben, sondern um Befehle zu erteilen.

Es ist einer der größten Irrtümer dieses Jahrhunderts, zu glauben, daß die Staatsverfassung der Völker ein rein menschliches Werk sei; daß man eine Verfassung machen könne, wie ein Uhrmacher eine Uhr anfertigt. Nichts ist irriger. Und die Annahme, dieses große Werk könnte von einer Versammlung von Menschen ausgeführt werden, ist noch widersinniger. Dem Schöpfer aller Dinge stehen nur zwei Arten zu Gebot, einem Volk eine Regierung zu geben. Fast immer behält er sich deren Bildung noch unmittelbarer vor, indem er sie, sozusagen unmerklich wie eine Pflanze, durch das Zusammentreffen zahlloser Umstände, die wir zufällig nennen, wachsen läßt. Entwirft er jedoch die Fundamente eines politischen Gebäudes und will er zugleich dem Universum eine Schöpfung dieser Art zeigen, so vertraut er seine Macht nur wenigen, wirklich auserwählten Menschen an. Dann und wann im Lauf der Jahrhunderte verstreut, erheben sie sich auf der Straße der Zeit wie Obeliske, und in dem Maße, wie das Menschengeschlecht altert, er-

[25] *Asiatic researches*, in-4°, Kalkutta, 1792, Bd. III.

scheinen sie immer seltener. Um sie für diese außergewöhnliche Aufgabe zu befähigen, stattet Gott sie mit einer außergewöhnlichen Macht aus, die ihren Zeitgenossen und vielleicht sogar ihnen selbst oft unbekannt ist. Rousseau hat selbst das richtige Wort ausgesprochen, als er das Werk des Volkserziehers als eine MISSION bezeichnet hat. Es ist eine wahrhaft kindische Idee, diese großen Männer als Scharlatane zu bezeichnen und ihre Erfolge ich weiß nicht welchen *Streichen* zuzuschreiben, die ersonnen wurden, um der Menge Sand in die Augen zu streuen. Man führt die Taube Mohammeds an, die Nymphe Egeria usw., aber wenn die Gründer der Nationen, die alle ungewöhnliche Männer waren, vor uns erschienen und wir ihr Genie und ihre Fähigkeiten erkennen würden, statt blöde von Anmaßung, Betrug und Fanatismus zu sprechen, so fielen wir ihnen zu Füßen und unsere Nichtigkeit würde vor dem geheiligten Buchstaben versinken, der auf ihrer Stirn leuchtete.

»Eitles Ansehen bildet nur ein vergängliches Band – nur die Weisheit verleiht ihm Dauer. Das immer noch geltende jüdische Gesetz und das des Kindes von Ismael [sc. Moses], das seit zehn Jahrhunderten die Hälfte der Welt regiert, künden noch heute von den großen Männern, die sie diktiert haben, und während die stolze Philosophie oder der blinde Parteigeist in ihnen nur glückliche Betrüger sieht, bewundert der wahre Politiker dieses große und mächtige Genie, das die dauerhaften Gründungen leitet.«[26]

Es ist jedoch sicher, daß die bürgerliche Verfassung der Völker niemals das Ergebnis einer Beratung ist. Nahezu alle großen Gesetzgeber waren Könige, und selbst die für die Republik geborenen Nationen wurden von Königen gegründet. Sie sind es, welche die politische Gründung der Völker leiten und ihre ersten Staatsgrundgesetze errichten. So wurden alle kleinen Republiken Griechenlands zuerst von Königen regiert und waren unter monarchischer Herrschaft frei.[27] Ebenso gingen in Rom und Athen die Könige der republikanischen Regierung voraus und waren die wirklichen Begründer der Freiheit.

Die Ägypter, das berühmteste Volk der grauen Vorzeit, das am meisten die Neugier der antiken Beobachter anregte, am häufigsten besucht und studiert wurde, ist immer nur von Königen regiert worden.

---

26 *GV*, 2. Buch, Kap. VII.

27 »Omnes Graeciae civitates a principio reges habuere, non tamen despoticos, ut apud gentes barbaras, sed secundum leges et mores patrios, adeo ut regum potentissimus fuerit qui justissimus erat et legum observantissimus.« (*Dionys. Halic.*, Buch V).

Die beiden berühmtesten Gesetzgeber des Universums, Moses und Mohammed, waren mehr als Könige. Servius und Numa waren Könige; Lykurg war so nah an der Königswürde, daß er deren ganze Autorität besaß. Auch Philipp von Orléans war es [d.h. Gesetzgeber] – mit dem Einfluß des Genies, der Erfahrung und der Tugend. Im Mittelalter können noch Karl der Große und die Heiligen Ludwig und Alfred* in den Rang der verfassunggebenden Gesetzgeber gestellt werden.

Schließlich waren die größten Gesetzgeber Herrscher, und Solon stellt, als das für meine Begriffe einzige Beispiel eines Privatmannes, eine etwas bedeutendere Ausnahme von der allgemeinen Regel dar.

Was die kleinen Republiken des modernen Italien betrifft, so verdienen diese politischen Atome nur unsere geringe Aufmerksamkeit. Ohne Zweifel haben sie wie diejenigen Griechenlands begonnen; übrigens darf man sich niemals nur mit den Massen beschäftigen. Denn darin besteht das Talent Rousseaus (und man muß es ihm nicht neiden), seine Systeme auf der Ausnahme zu errichten.

Betrachten wir alle Verfassungen des Universums, alte wie neue: Wir werden sehen, daß die Erfahrung der Zeitalter hin und wieder einige Einrichtungen vorschreiben konnte, die dazu bestimmt waren, die Regierungen anhand ihrer ursprünglichen Grundlagen zu vervollkommnen oder einige Mißbräuche zu verhindern, die jene hätten verderben können. Es sind Einrichtungen, denen sich Zeit und Urheber zuordnen lassen, aber wir werden feststellen, daß die wirklichen Wurzeln der Regierung immer existiert haben und daß es unmöglich ist, ihren Ursprung aufzuzeigen, aus dem ganz einfachen Grund, weil sie genauso alt sind wie die Nationen und, da sie keineswegs das Ergebnis einer Vereinbarung sind, keine Spur einer Übereinkunft übrigbleiben kann, die nie existiert hat.

Jede wichtige und wirklich verfassunggebende Einrichtung begründet niemals etwas Neues; sie verkündet und verteidigt lediglich schon bestehende Rechte. Deshalb erkennt man die Verfassung eines Landes nie anhand seiner geschriebenen verfassunggebenden Gesetze, weil diese Gesetze nur deshalb zu verschiedenen Zeiten gemacht worden sind, um die vergessenen oder angezweifelten Rechte zu verkünden, und weil es immer zahlreiche Dinge gibt, die nicht aufgeschrieben werden.[28]

---

* Alfred der Große (849-899), Wiederhersteller der königlichen Autorität und Wegbereiter der englischen Einheit.

[28] Ich zum Beispiel glaube, daß selbst der gelehrteste Mensch in äußerster Verlegenheit wäre, die genauen Machtgrenzen des *römischen Senats* zu bestimmen.

In der römischen Geschichte gibt es sicherlich nichts Bedeutenderes als die Einführung der Tribune, aber diese Einrichtung begründet kein neues Recht zugunsten des Volkes, das sich nur deshalb Beamte gab, um seine antiken und verfassunggebenden Rechte gegen die Angriffe der Aristokratie zu schützen. Alle gewannen dabei, sogar die Patrizier. Cicero hat vortreffliche Gründe dafür angegeben, die deutlich belegen, daß die Einführung dieser berühmten Beamten nichts anderes bewirkte, als dem unorganisierten Handeln des Volkes eine Form zu geben und dessen verfassunggebenden Rechte[29] sicherzustellen. Tatsächlich war das römische Volk wie alle kleinen Nationen Griechenlands, von denen ich soeben sprach, selbst unter seinen Königen immer ein freies Volk. Es gab bei ihm eine Überlieferung, daß die Teilung des Volkes in dreißig Kurien auf Romulus zurückging und daß dieser mit Hilfe der Volkes einige der Gesetze hervorbrachte, die man deswegen *leges curiatae* nannte. Seine Nachfolger verfaßten mehrere Gesetze dieser Art, mit der feierlichen Formel: WENN ES DEM VOLK GEFÄLLT.[30] Das Kriegs- und Friedensrecht wurde zwischen König, Senat und Volk auf eine äußerst bemerkenswerte Art aufgeteilt.[31] Schließlich lehrt uns Cicero, daß gegen ein Urteil der Könige manchmal beim Volk Berufung eingelegt wurde[32], was nicht erstaunlich ist, denn das demokratische Prinzip existierte in der Römischen Verfassung selbst unter den Königen – sonst hätte es gar nicht eingeführt werden können.[33] Tarquin sah sich keineswegs verjagt,

---

29 »Nimia potestas est tribunorum plebis. Quis neget? Sed vis populi multo saevior multoque vehementior, quae, ducem, quod habet, interdum lenior est, quam si nullum haberet. Dux enim suo periculo progredi cogitat: populi impetus periculi sui rationem non habet.« (Cicero, *De Leg.* 3. Buch, Kap. X).

30 »Rumulum traditur populum in 30 partes divisisse, quas partes curias appellavit: propterea quod tunc reipublicae curam per sententias partium earum expediebat: et ita leges quasdam et ipse curiatas ad populum tulit. Tulerunt et sequentes reges, ut rogarent SI PLACERENT LEGES.« (Pomponius, in 1. Buch, *Dig.*, *de origine juris*).

31 »Plebi permisit de bello, si rex permisisset, decernere: non tamen in his populo absolutam voluit esse potestatem nisi in iis accessisset auctoritas.« (Dion. Halicarn., *Antiq. Rom*, 2. Buch). – Hier sind die drei Mächte gut zu erkennen, die, wie ich glaube, immer dort zu finden sind, wo man die Freiheit oder zumindest die dauerhafte Freiheit kennt.

32 »Provocationem ad populum etiam a regibus fuisse docet.« (Cicero, *de Republica. Apud Senecam*, epist. 108; Brottier, über *Tacitus*, *Ann.* II, 22).

33 »Romulus in urbe sua democratiam moderatam instituit ... quare leges ejus primigeniae, democratiae indoli ac naturae conveniunt.« (V. Jos. Toscano J.C. *Neapolitani juris publici romani arcana, sive de causis romani juris*, 1. Buch, § 2 und 3, S. 52,70).

weil er ein König, sondern weil er ein Tyrann war[34], die königliche Macht wurde an zwei jährlich gewählte Konsuln vergeben – darauf beschränkte sich die Revolution. Das Volk erhielt keinesfalls neue Rechte, es erlangte nur deshalb die Freiheit zurück, weil es für sie geboren war und sie anfangs besessen hatte. Seine Anführer (denn das Volk führt nichts aus) vollstreckten das Todesurteil gegen den Tyrannen, nicht, um eine neue Verfassung zu gründen, sondern um die alte wieder einzusetzen, welche durch den Tyrannen vorübergehend verletzt worden war. Nehmen wir ein anderes Beispiel aus der neueren Geschichte.

Da die Anfänge der römischen Freiheit der Gründung des Tribunats und sogar der Vertreibung der Könige lange vorausgehen, müssen die der englischen Freiheit weit vor der Revolution von 1688 gesucht werden. Mochte die Freiheit in dieser Nation auch schlummern, so hat sie doch immer existiert. Man konnte von der englischen Regierung immer sagen: *Miscuit res olim dissociabiles, principatum et libertatem.* Es ist sogar eine sehr bedeutsame Feststellung, daß gerade die englischen Monarchen, denen die Verfassung dieses Königreichs am meisten verdankt, ALFRED, HEINRICH II. UND EDWARD I., eroberungslustige Könige waren, d.h. am meisten dazu befähigt, sie ungestraft zu verletzen. Wie ein englischer Historiker sehr treffend beobachtet hat, hieße es diesen großen Männern Unrecht zu tun, wenn man mit einigen Personen behauptet, England habe vor der Vertreibung der Stuarts weder eine Verfassung noch wirkliche Freiheit besessen.[35] Schließlich werden die Regierungen ebenso wie die Nationen buchstäblich mit ihnen zusammen *geboren.* Sagt man, ein Volk habe sich eine Regierung gegeben, so entspricht das der Behauptung, es habe sich selbst einen Charakter und eine Farbe gegeben. Lassen sich manchmal die Grundlagen einer Regierung im Frühstadium nicht erkennen, so ist daraus nicht zu fol-

---

[34] »Regale civitatis genus probatum quondam, postea, non tam regni, quam regis vitiis, repudiatum est.« (Cicero, *De Leg.*, 3. Buch, Kap. VIII) – »Regium imperium initio conservandae libertatis atque augendae reipublicae fuit.« (Sallust, *Cat.* VII).

[35] Mitfords *History of Greece*, Bd. 2. – Wie ein ehrenwertes Mitglied der Opposition (Herr Gray) in einer Sitzung des englischen Parlaments vom 11. Februar 1794 treffend bemerkte, hat »die Bill of Rights [brit. Staatsgrundgesetz von 1689] keine neuen Prinzipien auf der englischen Verfassung errichtet, sondern lediglich erklärt, welche diese wahren Prinzipien sind.« (*Courrier de Londres*, 1794, Nr. 13) [William Mitford, The History of Greece, London, 1784-1790, 2 Bde.]

gern, daß sie nicht existieren. Betrachten wir diese beiden Embryos: kann unser Auge irgendwelche Unterschiede wahrnehmen? Trotzdem ist der eine Achill und der andere Thersites. Verwechseln wir nicht Entwicklungen mit Schöpfungen.

Die unterschiedlichen Formen und Grade der Souveränität haben vermuten lassen, daß sie das Werk der Völker war, die sie nach ihrem Gutdünken verändert hatten. Nichts aber ist irriger. Alle Völker haben die ihnen entsprechende Regierung, und keines hat die seine gewählt. Es ist sogar bemerkenswert, daß es fast immer zu seinem Unglück geschieht, wenn es sich selbst eine zu geben versucht, oder genauer gesagt, wenn ein zu großer Teil des Volkes sich für dieses Ziel einsetzt. Denn in diesem unheilvollen Herumtappen ist es nur zu wahrscheinlich, daß es sich über seine wirklichen Interessen täuscht, daß es mit Beharrlichkeit das verfolgt, was ihm nicht entsprechen kann und daß es im Gegenteil dasjenige zurückweist, was ihm am besten entspricht. Man weiß, wie schrecklich die Fehler auf diesem Gebiet sind. Genau dieses ließ Tacitus mit seinem üblichen Tiefsinn sagen, daß »*es ein viel geringeres Übel für ein Volk wäre*, einen *Herrscher* zu akzeptieren als zu suchen.«[36]

Zudem, da jede übertriebene Behauptung falsch ist, liegt es mir gänzlich fern, die Möglichkeit politischer Vervollkommnung durch einige weise Männer zu leugnen. Genauso könnte man die Macht der sittlichen Erziehung und der Gymnastik für die physische und sittliche Vervollkommnung des Menschen leugnen. Diese Wahrheit jedoch, weit davon entfernt, meine allgemeine These zu erschüttern, bestätigt sie im Gegenteil, indem sie beweist, daß die menschliche Kraft nichts erschaffen kann und alles von der ursprünglichen Eignung der Völker und der Individuen abhängt. Daher kommt es, daß eine freie Verfassung nur dann gesichert ist, wenn die verschiedenen Teile des politischen Gebäudes zusammen entstanden sind und zwar, wenn man so sagen darf, Seite an Seite, ohne daß das eine das Werk des anderen ist. Die Menschen respektieren niemals das, was sie gemacht haben, deshalb besitzt ein gewählter *Herrscher* niemals die moralische Stärke eines erblichen *Herrschers*, denn er ist nicht *vornehm* genug, d.h. er besitzt nicht diese Art der von den Menschen unabhängigen Größe, die sich der Dauer verdankt.

In England hat weder das Parlament den König gemacht noch der König das Parlament bestimmt. Diese beiden Mächte bestehen neben-

---

[36] *Minore discrimine sumitur princeps quam quaeritur.* (Tacitus, *Hist.* 1,56). [Das genaue Zitat lautet: *et minore discrimine sumi principem quam quaeri*].

einander. Sie haben sich gegründet, ohne daß man weiß, wann oder wie, und die unmerkliche und mächtige Bestätigung durch die öffentliche Meinung hat sie schließlich zu dem gemacht, was sie sind.[37]

Nehmen wir einmal eine beliebige republikanische Regierung, so finden wir gewöhnlich eine große beratende Versammlung vor, in deren Händen die Souveränität buchstäblich liegt. Wer hat diese Versammlung gegründet? Die Natur, die Zeit, die Verhältnisse, d.h. Gott. Mehrere Männer sind an ihre Stelle getreten, so wie es anderswo ein einziger Mann getan hat. Dieses Land brauchte eine auf mehrere Häupter verteilte Souveränität, und weil es sie auf diese Art brauchte, hat sie sich so gegründet. Das ist alles, was man darüber weiß.

Aber da die allgemeinen Debatten, die Kabalen und die unendlichen Längen, die aus einer großen Höchsten Versammlung resultieren, sich nicht mit den heimlichen, prompten und kraftvollen Maßnahmen einer gut organisierten Regierung in Einklang bringen lassen, so forderte die Macht der Dinge noch die Gründung einer anderen, von dieser Allgemeinen Versammlung unterschiedenen Macht, und diese notwendige Macht finden wir überall in dieser Art von Regierungen, ohne ihr gleichfalls einen Ursprung zuordnen zu können. Mit einem Wort, die Masse des Volkes ist an all diesen politischen Erfindungen nicht beteiligt. Sie respektiert die Regierung lediglich deshalb, weil sie nicht ihr Werk ist. Dieses Gefühl ist in tiefen Zügen in das Herz des Volkes eingegraben. Es ordnet sich der Souveränität unter, weil es fühlt, daß sie eine heilige Sache ist, die es weder erschaffen noch zerstören kann. Gelingt es ihm, durch Korruption und durch perfide Beeinflussung dieses bewahrende

---

[37] Die Wahrheit kann auch auf der Rednerbühne der Jakobiner gefunden werden. Einer von ihnen, Felix Lepelletier sagte am 5. Februar 1794, als er über das englische Parlament sprach: »Die Mitglieder des *sehr hohen* Hauses verdanken ihre Titel und ihre Macht dem König, die des *sehr niedrigen* Hauses haben die ihren von einigen Städten oder Gemeinden erhalten, wo allein eine Klasse privilegierter Einzelpersonen das Stimmrecht besitzt. Die Masse des Volkes hat weder Anteil an der Gründung des Königreiches in England noch an der aktuellen Organisation des Parlaments.« (Siehe *Moniteur*, 1794, Nr. 137).

Das ehrenwerte Mitglied verwechselte zu Unrecht die *Pairs* mit der *Pairswürde,* die weder ihr Dasein noch ihre Rechte vom König erhält. Ferner verwechselt er zu Unrecht die *Repräsentanten* mit der *Repräsentation,* die niemandem etwas schuldet, genauso wenig wie die Pairswürde. In diesem hat er Recht. Nein, die englische Regierung ist sicherlich nicht das Werk des Volkes und die kriminellen oder überspannten Schlußfolgerungen, die der jakobinische Redner bald aus diesem Prinzip zieht, können an dieser Wahrheit nichts ändern.

Gefühl in sich auszulöschen und fühlt es sich unglücklicherweise in Scharen zur Erneuerung des Staates aufgerufen, so ist alles verloren. Deshalb ist es selbst in freien Staaten unendlich wichtig, daß die regierenden Männer von der Masse des Volkes durch dieses aus Geburt und Reichtum resultierende persönliche Ansehen getrennt sind – denn wenn die öffentliche Meinung keine Schranke zwischen sich und die Obrigkeit setzt, wenn die Macht nicht außerhalb ihrer Reichweite liegt, und wenn die regierte Menge sich der kleinen Zahl der Regierenden ebenbürtig glaubt, gibt es keine Regierung mehr. Daher ist die Aristokratie ihrem Wesen nach regierend oder herrschend, und das Prinzip der Französischen Revolution verletzt unmittelbar die ewigen Gesetze der Natur.

Kapitel VIII
Die Schwäche der menschlichen Macht

In allen politischen oder religiösen Schöpfungen, was auch immer ihr Ziel und ihre Bedeutung sein mag, gilt die allgemeine Regel, daß zwischen Wirkung und Ursache niemals ein gleiches Verhältnis bestehen soll. Im Vergleich zur Ursache ist die Wirkung unermeßlich, damit der Mensch lernt, daß er nur ein Instrument ist und nicht selbst Schöpfer sein kann. Als die *Nationalversammlung* der Franzosen, die sich des Wahnsinns schuldig machte, sich *verfassunggebende* zu nennen, bemerkte, daß alle Gesetzgeber des Universums die Titelseite ihrer Gesetze mit einer feierlichen Widmung an die Gottheit dekorierten, glaubte sie sich gezwungen, ebenfalls ein Glaubensbekenntnis abzulegen, und ich weiß nicht, welche unwillkürliche Anwandlung eines verlöschenden Bewußtseins den sogenannten Gesetzgebern Frankreichs diese armseligen Zeilen entlockte[38]: »Die Nationalversammlung erkennt *in Anwesenheit und unter dem Schutz* des Höchsten Wesens, usw.[39]«.

In Anwesenheit, ohne Zweifel, zu ihrem Unglück – aber *unter dem Schutz*, welcher Wahnsinn! Es ist keine lärmende, von niedrigen und rasenden Leidenschaften geschüttelte Menge, die Gott als Werkzeug seines Willens in der Ausübung des größten Zeugnisses seines Macht auf Erden ausgesucht hat: der politischen Organisation der Völker. Überall, wo Männer sich versammeln und heftig ereifern und sich ihre Macht mit Lärm und Anmaßung entfaltet, findet man keinesfalls die schöpferische Kraft: *non in commotione Dominus.*[40] Diese Macht kün-

---

[38] Die Verfassung von 1789. Präambel zur Erklärung der Menschenrechte.

[39] Wenn man von *Verfassunggebender Versammlung* spricht, ist es kaum nötig daran zu erinnern, daß man dabei immer die achtbare Minderheit beiseite läßt, deren gesunde Grundsätze und unbeugsame Widerstandskraft die Bewunderung und den Respekt des Universums verdient haben.

[40] III Reg., XIX, 11[d]. [= 1. Könige 19,11: »Und Jahwe ging hier vorbei. Es gab ein großes Unwetter, so stark, daß es vor Jahwe die Berge spaltete und die Felsen zerbrach, aber Jahwe war nicht im Unwetter.«]

digt sich nur durch ein *stilles sanftes Sausen* an[41]. Man hat in der letzten Zeit oft wiederholt, daß die Freiheit inmitten von Gewittern *entstehe*: niemals, niemals! Sie *verteidigt und festigt* sich in Gewittern, aber sie *entsteht* in der Stille, im Frieden, im Dunkeln. Oft weiß sogar der Vater einer Verfassung nicht, was er tut, wenn er sie ersinnt; aber die verstreichenden Jahrhunderte bezeugen seine MISSION, und es waren Aemilius Paulus und Cato, welche die Größe Numas verkündeten.

Je mehr der menschliche Verstand sich selbst vertraut, desto mehr versucht er, seine sämtlichen Mittel aus sich selbst zu schöpfen, und je unvernünftiger er ist, desto mehr zeigt sich darin seine Ohnmacht. Deshalb war das, was man die *Philosophie* nennt, in allen Jahrhunderten immer die größte Geißel der Menschheit – in Anbetracht der Tatsache, daß die Philosophie lediglich die allein handelnde menschliche Vernunft ist und daß die auf ihre Einzelkräfte reduzierte menschliche Vernunft nur ein wildes Tier ist, dessen ganze Macht sich auf Zerstörung beschränkt.

Ein gewandter Geschichtsschreiber der Antike hat eine bemerkenswerte Betrachtung über die Leute gemacht, die man damals wie heute Philosophen nannte. »Es fehlte viel«, sagt er »daß ich die Philosophie als die Mätresse des Mannes und die Regel eines glücklichen Lebens ansehe. Ich sehe im Gegenteil, daß ihre Adepten genau die Männer sind, die am meisten eines Lehrers bedürften, um sich zu benehmen, und obwohl sie in der Mitte einer Schule wunderbar über alle Tugenden dissertieren, werden sie dennoch nicht weniger in alle Arten von Lastern gestürzt.«[42]

Als damals *der Philosoph* Julian seine Kollegen an den Hof rief, machte er daraus einen Schweinestall. Der gute Tillemont*, der die Geschichte dieses Fürsten schrieb, betitelt eines seiner Kapitel wie folgt:

---

* Sébastien Le Nain de Tillemont (1637-1698), Autor der *Histoire des empereurs et des autres princes qui ont régné durant les six premiers siècles de l'Eglise*, 6 Bde., erschienen zwischen 1690 und 1738 und *der Mémoires pour servir à l'histoire ecclésiastique des six premiers siècles*, 16 Bde., erschienen zwischen 1693 und 1712.

41 Ibid., 12 [= 1 Kön. 19,12 »... Und nach dem Feuer kam ein stilles, sanfes Sausen«].

42 »Tantum abest ut ego magistram esse putem vitae philosophiam beataeque vitae perfectricem, ut nullis magis existimem opus esse magistris vivendi quam plerisque qui in ea disputanda versantur: video enim magnam partem eorum qui in schola de pudore et continentia praecipiunt argutissime, eosdem in omnium libidinum cupiditatibus vivere.« (Cornelius Nepos, *Fragm., apud Lactant. Divin. Inst.* 15,10).

»Der Hof von Julian füllt sich mit Philosophen und ehrlosen Männern«; und Gibbon*, der über jeden Verdacht erhaben ist, bekennt treuherzig, es sei *»ärgerlich, die Richtigkeit dieser Überschrift nicht widerlegen zu können«*.

Friedrich II., Philosoph wider Willen, der diese Leute bezahlte, um von ihnen gelobt zu werden, sie jedoch gut kannte, dachte nicht besser von ihnen, und wie jeder weiß, zwang ihn der gesunde Menschenverstand, zu sagen, daß, *»wenn er ein Reich verlieren wollte, er es von Philosophen regieren lassen würde«*.

Es handelte sich bei diesem Satz einer unserer Prälate also keineswegs um eine theologische Übertreibung, sondern um eine ganz einfache, mit Nachdruck geäußerte Wahrheit. Er hatte das Glück, in dem Moment zu sterben, wo er an eine Erneuerung der Dinge glauben konnte: »In ihrem Stolz sagte die Philosophie: *Mir gehört die Weisheit, die Wissenschaft und die Herrschaft; mir kommt es zu, die Menschen zu führen, denn ich bin es, die sie aufklärt.* Um sie zu bestrafen, um sie mit Schande zu überhäufen, mußte Gott sie dazu verurteilen, einen Augenblick lang zu regieren.«

In der Tat hat die Philosophie eine der mächtigsten Nationen des Universums regiert. Sie regiert und sie wird ohne Zweifel noch lange genug regieren, damit sie sich nicht darüber beschweren kann, daß ihr die Zeit gefehlt hat – doch niemals gab es ein trostloseres Beispiel der vollständigen Nichtigkeit einer auf ihre Einzelkräfte reduzierten menschlichen Vernunft. Welches Schauspiel haben uns die französischen Gesetzgeber geboten? Unterstützt von allen menschlichen Kenntnissen, der Lehre aller alten und neuen Philosophen und der Erfahrung aller Jahrhunderte, und selbst Herrscher über die öffentliche Meinung, verfügten sie über immense Schätze, hatten überall Verbündete, und mit einem Wort, so stark wie die gesamte menschliche Kraft, sprachen sie nur in ihrem eigenen Namen. Das Universum ist Zeuge des Resultats: Niemals hat der menschliche Stolz über mehr Mittel verfügt und, als er einen Augenblick lang seine Verbrechen vergaß, nie war er lächerlicher.

Unsere Zeitgenossen werden es glauben, wenn sie wollen, aber die Nachwelt wird nicht daran zweifeln. Die wahnsinnigsten Männer waren diejenigen, die sich um einen Tisch versammelten und sagten: »Wir

---

* Edward Gibbon, engl. Historiker (1737-1794), dessen Werk *The History of the Decline and Fall of the Roman Empire* de Maistre ausgiebig in seinen Schriften zitiert.

nehmen dem französischen Volk seine alte Verfassung und geben ihm eine andere« (diese oder jene, es ist einerlei). Obwohl diese Lächerlichkeit allen Parteien, die Frankreich in den Ruin trieben, gemeinsam ist, haben sich die Jakobiner dem Verstand mehr als Zerstörer denn als Erbauer präsentiert und hinterlassen in der Vorstellung einen gewissen Eindruck von Größe, der aus ihren ungeheuren Erfolgen resultiert. Man mag sogar bezweifeln, daß sie jemals ernsthaft den Plan hegten, Frankreich selbst in eine Republik aufzuteilen, denn die republikanische Verfassung, die sie erfanden, ist nur eine Art Komödie, die dem Volk vorgespielt wird, um es einen Augenblick lang zu zerstreuen, und ich vermag nicht zu glauben, daß der am wenigsten Aufgeklärte ihrer Urheber auch nur einen Augenblick lang selbst daran glauben konnte.

Aber die Männer, die in den ersten Tagen der verfassunggebenden Versammlung auftraten, hielten sich wirklich für Gesetzgeber. Voller Ernst und überaus offensichtlich hatten sie den Ehrgeiz, Frankreich eine Staatsverfassung zu geben, und sie glaubten, eine Versammlung könne mit Stimmenmehrheit anordnen, daß ein solches Volk keine solche Regierung mehr haben sollte und eine andere bekäme. Nun, diese Idee ist in *höchstem Maße* verrückt, und von allen *Bedlams** des Universums ist niemals etwas Ähnliches hervorgegangen. Darüber hinaus vermitteln diese Männer nur eine Vorstellung von Schwäche, Unwissenheit und *Enttäuschung*. Kein Gefühl der Bewunderung oder des Schreckens kommt der Art von jähzornigem Mitleid gleich, das dieses verfassunggebende *Bedlam* einflößt. Die Krone der Niederträchtigkeit gehört von Rechts wegen den Jakobinern; die Nachwelt wird jedoch den Konstitutionellen einstimmig diejenige des Wahnsinns zuerkennen.

Die wirklichen Gesetzgeber haben alle gespürt, daß die menschliche Vernunft allein nicht bestehen und daß keine rein menschliche Einrichtung von Dauer sein konnte. Daher haben sie, wenn man so sagen darf, Politik und Religion miteinander verwoben, damit sich die durch einen übernatürlichen Halt gestärkte menschliche Schwäche mit ihrer Hilfe aufrecht halten konnte. Rousseau bewundert das jüdische Gesetz und das des Kindes von Ismael, welche so viele Jahrhunderte überdauert haben, da nämlich die Autoren dieser beiden berühmten Gründungen gleichzeitig Hohepriester und Gesetzgeber waren, und weil ebenso im Koran wie in der Bibel die Politik vergöttlicht wird, damit die durch den religiösen Einfluß vernichtete menschliche Vernunft ihr isolierendes und

* Bedlam, Irrenhaus in London im 19. Jahrhundert.

ätzendes Gift nicht in die Bereiche der Regierung einführen kann: so daß die Bürger Gläubige sind, deren Treue bis zum Glauben und deren Gehorsam bis zum Enthusiasmus und Fanatismus gesteigert wird.

Die großen politischen Einrichtungen sind in dem Maße vollkommen und dauerhaft, wie das Bündnis von Politik und Religion dabei am vollkommensten ist. Lykurg zeichnete sich in diesem grundlegenden Punkt aus und jeder weiß, daß nur wenige Einrichtungen sowohl in bezug auf Dauer als auf Weisheit mit der seinen verglichen werden können. Er erfand, machte Vorschläge und ordnete nur das an, was auf den Glauben an das Orakel gegründet war. Seine sämtlichen Gesetze waren sozusagen religiöse Gebote. Durch ihn beteiligte sich die Gottheit dermaßen an Beratungen, Verhandlungen, am Krieg, in der Justizverwaltung, daß »*die Regierung von Sparta nicht die Polis des Gemeinwesens, sondern vielmehr Ordensregel einer frommen oder heiligen Religion zu sein schien*«[43]. Daher versuchte Lysander, als er das Königtum in Sparta zu zerstören suchte, zuerst, die das Orakel verkündenden Priester zu bestechen, wohl wissend, daß die Lakedämonier nichts Wichtiges unternahmen, ohne ihr Orakel befragt zu haben.[44]

Die Römer boten ein anderes Beispiel dieser Kraft der in die Politik eingeführten religiösen Bindung. Alle kennen die berühmte Passage Ciceros, in der er sagt, daß die Römer in allem ihre Meister gefunden hätten, außer in der Gottesfurcht und Gottesverehrung.

»Schmeicheln wir uns so viel wir wollen, wir werden jedoch niemals die Griechen in Wissenschaft, die Spanier an Zahl, die Gallier an Mut usw. übertreffen, aber in der Religion und dem Respekt vor den unsterblichen Göttern haben wir nicht unseresgleichen.« Numa hatte der römischen Politik diesen religiösen Charakter verliehen, der den Lebensquell, die Seele und das Leben der Republik ausmachte und der mit ihr unterging. Unter allen gebildeten Männern gilt eine Tatsache als sicher, daß nämlich der Schwur der wirkliche Zement der römischen Verfassung war. Durch den Schwur trug selbst der ungestümste Plebejer die Fügsamkeit eines Kindes unter die Fahne, wenn er vor dem Konsul, der ihn nach seinem Namen fragte, den Kopf senkte. Titus Livius, der die Philosophie entstehen und die Republik vergehen sah (es ist dieselbe Epoche), sehnt sich manchmal nach diesen glücklichen Zeiten zurück,

---

43 Plutarch, *In Lykurg.*, übers. von Amyot.

44 *Iniit consilia reges Lacedaemoniorum tollere, sed sentiebat id se sine ope deorum facere non posse, quod Lacedaemonii omnia ad oracula referre consueverant, primum Delphos corrumpere est conatus,* etc. (Corn. Nep., *In Lys.*, 3).

in denen die Religion das Wohl des Staates begründete. An der Stelle, wo er die Geschichte dieses jungen Mannes erzählt, der den Konsul auf einen Betrug des Hüters der heiligen Hühner* aufmerksam macht, fügt er hinzu: »Dieser junge Mann wurde vor der Lehre geboren, welche die Götter verachtet.«[45]

Besonders in den Versammlungen zur Volksabstimmung zeigten die Römer den religiösen Charakter ihrer Gesetzgebung. Die Volksversammlungen konnten erst dann stattfinden, wenn der Beamte, der den Vorsitz führte, die *Auspizien* befragt hatte. Die Sorgfalt in dieser Hinsicht war unendlich, und die Macht der *Auguren* war solcherart, daß sie die Beschlüsse der Versammlungen zur Volksabstimmung noch einige Monate nach dem Datum für ungültig erklären konnten.[46] Mit dem berühmten Wort *alio die*, sprengte der *Augure* jede Volksversammlung.[47] Jeder dem Vorsitzenden der Versammlung zur Volksabstimmung vorgesetzte oder gleichrangige Beamte besaß ebenfalls das Recht, die Auspizien zu befragen. Und wenn er verkündete, er habe den Himmel betrachtet (*se de coelo servasse*) und einen Blitz gesehen oder einen Donner gehört[48], so wurde die Versammlung zur Volksabstimmung aufgelöst.

Es war vergebens, daß man *Mißbräuche* fürchtete und daß sie unter gewissen Umständen sogar fühlbar waren.

Ebenso vergebens erblickte der am wenigsten scharfsichtige Plebejer in der Lehre der Auguren eine unfehlbare Waffe für die Aristokratie, um die Pläne und Beschlüsse des Volkes zu unterbinden. Die Heftigkeit des Parteigeistes erlahmte vor dem Respekt gegenüber der Gottheit. Dem Beamten wurde selbst dann noch Glauben geschenkt, *wenn er sich die Auspizien ausgedacht hatte*[49], weil man glaubte, daß ein Gegenstand von dieser Tragweite dem Gewissen des Beamten überlassen sein sollte, und es besser sei, sich dem Betrug auszusetzen, als die religiösen Bräuche zu verletzen.

---

* Das Huhn war als mantisches Tier Teil des römischen Staatskultes und diente der Zukunftsprognose, besonders vor öffentlichen Unternehmungen. Seine Annahme oder Ablehnung des Futters stellte den Willen der Götter dar.

45 *Juvenis ante doctrinam deos spernentem natus*, Tit. L., X, 40.

46 Cicero, *De natura deor.*, II, 4.

47 Cicero, *De divinatione*, II, 12.

48 *Jove fulgente cum populo agi nefas esse*, Cicero, *In Vat.*, 8; *De divin.*, II, 18. – John Adam's *Roman Antiquities*, Edinburgh, 1792, S. 99.

49 *Etiam si auspicia ementitus esset*, Cic. *Phil.* II, 23. [falsch zitiert, richtig: *Phil.* II, XXXIII).

Im selben Jahrhundert, wo man schrieb, daß *ein Augure einen anderen kaum ansehen könne, ohne zu lachen*, schrieb Cicero, dem eine Intrige auf das Augurenamt Hoffnungen gemacht hatte, an einen Freund mit der Absicht, ihn an sich zu binden: »*Ich gestehe, daß dieses allein mich in Versuchung führen könnte*«[50], so tief war die Achtung vor dieser Art Priestertum in der römischen Gedankenwelt verwurzelt.

Es wäre unnötig zu wiederholen, was bereits tausendmal gesagt wurde, und in der Religion der Römer das aufzuzeigen, was sie mit derjenigen anderer Nationen gemein hatte. Doch die Religion hatte bei diesem Volk Seiten, die sie von den anderen unterschieden und die einer genaueren Betrachtung wert sind.

Der römische Gesetzgeber oder Beamte im *Forum* war gewissermaßen umgeben vom Gedanken an die Gottheit, und diese Vorstellung folgte ihm auch ins Feldlager. Ich bezweifle, daß es einem anderen Volk eingefallen wäre, aus dem Hauptplatz eines Lagers einen wahrhaftigen Tempel zu machen, wo die militärischen Zeichen zusammen mit den Götterstatuen zu wirklichen Gottheiten wurden und die Trophäen in Altäre verwandelten.

Das taten die Römer. Nichts vermag den Respekt auszudrücken, den die öffentliche Meinung dem Prätorium eines Feldlagers (*principia*) zollte. Dort lagerten die Adler, die Fahnen und die Götterbilder. Dort befand sich auch das Zelt des Generals, dort verkündete man die Gesetze, dort hielt man Rat und gab das Signal zum Kampf. Die römischen Schriftsteller sprechen von diesem Ort nur mit einer gewissen religiösen Verehrung[51] und sie betrachten die Schändung des Prätoriums als Sakrileg. Als Tacitus die Revolte zweier Legionen in der Nähe von Köln schildert, sagt er, daß Plancus, der vom Kaiser und vom Senat zu den aufständischen Legionen geschickt wurde und kurz davor war, massakriert zu werden, zu seiner Lebensrettung kein anderes Mittel fand, als die Adler und die Fahnen zu küssen, *um bei der Religion Schutz zu suchen*[52]. Und er fügt hinzu: »Wenn der Fahnenträger Calpurnius sich nicht den Aufrührern entgegengestellt hätte, wäre man Zeuge gewor-

---

[50] *Epist. Ad Attic ...*

[51] Statius nennt es: »das Heiligtum des Rates und der *furchterregende Aufenthaltsort der Fahnen*«: Ventum ad concilii penetrale domumque verendam signorum. (Statius, X, 120).

[52] »Caedem parant, Planco maxime ... neque aliud periclitanti subsidium quam castra primae legionis: illic signa et aquilas amplexus, *religione sese tutabatur.*« (Tacitus, *Ann.*, I, 39).

den, wie in einem römischen Feldlager das Blut eines Abgesandten des römischen Volkes den Altar der Götter beschmutzt hätte.«[53]

Je mehr man die Geschichte studiert, desto mehr wird man sich von der unerläßlichen Notwendigkeit dieses Bündnisses von Politik und Religion überzeugen. Die Mißbräuche auf diesem Gebiet bedeuten nichts. Man muß vorsichtig sein, wenn man über den Mißbrauch der notwendigen Dinge urteilt, und sich davor hüten, die Menschen nicht in Versuchung zu führen, die Sache selbst abzuschaffen, nur um sich des Mißbrauchs zu entledigen – ohne daran zu denken, daß das Wort *Mißbrauch* nichts anderes bedeutet als den liederlichen Gebrauch einer guten Sache, die man bewahren muß. Aber ich werde nicht mit der Untersuchung einer Frage fortfahren, die mich vom Weg ab führen würde.

Meine Absicht lag lediglich darin, zu zeigen, daß der menschliche Verstand, oder das, was man die Philosophie nennt, für das Wohl des Staates genauso unbedeutend ist wie für das Wohl der Individuen; daß alle großen Einrichtungen ihren Ursprung und ihre Erhaltung anderswo her haben und daß die Philosophie sich nur einmischt, um jene zu verderben und zu zerstören.

---

[53] »Ac ni aquilifer Calpurnius vim extremam arcuisset ... legatus populi romani romanis in castris sanguine suo altaria deum commaculavisset.« (*Ibid.* Siehe Brottier, *ad Ann.*, I, 61).

Kapitel IX
Fortsetzung desselben Themas

In seinem mißratenen Buch über die Rechte des Menschen hat Payne* gesagt, daß »die Verfassung der Regierung vorausgeht, daß sie der Regierung das ist, was die Gesetze den Gerichten sind, daß sie Artikel für Artikel sichtbar und stofflich ist oder gar nicht existiert – so daß das englische Volk überhaupt keine Verfassung hat, da seine Regierung die Folge der Eroberung und nicht ein Produkt des Volkswillens war«[54].

Es wäre ein schwieriges Unterfangen, mehr Irrtümer in weniger Zeilen anzuhäufen. Nicht nur, daß sich ein Volk keine Verfassung geben kann, sondern auch, daß eine wie auch immer geartete Versammlung, eine im Vergleich zur Gesamtbevölkerung geringe Anzahl von Männern, niemals ein solches Werk vollbringen können wird. Gerade weil in Frankreich ein allmächtiger *Nationalkonvent* existiert, der eine Republik errichten will, wird es dort keine geben. Der Turm zu Babel stellt die einfältige Vorstellung einer Menschenmenge dar, die sich versammelt, um eine Verfassung zu ersinnen. »Wohlan«, sagen sich die KINDER DER MENSCHEN, »laßt uns eine Stadt und einen Turm bauen, dessen Spitze in den Himmel reicht, wir wollen uns einen Namen machen, damit wir uns nicht über die ganze Erde zerstreuen.«[55]

Aber das Werk heißt *Babel*, d.h. *Verwirrung*. Jeder spricht *seine eigene Sprache*, keiner versteht den anderen, und so ist die *Zerstreuung* unvermeidlich. Es gab nie und wird nie und es kann auch keine Nation geben, die ihre Verfassung *a priori* erhält. Die Urteilskraft und die Erfahrung vereinigen sich, um diese große Wahrheit zu begründen. Welches Auge ist imstande, mit einem Blick die Summe der Verhältnisse zu erfassen, die eine Nation für diese oder jene Verfassung geeignet

---

* Thomas Payne (1737-1809), englischer Politiker und Schriftsteller, *Rights of man, being an answer to Mr Burke's attack on the French Revolution*, London 1791.

[54] Paynes *Rights of man*, in-8°, London, 179 ..., S. 57.

[55] *1. Mose*, 11,4.

machen? Wie sollen vor allem mehrere Männer zu dieser Verstandesleistung fähig sein? Wenn man nicht freiwillig die Augen verschließen will, muß man zugeben, daß dies unmöglich ist, und die Geschichte, die all diese Fragen entscheiden soll, kommt hier wieder der Theorie zu Hilfe. Eine kleine Zahl freier Nationen hat ihren Glanz im Universum erstrahlen lassen: man zeige eine, die nach der Art und Weise Paynes gegründet worden ist. Jede besondere Regierungsform ist, wie die Souveränität im allgemeinen, ein göttliches Werk. Eine Verfassung im philosophischen Sinn ist also nur die politische Daseinsform, die jeder Nation von einer ihr übergeordneten Macht zugewiesen wird, und in einem untergeordneten Sinn ist eine Verfassung nichts anderes als die Summe der mehr oder weniger zahlreichen Gesetze, welche diese Daseinsform verkünden, und diese Gesetze sind keineswegs notwendig. Auf die verfassunggebenden Gesetze läßt sich noch besonders das Axiom von Tacitus anwenden: *Pessimae reipublicae plurimae leges* – je mehr Weisheit die Nationen haben, je mehr sie an staatlicher Gesinnung besitzen und je perfekter ihre politische Verfassung ist, desto weniger haben sie schriftliche verfassunggebende Gesetze, denn diese sind nur Stützen, und ein Gebäude hat nur dann Stützbalken nötig, wenn es sein Gleichgewicht verloren hat oder von einer äußeren Kraft heftig erschüttert worden ist. Die vollkommenste Verfassung der Antike ist unbestritten diejenige Spartas, und Sparta hat uns keine Zeile über sein Staatsrecht hinterlassen. Es rühmte sich mit Recht, seine Gesetze nur in die Herzen seiner Kinder eingeschrieben zu haben. Lesen wir die Geschichte der römischen Gesetze, ich meine diejenigen, die zum Staatsrecht gehören[56], so werden wir dabei zunächst bemerken, daß die wirklichen Wurzeln der römischen Verfassung keineswegs auf geschriebene Gesetze zurückzuführen sind. Wo ist das Gesetz, das die jeweiligen Rechte für den König, die Patrizier und das Volk festgelegt hatte? Wo ist das Gesetz, das nach der Vertreibung der Könige die Macht zwischen dem Senat und dem Volk aufteilte, dem einen und dem anderen seinen gerechten Anteil an der Herrschaft zuwies und den Konsuln, als Nachfolger der Könige, die genaue Grenze der ausübenden Gewalt festlegte, mit der sie gerade bekleidet wurden? Wir werden nichts Vergleichbares finden.

---

[56] Vinc. Gravinae *Origines juris*; – Rosini, *Antiq. Rom., cum notis* Th. Demsteri à Murreck. lib. *de leg*; – Adam's *Roman antiq.*, S. 191ff.

Zweitens werden wir sehen, daß in der ersten Zeit der Republik fast keine Gesetze vorhanden sind und daß sie sich in dem Maß vermehren, wie sich der Staat seinem Untergang zuneigt.

Zwei Gewalten stehen einander gegenüber: der Senat und das Volk. Diese beiden Gewalten sind durch das, was man die *Natur* nennt, dort hingestellt. Das ist alles, was man über die Urgründe der römischen Verfassung wissen kann.

Hätten diese beiden vereinten Mächte zur Zeit der Vertreibung der Tarquinier einen anderen Erbkönig auf den Thron gesetzt, mit dem sie die Aufrechterhaltung ihrer Verfassungsrechte ausgehandelt hätten, die Verfassung Roms hätte nach allen Regeln der Wahrscheinlichkeit viel länger Bestand gehabt. Aber die jährlich gewählten Konsuln besaßen keine hinreichende Macht, um das Gleichgewicht aufrechtzuerhalten. Wenn die Souveränität auf zwei Gewalten verteilt ist, so ist das *Ausbalancieren* dieser beiden Gewalten notwendigerweise ein *Konkurrenzkampf*. Führt man jedoch eine dritte, mit der notwendigen Stärke ausgestattete Gewalt ein, so wird sie sofort ein stabiles Gleichgewicht herstellen, indem sie sich bald zur einen, bald zur anderen Seite neigt. Durch die Natur der Sache selbst bedingt, konnte das in Rom so nicht geschehen: daher hielten sich die beiden Gewalten immer durch wechselseitige Zusammenstöße aufrecht, und die gesamte römische Geschichte zeigt das Schauspiel zweier kräftiger, einander umklammernder Athleten, die sich auf dem Boden rollen und abwechselnd überwältigen und überwältigt werden.

Diese verschiedenen Zusammenstöße bedurften Gesetze – nicht, um der Verfassung neue Grundlagen zu errichten, sondern um die alten, die von zwei unterschiedlichen Bestrebungen abwechselnd erschüttert wurden, aufrechtzuerhalten. Wären die beiden Parteien klüger gewesen oder durch eine Gewalt, die mächtig genug ist, in Schranken gehalten worden, so hätte es dieser Gesetze nicht bedurft.

Kehren wir zu England zurück. Seine geschriebenen Freiheiten können in sechs Artikeln zusammengefaßt werden: 1. die Magna Charta; 2. das *Confirmatio chartarum* genannte Statut; 3. die *Petition der Rechte*, eine Verkündigung aller Rechte des englischen Volkes durch das Parlament, von Karl I. bei seiner Thronbesteigung bestätigt; 4. das *Habeas corpus*; 5. die *Bill of Rights*, die William und Mary bei ihrer Ankunft in England vorgelegt wurde, und der das Parlament am 13. Februar 1688 Gesetzeskraft verlieh; 6. schließlich der zu Anfang des Jahrhunderts eingeführte und, weil er die Krone an das Herrscherhaus bindet, unter dem Namen *Act of Settlement* bekannte Parlamentsbeschluß, der die bürgerlichen und religiösen Freiheiten Englands erneut verankert[57].

England ist keineswegs aufgrund dieser Gesetze frei; aber es besitzt diese Gesetze, weil es frei ist. Ein für die Freiheit geborenes Volk hat allein die Magna Charta verlangen können, denn sie wäre einem der Freiheit gleichgültig gegenüberstehenden Volk nutzlos.

»Die englische Verfassung«, bemerkte in der Sitzung des Parlaments von England vom 10. Mai 1793 ein Mitglied des Unterhauses treffend, »ist keinesfalls ein Ergebnis der Beschlüsse einer Versammlung, sie ist die Tochter der Erfahrung. Unsere Vorfahren haben immer nur auf die Theorien geachtet, die in die Praxis umgesetzt werden konnten. Dieses Werk ist keineswegs aus einem Guß – es entstand mit der Zeit und es war das Produkt der Verhältnisse, des Widerstreits der Parteien und der Kämpfe um die Macht.«[58] Nichts ist wahrer – und diese Wahrheiten stimmen nicht nur für England – sie sind auf alle Nationen und alle politischen Verfassungen des Universums anwendbar. Was Payne und so viele andere als Mangel betrachten, ist also ein Naturgesetz. Die *natürliche* Verfassung der Nationen geht immer der *geschriebenen* Verfassung voraus und kommt ohne sie aus. Niemals gab es und niemals kann es eine aus einem Guß geschriebene Verfassung geben, schon gar nicht von einer Versammlung; und wäre sie in einem Zug geschrieben worden, so wäre es schon allein dadurch ein Beweis dafür, daß sie falsch und unausführbar ist. Jede eigentliche Verfassung ist eine *Schöpfung* im wahrsten Sinn des Wortes, und jede *Schöpfung* übersteigt die Kräfte des Menschen. Das geschriebene Gesetz ist nichts anderes als die Verkündigung eines früheren und ungeschriebenen Gesetzes. Der Mensch kann sich selbst keine Rechte geben, er kann nur die verteidigen, welche ihm von einer höheren Macht zuteil wurden und diese Rechte sind die *guten Sitten* – gut, weil es keine geschriebenen sind und weil man ihnen weder Anfang noch Urheber zuweisen kann.

---

57 Siehe Blackstone's *Commentary on the civil and criminal laws of England*, Chap. I, Oxford 1768-69. [William Blackstone, 1723-1780, berühmter englischer Jurist.]

58 »Our constitution was not the result of an assembly: it was the offspring of experience. Our ancestors only had an eye to those theories which could be reduced to practice. The Constitution was not formed at once, it was the work of time: it emerged from a concurrence of circumstances, from a collision of parties and contention for power.« (Herr Grey, siehe den *Craftsman*, Nr. 1746).

Führen wir ein Beispiel aus der Religion an. Die *Glaubensregeln*, die innerhalb ihrer Gattung auch außergewöhnliche Gesetze sind, können keine Dogmen erzeugen, denn ein Dogma wäre genau deshalb falsch, weil es neu wäre. Die Personen selbst, die glauben, man könne in einer wahren Religion Neuerungen einführen, werden gezwungen sein zuzugeben, daß das Dogma oder der Glaube dem Kanon vorausgehen muß. Andernfalls würde ein allgemeiner Aufschrei die Neuerer zurückweisen. Der *Kanon* oder das *geschriebene Dogma* ist durch die *Häresie* als einem religiösen Aufstand entstanden. Wäre der Glaube nicht angegriffen worden, bestünde kein Nutzen darin, ihn zu verkünden.

Ebenso erschaffen die Menschen nichts in Regierungsdingen. Jedes verfassunggebende Gesetz ist nur eine Deklaration eines früheren Rechts oder eines *politischen Dogmas*. Und nie ist es nur durch den Widerspruch einer Partei entstanden, die dieses Recht verleugnet oder angreift: so daß ein Gesetz, das vorgibt, *a priori* eine neue Regierungsart zu gründen, buchstäblich ein tollkühnes Unterfangen ist.

Kapitel X
Von der Volksseele

Die auf ihre Einzelkräfte reduzierte menschliche Vernunft ist nicht nur für die Erschaffung, sondern auch für die Bewahrung jeder religiösen oder politischen Gemeinschaft vollkommen unbedeutend, weil sie nur Debatten produziert und weil der Mensch, um sich richtig zu verhalten, nicht Probleme, sondern Überzeugungen braucht. Seine Wiege muß von Dogmen umgeben sein, und wenn seine Vernunft erwacht, muß sie alle seine Meinungen bereits fertig vorfinden, wenigstens über alles, was sich auf sein Verhalten bezieht. Es gibt für ihn nichts wichtigeres als die *Vorurteile*. Wir sollten das Wort keinesfalls abschätzig auffassen. Es bezeichnet keineswegs notwendigerweise falsche Ideen, sondern nur, der Bedeutung des Wortes gemäß, irgendwelche Meinungen, die vor jeglicher Prüfung übernommen wurden. Nun stellen diese Arten von Meinungen das größte Bedürfnis des Menschen, die wirklichen Grundlagen seines Glücks und das Palladium der Reiche dar. Ohne sie kann es weder Religionsausübung noch Moral noch Regierung geben. Es muß eine Staatsreligion genauso wie eine Staatspolitik geben oder vielmehr: die stark miteinander vermischten und vereinigten religiösen und politischen Dogmen müssen gemeinsam eine *universelle* oder *nationale Vernunft* bilden, die stark genug ist, um die Verirrungen der individuellen Vernunft zu unterdrücken, die ihrer Natur nach eine tödliche Feindin jeglicher Gemeinschaft ist, weil sie nur voneinander abweichende Meinungen produziert.

Alle bekannten Völker sind in dem Maße glücklich und mächtig gewesen, wie sie dieser nationalen Vernunft treu gehorcht haben, welche nichts anderes ist als die Vernichtung der individuellen Dogmen und die unumschränkte und allgemeine Herrschaft der nationalen Dogmen, d.h. der nützlichen Vorurteile. Würde sich jeder Mensch in der Gottesverehrung auf seine eigene Vernunft stützen, so würde man augenblicklich die Glaubensanarchie oder die Vernichtung der religiösen Herrschaft entstehen sehen.

Gleichfalls werden wir Zeuge einer bürgerlichen Anarchie oder der Zerstörung der politischen Herrschaft sein, wenn sich jeder zum Richter der Regierungsprinzipien macht. Die Regierung ist eine wirkliche Religion: sie hat ihre Dogmen, ihre Geheimnisse, ihre Diener. Sie zu zerstören oder der Erörterung durch jedes Individuum zu unterwerfen, ist dasselbe. Sie lebt nur durch die nationale Vernunft, d.h. durch den politischen Glauben, der ein *Symbol* ist. Das erste Bedürfnis des Menschen besteht darin, daß sein erwachender Verstand in dieses doppelte Joch gespannt wird, damit er sich auflöst, in der nationalen Vernunft untergeht und sein Einzeldasein in eine andere gemeinschaftliche Existenz verwandelt. So wie ein Fluß, der in den Ozean mündet, immer noch in der Wassermasse vorhanden ist, aber ohne Namen und ohne unterscheidbare Wirklichkeit[59].

Was ist *Patriotismus*? Es ist diese nationale Vernunft, von der ich spreche, es ist die Verleugnung des Einzelnen. Der Glaube und der Patriotismus sind die beiden großen Wundertäter dieser Welt. Der eine und der andere ist göttlich und alle ihre Handlungen sind Wunder. Sprecht zu ihnen nicht von Prüfung, von Wahl, von Debatten: sie werden sagen, daß wir Gott lästern, denn sie kennen nur die zwei Worte: *Unterwerfung* und *Glauben*. Mit diesen beiden Hebeln bringen sie das Universum in Aufruhr und selbst ihre Fehler sind erhaben. Vor aller Augen beweisen diese beiden Himmelskinder ihre Herkunft im Erschaffen und Bewahren. Wenn sie es aber schaffen, sich zu vereinigen, ihre Kräfte zu vereinen und sich gemeinsam einer Nation zu bemächtigen, so begeistern sie sie, vergöttlichen sie und verhundertfachen ihre Kräfte. Man wird eine Nation von fünf oder sechs Millionen Menschen sehen, die auf den unfruchtbaren Felsen Judäas die prachtvollste Stadt des prächtigen Asien setzt[60]; den Erschütterungen widersteht, die zehnmal zahlreichere Nationen in Staub verwandelt hätten, dem Fluß der Jahrhunderte, dem Schwert der Eroberer und dem Haß der Völker trotzt, um durch ihren Widerstand die Beherrscher der Welt in Erstaunen zu setzen[61] und schließlich alle eroberungslustigen Nationen überdauert

---

59 Rousseau hat gesagt, daß man zu den Kindern nicht von Religion sprechen und sich auf ihre Vernunft in der Sorgfalt verlassen sollte, sich eine auszusuchen. Man kann diese Maxime neben diese andere stellen: »Die Verfassung des Menschen ist das Werk der Natur, die des Staates ist das Werk der Kunst.« (*GV*). Mehr braucht man nicht, um festzustellen, daß dieser Jean-Jacques, der unter einer eitlen Erscheinung so oberflächlich ist, von der menschlichen Natur und von den wirklichen politischen Grundlagen nicht die geringste Ahnung hatte.

60 *Hierosolyma longe clarissima urbium orientis, non Judaeae modo.* (Plin., *Hist. Nat.*, V, 14).

61 Joseph[us Flavius], *Bell. Jud.*, VI, 9.

und noch nach vierzig Jahrhunderten ihre traurigen Reste den überraschten Betrachtern zeigt.

Man wird sehen, wie ein anderes, aus den Wüsten Arabiens kommendes Volk, in einem Augenblick zu einem wunderbaren Riesen wird, der das Universum mit dem Schwert in der einen Hand und dem Koran in der anderen durchstreift und in seinem triumphalen Vormarsch die Reiche zerschlägt, die Kriegsverluste durch seine Einrichtungen entschädigt, groß, großzügig und erhaben ist und gleichzeitig durch Vernunft und Phantasie glänzt, in die Nacht des Mittelalters Wissenschaften, Künste und Poesie bringt, und vom Euphrat bis zum Guadalquivir beugen zwanzig niedergeworfene Nationen das Haupt unter dem friedlichen Zepter Harun-al-Raschids.

Aber dieses heilige Feuer, das die Nationen beseelt, bist Du es, der es entzünden kann, unscheinbarer Mensch? ... Wie, kannst Du mehreren Millionen Menschen eine gemeinsame Seele geben? ... Kannst Du aus allen diesen Willen einen einzigen werden lassen? Sie unter Deine Gesetze vereinen? Sie um ein einziges Zentrum scharen? Deine Gedanken den Menschen eingeben, die noch nicht existieren? Dir von künftigen Generationen Gehorsam verschaffen und diese verehrungswürdigen Bräuche erschaffen, diese bewahrenden *Vorurteile*, Väter der Gesetze und stärker als die Gesetze? – Schweig!

Kapitel XI

Anwendung der vorhergehenden Prinzipien auf einen besonderen Gegenstand

Im Nationalkonvent wurde neulich die große Frage der Volksbildung behandelt. Der Referent, der im Namen des Komitees des Unterrichtswesens das Wort führte, sagte in der Sitzung vom 24. Oktober 1794 zu den sogenannten Gesetzgebern: »Turgot hat oft den Wunsch geäußert, ein Jahr lang die absolute Macht zu haben, um ohne Hindernisse und Verzögerung das zu realisieren, was er zugunsten der Vernunft, der Freiheit und der Menschheit geplant hatte. Es fehlt euch nichts von dem, was Turgot besaß, und alles, was ihm fehlte, habt ihr. Die Entscheidung, die ihr treffen werdet, wird in der Weltgeschichte Epoche machen.«[62]

Im Glauben, etwas Gutes zu sagen, hat man schon viel Schlechtes über Turgot geäußert. Dieser Wunsch, *ein Jahr lang* die absolute Macht zu besitzen, um *ohne Hindernisse und Verzögerung* die Wunder zu vollbringen, die er sich ausdachte – dieser Wunsch, sage ich, könnte zweifellos aus einem vortrefflichen Herzen stammen, aber ebenso zweifellos kündete er von einem von der Philosophie gründlich verdorbenen Kopf. Hätte er die Macht besessen, die er verlangte, so hätte er nur Kartenhäuser errichtet und sein närrisches Werk hätte nicht länger gewährt als er selbst.

Aber lassen wir Turgot und denken wir nur an den Nationalkonvent. Da ist er nun mit der Allmacht ausgestattet: es handelt sich darum, ein System der Volksbildung aufzustellen; der Platz vor den Gesetzgebern ist geräumt; nichts stört sie; schauen wir einmal, wie sie es anfangen werden. Es ist schade, daß die Jakobiner vernichtet wurden. Der Nationalkonvent hat sich durch diesen falschen Schritt um mächtige Mitarbeiter gebracht, denn sie beschäftigten *sich in ihrer Weisheit* ebenfalls mit der Volksbildung und Gott weiß, welche Wunder sie vollbracht hätten! Ein Redner der Gesellschaft sagte dort am 24. Oktober 1794:

---

[62] Lakanal, im Namen des Komitees des Unterrichtswesens (*Monit.*, 1794, Nr. 37, S. 165).

»Indem wir das Begehren aller Mitglieder der Gesellschaft dahin lenken, sich gegenseitig glücklich zu machen, werden wir es schaffen, EIN VOLK VON GÖTTERN zu bilden.«[63]

Man muß zugeben, wir sind dem Glück nahe gewesen. Denn als Rousseau entschied, daß die Republik, so wie er sie sich vorstellte, nur für *ein Volk von Göttern*[64] gemacht war und diese Regierung jedoch die einzig legitime ist, da die legitime Monarchie selbst eine Republik ist[65], so ergibt sich daraus unglücklicherweise, daß man darauf verzichten muß, eine Regierung als legitim anzusehen, da die Jakobiner nicht mehr da waren, um ein *Volk von Göttern* zu bilden.

Im übrigen, wenn der Nationalkonvent nur *Engel* hervorbringen würde, so wäre das viel, und ich glaube, man würde zu Unrecht mehr verlangen: man muß nur sehen, wie er es anfangen wird.

Man könnte zunächst entgegnen, daß diese wichtige Arbeit nicht unter günstigen Vorzeichen begonnen hat. Die beiden Berichterstatter hatten kaum mit der Darlegung ihres Plans begonnen, als auf den Tribünen schon Familienväter schrieen: »Bevor wir erfahren, wie unsere Kinder erzogen werden, müssen wir wissen, wie wir ihnen Brot geben sollen.«[66]

Zweifellos wäre es hart, über einen Ausruf, der nur ein vorübergehender Zug schlechter Laune sein könnte, ein Urteil zu fällen. Untersuchen wir also die Pläne des Nationalkonvents.

Diese Pläne sind ganz einfach. »Wir werden so viele Volksschullehrer haben wie es nötig ist: sie bringen unseren Kindern bei, was wir möchten, und wir geben ihnen dafür so und so viel pro Jahr.« Darin besteht das ganze Geheimnis, aber man muß ins Detail gehen, um sich eine Vorstellung von dem Unternehmen im Ganzen zu machen.

Man hat festgestellt, daß eine Bevölkerung von 1000 Personen 100 Kinder beinhaltet, 50 von jedem Geschlecht. 24 Millionen Menschen erfordern also 24 000 Volksschullehrer und genau soviel Volksschullehrerinnen. Man gibt ersteren 1200 Francs Gehalt und letzteren nur 1000[67].

---

[63] Boisset zu den Jakobinern (Sitzung vom 24. Oktober 1794. *Monit.*, Nr. 39, S. 171). [Vermutlich ist Joseph-Antoine Boisset (1748-1813) gemeint.]

[64] *GV*, 3. Buch, Kap. VI.

[65] *GV*, 2. Buch, Kap. VI, Fußnote.

[66] *Monit.*, 1794, Nr. 46, S. 200.

[67] Sitzung vom 27. Oktober und vom 15. November 1794. (*Monit.*, Nr. 40, S. 178; Nr. 57, S. 246).

Diese Lehrer beiderlei Geschlechts müssen untergebracht werden, aber die Sache ist einfach, man gibt ihnen die ehemaligen Pfarrhäuser, die nutzlos geworden sind, seitdem die *erhabenen* Repräsentanten der *ersten Nation des Universums* feierlich erklärt haben, daß die *französische Nation keinerlei Gottesdienst bezahlt.*[68]

In Wahrheit ist eine Vielzahl von Pfarrhäusern zerstört, verkauft oder zu anderen Zwecken benutzt worden, aber in solchen Fällen wird man andere Häuser kaufen, und es ist angemessen, daß die gesamte Nation diese Ausgaben trägt, ebenso wie die der Reparaturen.[69]

Soweit möglich, wird man die Lehrer und Lehrerinnen im selben Gebäudetrakt unterbringen. Widerspricht die Aufteilung der Pfarrhäuser dem absolut, muß man eben zwei Häuser haben.[70]

Aber alle diese Ausgaben betreffen nur die Volksschulen, es ist jedoch ersichtlich, daß man noch andere braucht, wo man weniger elementares Wissen lehrt, und tatsächlich hat man in derselben Sitzung, in der man den Plan dieser Grundschulen untersuchte, nachdrücklich auf den äußerst dringenden Aufbau der Bezirksschulen insistiert.[71]

Das ist nicht alles: die eigentlichen Wissenschaften erfordern zweifellos einen besonderen Unterricht. Hierin liegt das Meisterwerk der Gesetzgeber. Man wird in der Hauptstadt Gelehrte ersten Ranges auswählen. Diese werden Schüler hervorbringen, die sich in die Departements begeben, um dort das heilige Feuer auszusenden, dessen Herd in Paris brennt. Der Sprecher des Komitees des Unterrichtswesens verhehlt keineswegs, daß diese Ausgabe die »größte der Republik in Friedenszeiten sei«[72]. Es wäre sehr zu wünschen, daß man in die dazu notwendigen Details hätte gehen mögen.

Versuchen wir dem abzuhelfen – für den Zweck dieses Buches genügt ein grober Überblick.

24 000 Volksschullehrer in den Grundschulen zu 1200 Francs pro Kopf macht: 28 800 000 Francs.

---

68 »Eure Gesetze haben die Nation bereits von den unermeßlichen Kosten des Gottesdienstes befreit« (Cambon im Namen des Finanzkomitees. Sitzung von November 1794. *Monit.*, Nr. 46, S. 201). – »Die Regierung *kann* keinerlei Gottesdienst übernehmen, noch viel weniger *entlohnen.*« (Grégoire, Sitzung vom 21. September 1794, *Monit.*, Nr. 93, S. 388).

69 Siehe die zitierten Sitzungen in der ersten Fußnote auf dieser Seite [=Fußn. 68].

70 *Ibid.*

71 *Monit.*, Nr. 58, S. 250.

72 Sitzung vom 24. Oktober 1794. (*Monit.*, Nr. 40, S. 178).

24 000 Volksschullehrerinnen zu 1000 Francs macht: 24 000 000 Francs.

Für 24 000 Schulheime müßte man zuerst die Anzahl des von Zeit zu Zeit durch Baufälligkeit oder Gewalteinwirkung erforderlichen Wiederaufbaus annähernd schätzen. Seien wir aber nicht zu genau und veranschlagen wir nur die jährlichen Reparaturen jedes Hauses mit 100 Francs. Schließt man in diese Summe den Preis der Wiederherstellung für 24 000 Häuser mit ein, so ergibt das eine Summe von 2 400 000 Francs.

Für die Bezirksschulen nehmen wir 10 Gemeinden zusammen, so ist das, glaube ich, alles was man bewilligen kann. Da Frankreich 42 000 Gemeinden[73] besitzt, werden wir 4200 Bezirksschullehrer haben, und da die Wichtigkeit ihrer Ämter ein höheres Gehalt erfordert, so bewilligen wir ihnen 1800 Francs, zusammen: 7 500 000 Francs.

Und da man auch Bezirksschullehrerinnen für das schöne Geschlecht braucht, denen ihre Eltern eine sorgfältigere Erziehung geben möchten und können, so gewähren wir diesen Bezirksschullehrerinnen 1500 Francs, ergibt: 6 300 000 Francs.

Für die Reparaturen von 4200 Häusern, die ich bei jährlichen Kosten von 200 Francs ein bißchen besser ausgestattet vermute, ebenfalls die Wiederherstellung eingeschlossen, macht das: 840 000 Francs.

Was die Lehrerseminare angeht, so setzen wir in jede Bezirkshauptstadt des Departements jeweils eines. Eine niedrigere Angabe kann man nicht machen, es sei denn, man will das ganze Lehramt auf die Hauptstadt konzentrieren, was die Einrichtung nahezu überflüssig machen würde. Streichen wir noch alle Eroberungen Frankreichs, um die kleinste Summe anzusetzen. Wir haben keine sichere Quelle über die Anzahl der Professoren, aber schließlich werden die Lehrerseminare gar nichts taugen, wenn sie nicht wenigstens einen Professor für Mathematik, einen für Chemie, einen für Anatomie und einen für Medizin haben. Ich könnte noch das französische Recht, die Gelehrtensprache, die Veterinärmedizin hinzufügen usw., beschränke mich aber auf das Notwendigste.

---

[73] Man könnte eine stärkere Behauptung aufstellen, da das Finanzkomitee Frankreich 50 000 Gemeinden zugesteht. (Cambon, im Namen dieses Komitees. Sitzung vom 2. November, *Moniteur*, Nr. 45, S. 195). Das Komitee der Zwölf, das gerade dem Nationalkonvent eine vollständige 4. Verfassung vorgeschlagen hat, geht von 44 000 Stadtverwaltungen aus (*Journal de Paris*, vom 24. Juni 1795). Wir können jedoch auf diese Exaktheit verzichten.

Sechs Professoren des Lehrerseminars multipliziert mit der angenommenen Anzahl der Departements, 83, ergeben 498 und da wir den vornehmen Gelehrten, so wie wir sie uns vorstellen, nicht weniger als 1000 Ecus Gehalt bewilligen können, macht das 1 494 000 Francs.

Für die Reparaturen der 83 Häuser des Lehrerseminars, welche notwendigerweise vornehme Gebäude sein werden, gewähren wir 400 Francs jährlich, und für jedes dieser Häuser, die Wiederherstellung einbegriffen, macht das 332 000 Francs.

Gesamt: 71 666 000 Francs!!!

Dies ist die erste Übersicht über die der Regierung vorgeschlagenen Ausgaben. Fügen wir einige Beobachtungen hinzu:

1. Eine Menge Pfarrhäuser sind verkauft oder für Zwecke benutzt, die dem neuen Regime unerläßlich sind, oder sie sind von der Raserei eines blinden und tobsüchtigen Volkes zerstört worden. Man wird diesen *Verlust* ersetzen müssen, und das wird eine enorme Ausgabe bedeuten.

2. Man kennt die Ärmlichkeit der Pfarrhäuser: eine Menge dieser Häuser wird nicht geeignet sein, zwei Schulen aufzunehmen; man muß also ein zweites Gebäude finden.

3. Da die schönsten dieser Häuser jedoch ziemlich mittelmäßig sind, der Volksschullehrer und die Volksschullehrerin, sowie die jungen Leute des einen und des anderen Geschlechts ziemlich kunterbunt gemischt sein werden, und da sich diese erste Ausbildung bis zum Alter von 15 oder 16 Jahren und sogar darüber hinaus hinziehen kann, werden die Volksschulen, wenn man mit der Einrichtung der Bezirksschulen zögert, bald in jeder Hinsicht *öffentliche Häuser* [Bordelle] sein.

4. Das Komitee des Unterrichtswesens hat sich mit der Bevölkerung Frankreichs als Masse und ohne jegliche Unterscheidung befaßt. Die Gerechtigkeit erfordert jedoch, daß man zwischen der Stadt- und der Landbevölkerung unterscheide. Paris wird z.B. 600 Professoren und genauso viel Volksschullehrerinnen haben. Wenn die Summe von 1200 Francs und 1000 Francs für ein Dorf ausreicht, so ist klar, daß sie nicht für Paris ausreichen wird, noch für eine Stadt zweiter oder dritter Ordnung – erneut eine sehr beträchtliche Steigerung der Ausgaben.

5. Wenn die Regierungen Mechanismen einrichten, die genauso kompliziert sind, wie die, um die es sich handelt, so kann sich das durchdringendste Auge keine Vorstellung von den Ausgaben machen, die sie erfordern werden: man sieht nur die Hauptausgaben, aber bald werden sich die *molti pochi* des italienischen Sprichworts von allen Seiten offen-

baren, und man wird ganz erstaunt darüber sein, die Ausgabe verdoppelt zu sehen. Dies bewahrheitet sich besonders in dem Moment, wo »alle Staatsbeamten auf einmal eine Gehaltserhöhung verlangen«.[74]

6. Aber wird diese erschreckende Ausgabe, die die Einkünfte von fünf oder sechs gekrönten Häuptern übersteigt, den Franzosen wenigstens eine Volksbildung verschaffen? Keineswegs: denn trotz der Forderungen einiger Jakobiner, die anzuhören man nicht die Mittel fand, steht es den Eltern frei, ihre Kinder bei sich oder anderswo zu erziehen, ganz wie es ihnen beliebt. Bald werden im Wörterbuch der eitelsten Nation des Universums die als Schmutz verachteten Volksschulen von irgendeinem Beiwort gebrandmarkt werden, das alles, was immer sich *gute Gesellschaft* nennen wird, trotz der *Freiheit* und der *Gleichheit* von dort vertreiben wird. Selbst der Anstand und die guten Sitten werden sich mit der Eitelkeit verbinden, um die *Volksbildung* in der öffentlichen Meinung schlecht zu machen, so daß schließlich diese ganze großartige Einrichtung nur eine großartige Lächerlichkeit sein wird.

Dieser Beschreibung, die nichts Überladenes, nichts Trügerisches hat und über die man dem philosophischen *Meisterwerk* die schmeichelhaftesten Vorschläge macht, stelle ich eine andere gegenüber, deren Vergleich mir reizvoll erscheint. Das ganze Universum hat von den Jesuiten gehört und ein großer Teil der heutigen Generation hat sie gesehen. Sie existierten noch heute, wenn sich nicht einige Regierungen von den Feinden dieses außergewöhnlichen Ordens hätten beeinflussen lassen, was sicher ein sehr großer Fehler war, aber man muß sich nicht wundern, wenn die Alten am Vorabend ihres Todes faseln.

Ignatius von Loyola, ein einfacher spanischer Edelmann, Soldat ohne Vermögen und ohne Beziehungen, von einem inneren religiösen Gefühl angetrieben, beschloß im 16. Jahrhundert, einen Orden zu errichten, vollständig der Erziehung der Jugend und der Ausrottung der Häresien geweiht, die zu jener Zeit die Kirche spalteten. Er wollte ihn mit jener schöpferischen Willenskraft schaffen, der nichts unmöglich ist. Er fand auf Anhieb zehn Männer, die das gleiche Ziel verfolgten, und diese zehn Männer schufen das, was wir gesehen haben.

Wenn man allein die Einrichtung dieses Ordens als ein politisches Werk betrachtet, so ist das meiner Meinung nach eine der schönsten

---

[74] Cambon, im Namen des Finanzkomitees (Sitzung vom 19. Oktober 1794. *Monit.*, Nr. 32, S. 142).

Hervorbringungen, deren der menschliche Geist sich rühmen kann. Kein Gründer erreicht sein Ziel besser, keiner erreicht die Vernichtung des einzelnen Willens vollständiger, um den allgemeinen Willen und diese *öffentliche Vernunft* zu etablieren, die das Entstehungs- und Bewahrungsprinzip jeglicher Einrichtung ist, sei sie groß oder klein. Denn der *Korpsgeist* ist nur die verkleinerte *öffentliche Meinung*, so wie der Patriotismus nur der vergrößerte *Korpsgeist* ist.

Wenn man sich eine Vorstellung von der inneren Kraft, der Tätigkeit und des Einflusses dieses Ordens machen will, so genügt es, über den unbarmherzigen und wirklich grimmigen Haß nachzudenken, mit dem ihn beständig der Philosophismus und sein ältester Sprößling, der Presbyterianismus beehrte: denn diese beiden Feinde Europas waren eben genau die der Jesuiten, die sie bis zum Schluß mit einem Nachdruck und einer Beharrlichkeit ohne gleichen bekämpft haben.

Seit Bellarmin, den ein unerschrockener Protestant des vorigen Jahrhunderts freundlich »die liebliche Mönchskappe des schrecklichen römischen Tieres[75]« nannte, bis zu Pater Berthier*, dem großen Geißler der Enzyklopädisten, hat der Kampf zwischen Jesuiten und Neuerern aller Art nicht einen Moment lang nachgelassen. Man wird keine Einrichtung vorfinden, die ihren Zweck besser erfüllt hätte. In dieser Sache kann man Rabaut de Saint-Etienne[76] glauben – ein fanatischer Verfassungsgeber, ein Philosoph im wahrsten Sinn des Wortes und ein Prediger, der mit dem Geld der Sekte beauftragt war, das Pariser Volk aufzuwiegeln. In der von ihm skizzierten Geschichte der Französischen Revolution bezeichnet er die Jesuiten als eine Gewalt im Staat, und gibt zu verstehen, daß sich die Revolution zu großen Teilen der Abschaffung dieses Ordens verdankt.

»Die heftigsten Feinde«, sagt er, *»und die Geschicktesten in der Freiheit zu schreiben, die Jesuiten, waren verschwunden und seitdem hat es niemand gewagt, den gleichen Despotismus und die gleiche Hartnäckigkeit zu entfalten. War der Geist der Franzosen erst einmal auf die*

---

* Guillaume-François Berthier (1704-1782), Jesuit.

75 *Immanis illae belluae romanae delicium bellissimum.* (Siehe Joh. Sauberti, *Theol. Doct., de sacrificiis veterum libri.* Lugd. Bat., 1699, Kap. II, S. 20).

76 Es handelt sich um diesen Rabaut, den Herr Burke dafür zum kalten Bad verurteilt hatte, daß er in einer Rede an die Nationalversammlung gesagt hat, man hätte in Frankreich alles zerstören müssen, auch die Namen. Aber das Komitee Robespierres, das dieses Urteil zu sanft fand, hat es reformiert, wie man weiß.

Erbauungsliteratur gerichtet, so lenkte sich ihre Aufmerksamkeit auf die Geheimnisse der Regierung.«[77]

Und die Feinde des *Aberglaubens* haben über diesen Punkt geredet wie die des *Despotismus.*

»*Das ist jedoch*« rief Friedrich II., »*eine neue Überlegenheit, die wir gerade in Spanien errungen haben. Die Jesuiten sind aus diesem Königreich vertrieben worden ... Was wird das Jahrhundert, das dem unseren folgt, nicht alles zu erwarten haben? Wir haben die Axt an der Wurzel des Baumes angelegt ... Das an den Grundfesten ausgehöhlte Gebäude* (des Aberglaubens) *wird einstürzen.*«[78]

Die Jesuiten waren also, nach dem Urteil Friedrich II., *die Wurzeln* dieses *Baumes* und die *Fundamente* dieses *Gebäudes.* Welch ein Glück für sie! Ein protestantischer Arzt, der vor kurzem in Deutschland eine »*Allgemeine Geschichte der christlichen Kirche*« publiziert hat, glaubte nicht zu übertreiben, als er behauptete, daß »die religiöse Revolution des 16. Jahrhunderts ohne die Jesuiten ihre Wirkung noch viel weiter ausgedehnt und zuletzt überhaupt keine Begrenzung mehr gefunden hätte«, daß, »*wenn im Gegenteil dieser Orden schon früher dagewesen wäre, es keine Reform gegeben hätte und man vielleicht eine bislang in der Geschichte unbekannte, unüberwindbare universelle Monarchie hätte entstehen sehen*«.[79]

---

77 *Précis de l'histoire de la Révolution française*, 1. Buch, S. 17, in-12°, 1792.

78 Der König von Preußen an Voltaire (Werke dieses letzteren, Ausgabe von Kell, in-12°, Bd. LXXXVI, S. 248). Das Urteil des Königs von Preußen über die Philosophen ist die sonderbarste Sache der Welt. Wenn er sich seinem Haß gegen das Christentum überläßt, der bei ihm eine wirkliche Krankheit, eine Raserei war, dann spricht er von diesen Herren wie von seinen Kollegen – er macht mit ihnen gemeinsame Sache und er sagt: WIR. Aber wenn der Anfall vorüber ist, und wenn es nicht mehr um Theologie geht, spricht er davon und von ihnen mit der letzten Verachtung, denn niemand kannte sie besser als er. Diese Beobachtung wird durch seine gesamte Korrespondenz gerechtfertigt.

79 Siehe *Allgemeine Geschichte der christlichen Kirche*, von Dr. Heinr[ich]. Phil[ipp]. Conr[ad]. Henke, Profes. der Theol. zu Helmstedt. Braunschweig, 1794, 2. Bd., 3. Theil, S. 69.

Indem der Herr Professor in demselben Satz bestätigt: 1. daß die Reform ihr Wirken noch weiter ausgedehnt hätte: »wurde die kirch reform ihre wirkungen wiel weiter ausgebreit«; 2. und daß sie zuletzt keinen Widerstand gefunden hätte: »und zulest gar keinem widerstand mehr gefunden haben«, meint er sicher, daß sie mehr Dogmen gestürzt und mehr Menschen überzeugt hätte: dies ergäbe sonst eine fühlbare Tautologie. In dieser Behauptung kann man nicht zuviel bedauern, daß die Jesuiten eine größere *Reinigung* des Christentums verhindert haben.

Lassen wir die *unüberwindbare universelle Monarchie* mit einem Lächeln beiseite. Äußerst wahrscheinlich erscheint jedoch, daß, hätten die Jesuiten bis in unsere Tage überdauert, sie allein diese Revolution, die das bewaffnete Europa nicht zu ersticken vermochte, verhindert hätten.

Es war ein ehemaliger Jesuit*, der 1787 auf außergewöhnliche Art und Weise Prophezeiungen über die Französische Revolution machte, der Ludwig XVI. alle seine Feinde nannte, der ihm ihre Verschwörungen mit erschreckender Präzision darlegte und mit diesen denkwürdigen Worten schloß: »*Sire! Ihr Thron steht auf einem Vulkan.*«[80]

Das auf ewig zu beklagende Schicksal dieses unglücklichen Fürsten hat diese Vorhersage nur allzu gerechtfertigt. Louis XVI. wurde durch den Philosophismus und durch den Presbyterianismus entthront, die sich zur Zerstörung Frankreichs vereint hatten.

Stellen wir nochmals fest, daß der Geist dieser Institution so stark, so energisch und so *lebendig* war, daß er den Tod dieses Ordens überlebte. Gleich jenen zähen Tieren, deren Glieder durch das Messer des Physiologen zerteilt, sich das Leben, das sie im Ganzen besaßen, zu teilen scheinen, und den erstaunten Augen noch die Erscheinung lebendiger Natur präsentieren, so haben die Jesuiten als verstreute Glieder eines aufgelösten Körpers vor unseren Augen alle Merkmale der Gemeinschaft reproduziert: dieselbe Entschlossenheit in ihren Systemen, dasselbe Festhalten an nationalen Dogmen und dieselbe Abneigung gegenüber Erneuerern. Die in der letzten Zeit vom französischen Klerus erduldete schreckliche Verfolgung hat keinen dieser von Alter und Not geschwächten Männer beugen können. Gleichermaßen der Kirche wie dieser unmenschlichen Regierung treu, die, als sie ihnen die Millionen wegnahm, den Lebensunterhalt verweigerte, vermochten weder die Schreckensherrschaft noch die Verführung einen einzigen Apostaten unter ihnen hervorzubringen, und die matten Reste dieses wunderbaren Ordens haben dem Massaker vom September 1792 noch 21 Opfer beigesteuert.[81]

---

* Es handelt sich um den Abbé Jean-Baptiste Bonnaud, der, am 10. August 1792 als Konterrevolutionär verhaftet, ein Opfer der Septembermassaker wurde.

80 Siehe *Mémoire à lire dans le Conseil du roi sur le projet de donner un état cicil aux protestants*, in-8°, 1787 (die letzten Seiten). Das Werk ist von dem ehemaligen Jesuiten Bonneau.

81 Siehe *Histoire du clergé pendant la Revolution française,* von Herrn Abbé Barruel, Schloßkaplan der Prinzessin de Conti, 2. Auflage, Anvers, 1794, S. 369. Vergleichen wir dieses Verhalten der Jesuiten mit dem dieser unglücklichen Jansenisten, die im letzten Jahrhundert Umstürzler und in unserem *sans-culotten* waren – Prediger der strengen Moral, deren Hände sich beim ersten Zeichen

Wenn es darum ginge, die Jesuiten zu beurteilen, so würde ich mich freiwillig an das Urteil eben dieses Friedrich halten, als er in einem dieser Momente, wo weder Launen noch Vorurteile seine Urteilskraft beeinflußten, unter dem Diktat des gesunden Menschenverstandes an Voltaire schrieb: »Ich bitte Sie, erinnern Sie sich an Père Tournemine, ihre Amme: von ihr haben Sie die süße Milch der Musen gesaugt. Versöhnen Sie sich mit einem Orden, der Früchte getragen hat und Frankreich im letzten Jahrhundert Männer von größtem Verdienst zur Verfügung gestellt hat. Ich weiß sehr wohl, daß sie intrigiert und sich in die Regierungsgeschäfte eingemischt haben, aber das ist der Fehler der Regierung: warum hat sie es geduldet? Ich gebe nicht Père Le Tellier die Schuld, sondern Ludwig XV.«[82]

Es ist ein und dieselbe Vernunft, die diese Passage schrieb. Ich könnte diesem Zeugnis das eines anderen Kriegers hinzufügen, von dem man kaum erwarten würde, ihn zu diesem Thema zitiert zu hören.

»Die Jesuiten«, sagt er, »hatten das große Talent, die Seele ihrer Schüler durch Selbstachtung zu erhöhen und sie zu Mut, Uneigennützigkeit und Selbstopfer zu inspirieren.«[83]

Das ist schon etwas, wie man sieht. Es handelt sich aber hier weniger darum, den Verdienst der Jesuiten zu untersuchen, als vielmehr die Stärke ihrer Einrichtung, die ich dem entgegenstelle, was die Philosophie, von aller menschlichen Kraft unterstützt, so ungefähr im selben Register versuchen wollte.

Um sich der universellen Erziehung zu bemächtigen, bat St. Ignatius die Herrscher keineswegs *mit ungehobelten Manieren*, ihm *ein Jahr*

---

ausstreckten, um dem Schisma und der Revolte zu schwören. Sie haben ihre Abstammung wohl bewiesen!

82 Brief vom 18. Oktober 1777, im oben genannten Band, S. 391.

83 *Vie du général Dumouriez*, 1795, Bd. I, S. 2. Der General sagt uns (ibid.), daß er Jesuit geworden wäre, wenn der beste der Väter ihm nicht die Analyse von Bayle und andere gute Werke zu lesen gegeben hätte, aber es ist sehr fraglich, ob sich dieser Vater, wie viele andere, nicht geirrt hat. Hätte sein Sohn nur sechs Monate im Noviziat der Jesuiten verbracht, so hätte er einem Gesandten des Nationalkonvents niemals ein gewisses Geheimnis anvertraut. Aber wenn er seine Gelübde im Orden abgelegt hätte, oh! Dann zweifle ich nicht, daß er mit seinen Fähigkeiten, seiner Umtriebigkeit und seinem Ehrgeiz sich nicht einen großen und unbefleckten Ruf gemacht hätte, vielleicht in den Wissenschaften, vielleicht im Apostelamt, wer weiß? Er war der Mann, um die Tartaren, Kalmücken oder die Seeländer und Patagonier zu bekehren. Schließlich hätte er auf diese oder jene Art sein Leben aufschreiben lassen, was sicherlich besser ist, als es selbst zu schreiben.

lang die unumschränkte Macht zu überlassen. Er errichtete einen Männerorden, der alle Herrscher auf seine Seite brachte. Er verlangte keine Millionen, aber man beeilte sich, sie seinen Kindern zu geben. Seine Bank war die universelle Überzeugung, und seine Gesellschaft war reich, weil sie überall Erfolg hatte. Jedoch diese Reichtümer selbst, von denen man wie von denen Tamerlans sprach, bestanden überdies in einem zauberhaften Gebäude, das dem Geist des Ordens verpflichtet war und mit ihm verschwand. Diese Reichtümer, die schändlicherweise in den Tresoren der Staatskasse verschwunden sind und in den Händen ihrer Besitzer so mächtig waren, haben in Europa nicht eine einzige nützliche Einrichtung hervorgebracht.

Es war eine merkwürdige Sache, die *Philosophen* als Inbegriff an Stolz und Machtlosigkeit bitter gegen den Stolz dieser Jesuiten deklamieren zu hören, die ein und dasselbe Jahrhundert als Meister der Erziehung im ganzen katholischen Europa sah, die Beichtväter aller Herrscher in diesem Teil der Welt waren, gewandte Prediger vor den Königen, Männer der guten Gesellschaft bei den Großen, demütige Missionare in den Werkstätten des Volkes, bereits in der Kindheit aufgeklärte Kinder, Mandarins und Astronomen in China, Märtyrer in Japan und Gesetzgeber in Paraguay.

Gewiß, es hätte nicht ganz so viel gebraucht, um diese Pygmäen trunken vor Stolz zu machen, die mit allen Trompeten des Triumphs verkündeten, daß sie eine *Rosenkönigin* ausgestattet hätten, einen *Förderpreis* gestiftet oder irgendein akademisches Geschwätz mit einem Almosen von fünfundzwanzig Louisdor vergütet hätten.

Wo sind nun die *Uhrmacher von Ferney*, die Voltaire lächerlicherweise seine *Kolonie* nannte und von denen er uns bis zum Überdruß erzählt hat? Wenn er an den Ufern des Orinoko oder des Mississippi zwei- oder dreihundert Wilde hätte versammeln können, ihnen im Namen der Philosophie den Geschmack an Menschenfleisch genommen und sie bis zwanzig zu zählen gelehrt hätte, dann – und ich übertreibe keineswegs – wäre er tot, erstickt am Stolz und würde die Apotheose verlangen.

»D'Alembert (und Voltaire) waren bei Friedrich und Diderot bei Catherine; und Rußland ist ein Volk von Barbaren geblieben und Preußen ein Volk von Sklaven.«[84]

---

[84] Lakanal, im Namen des Komitees des Unterrichtswesens (Sitzung vom 24. Oktober 1794, *Monit.*, Nr. 37, S. 164).

Aus welchem Mund stammt denn dieses Anathem? Aus dem eines Mitgliedes des Nationalkonvents, der vor dieser Versammlung im Namen des Komitees des Unterrichtswesens über die Volksbildung sprach.

Man meint einen Verbrecher zu hören, den das *Ancien Regime* auf der Folter hält, um ihm das Geheimnis seiner *Bande* zu entlocken.

La Bruyère, der die menschliche Macht im letzten Jahrhundert apostrophierte, sagte zu ihr: »*Ich verlange nicht von Dir, mir eine hübsche Frau zu machen, aber mach mir eine Kröte.*«[85]

Eine *Kröte*! Das ist zuviel: sie ist ebenso schwer zu machen wie eine hübsche Frau, und man sollte nicht so anspruchsvoll sein. Ich würde nur sagen: »Menschliche Macht, stolze Philosophie, mach was Du willst, aber mach etwas! Wähle in der weiten Sphäre der Möglichkeiten, was Dir am einfachsten erscheint und unter Deinen Adepten den Geschicktesten, den Tatkräftigsten, den Eifrigsten für Deinen Ruhm, damit er uns durch irgendeine nützliche Einrichtung Dein Können zeigt. Wir verlangen nicht, daß er für die Jahrhunderte arbeitet, wir werden zufrieden sein, wenn *sein Werk nur ein wenig länger dauert als er selbst.*«

Aber nein: niemals wird sich die Philosophie durch eine nützliche Einrichtung rühmen, und da es sich um Erziehung handelt, kann man den allmächtigen Gesetzgeber beherzt mißtrauen, ich sage nicht, eine dauerhafte Regierung zu bilden, sondern nur eine Volksschule, die die Zustimmung der allgemeinen Vernunft, d.h. das Prinzip der Dauer hätte[86].

---

85 *Caractères*, Bd. II, Kapitel über die Freidenker.

86 Der revolutionäre Geist hat gerade ein merkwürdiges Werk herausgebracht, um die Absichten dieser Gesetzgeber zu unterstützen: Es ist die *Instruction à l'usage de la jeunesse, tirée de l'exemple des animaux [Anleitung zum Umgang mit der Jugend, nach dem Beispiel der Tiere]*. (*Monit.*, 15. November 1794, Nr. 57, S. 246.

Oh, wer immer du seist, erlauchter Autor! Würdiges Organ der menschlichen *Vernunft*, empfange meine Huldigungen: niemand war würdiger als du, den Absichten der Bewunderer der *Göttin Vernunft* zu dienen und derer, die gesagt haben: »Die Nation entlohnt keinerlei Gottesdienst.« Die Generation, die sie verdorben haben, gehört nicht mehr dem Menschengeschlecht an.

Kapitel XII
Fortsetzung desselben Themas

»Wenn ich bedenke«, sagte der König von Preußen, den ich immer wieder mit Vergnügen zitiere, »daß ein *Verrückter*, ein *Dummkopf* wie der Heilige Ignatius ein Dutzend Anhänger fand, die ihm folgten, und daß ich keine drei Philosophen habe finden können, so bin ich versucht zu glauben, daß die Vernunft zu nichts nütze ist.«[87]

Obwohl diese Passage im *Paroxysmus* geschrieben wurde, ist sie dennoch wertvoll: der große Mann war auf dem richtigen Weg. Ohne Zweifel ist die Vernunft in einem gewissen Sinn zu nichts nütze. Wir haben die physischen Kenntnisse, die zum Erhalt der Gesellschaft notwendig sind, wir haben Fortschritte in der Zahlenlehre gemacht und in dem, was man Naturwissenschaften nennt. Treten wir jedoch nur ein wenig aus dem Kreis unserer Bedürfnisse heraus, so werden unsere Kenntnisse unnütz oder zweifelhaft. Der unentwegt beschäftigte menschliche Geist entwirft ohne Unterlaß aufeinander folgende Systeme: man sieht sie entstehen, strahlen, verwelken und wie die Blätter vom Baum fallen; das Jahr ist länger, das ist der einzige Unterschied. Und was wissen wir schon, was vermögen wir im ganzen Raum der sittlichen und politischen Welt?

Wir *kennen* die Moral, die wir von unseren Vätern als Einheit von Dogmen oder nützlichen Vorurteilen erhalten haben, die von der nationalen Vernunft übernommen wurden. In diesem Punkt verdanken wir nichts der individuellen Vernunft irgendeines Menschen. Im Gegenteil, jedes Mal, wenn sich diese Vernunft einmischte, hat sie die Moral pervertiert.[88]

In der Politik *wissen* wir, daß man die von wem oder wodurch auch immer etablierten Mächte respektieren muß. Wenn sich mit der Zeit Mißbräuche einstellen, welche die Regierungsprinzipien verändern kön-

---

87 *Œuvres de Voltaire*, Bd. LXXXVI, 3. Die Korrespondenz. Brief 162.

88 Mehrere Schriftsteller haben sich dabei amüsiert, die schrecklichen Maximen zu sammeln, die in den Werken der einzigen französischen Philosophen verstreut sind. Niemand aber hat es, glaube ich, auf geistreichere Art getan, als ein Unbekannter 1791 oder 1792 im alten *Journal de France* (dieses Blatt ist mir verloren gegangen).

nen, so *wissen* wir, daß man diese Mißbräuche zurückschneiden muß, aber ohne die Prinzipien anzugreifen, was großes Geschick verlangt, und wir *können* diese heilenden Wiederherstellungen in dem Moment vornehmen, wo unvermeidbar der Tod des politischen Körpers erfolgt, da das Lebensprinzip bereits völlig vergiftet ist.[89]

Das wäre eine recht interessante Arbeit, wo man die Kräfte unserer Vernunft untersuchen würde und wo man uns genau sagen würde, was wir *wissen* und was wir *können*. Beschränken wir uns jedoch darauf, zu wiederholen, daß die individuelle Vernunft nichts hervorbringt und nichts für das allgemeine Wohlergehen bewahrt. Sie ist diesem unreinen Insekt vergleichbar, das unsere Wohnungen verschmutzt, stets einzeln, stets auf der Lauer, produziert sie nur unangenehme Nutzlosigkeiten. Berstend vor Stolz besteht sie nur aus Gift, arbeitet nur, um zu zerstören, verweigert sich jeder Arbeitsgemeinschaft und wenn der Zufall ein Wesen seiner Art in ihr Netz bringt, so stürzt sie sich darauf und verschlingt es.

Die nationale Vernunft aber gleicht diesem anderen Insekt, das Asien Europa geschenkt hat. Es ist unschuldig und friedfertig, fühlt sich nur unter seinesgleichen wohl und lebt nur, um nützlich zu sein. Zerstörung ist ihm fremd, seine ganze Substanz besteht aus einer Kostbarkeit und das wertvolle Gewebe, das es uns sterbend hinterläßt, formt die Rüstung der Schönheit und den Mantel der Könige.

---

[89] Indem er sich anläßlich der politischen Krankheiten eines gewöhnlichen Vergleichs bedient, bringt Rousseau einen unglaublichen Irrtum hervor, den man nebenbei erwähnen sollte, um seine Argumentationsweise immer besser bekannt zu machen und diese Theorie noch besser zu erhellen . »Es hängt nicht von den Menschen ab«, sagt er, »ihr Leben zu verlängern, es hängt von ihnen ab, das des Staates zu verlängern.« (*GV*, 3. Buch, Kap. XI). Wie! Es gibt überhaupt keine Medizin, keine Hygiene, keine Chirurgie! Die Lebensweise und das Temperament sind Mißbräuche und man muß nicht während der Rippenfellentzündung bluten! Das Quecksilber ist für die *Philosophen* nutzlos, und im Pulsadergeschwulst muß man nicht die Arterie binden! Das ist zum Beispiel eine neue Entdeckung. Rousseau wäre jedoch nicht in Verlegenheit geraten: da er der erste Mensch der Welt war, der einen Irrtum durch einen anderen verteidigt, hätte er eher den Fatalismus unterstützt als ihn zurückzuweisen. Folgen wir dem so richtigen und folglich so trivialen Vergleich des Tierkörpers mit dem politischen Körper. Der Mensch bringt seinesgleichen hervor, aber sein Erfindungsreichtum hat darauf keinen Einfluß. In dieser Hinsicht weiß das dümmste Tier darüber mehr als er selbst. Die Fortpflanzung ist ein undurchdringliches Mysterium: der Mensch ist dabei nur eine passive Kraft, ein blindes Instrument in den Händen eines verborgenen Schöpfers, der sein Geheimnis keineswegs verrät. Der Einfluß des Menschen bei der Bildung der Regierungen ist ungefähr der gleiche.

Der berühmte Friedrich war überrascht und empört, nicht einmal *drei Philosophen* gefunden zu haben, die ihm folgen wollten. Oh, großer Fürst, wie schlecht kennen Sie doch das wirkliche Prinzip aller Gemeinschaften und aller menschlichen Einrichtungen! Nun! mit welchem Recht kann Ihre Vernunft die eines anderen unterwerfen und sie zwingen, denselben Weg zu gehen? Sie haben sich nie über die Idee der Stärke hinaus zu erheben gewußt und als sie einiges Material gesammelt hatten, das Sie mit eiserner Hand zusammenhielten, dachten Sie, daß Sie ohne Bindemittel auskommen könnten. Nein, auf diese Art erschafft man nichts. Sie sind von dieser Bühne verschwunden, die Sie geschmückt und in Blut getaucht haben, aber ihre Zeitgenossen sind immer noch dort ...

Damit man sich darüber nicht täuscht: die Erfolge der Philosophie könnten unaufmerksame Augen blenden. Daher ist es wichtig, sich von ihr eine richtige Vorstellung zu machen. Fragt man diese Männer, was sie gemacht haben, so werden sie uns von ihrem Einfluß auf die öffentliche Meinung erzählen und uns sagen, daß sie die *Vorurteile* und besonders den *Fanatismus* zerstört haben, denn das ist das große Wort. Sie werden in wunderbaren Worten das Richteramt rühmen, das Voltaire während seiner langen Karriere über sein Jahrhundert ausübte; aber diese Worte *Vorurteile* und *Fanatismus* drücken letztendlich den Glauben mehrerer Nationen aus.

Voltaire hat diesen Glauben aus einer Menge von Köpfen verjagt; d.h. *er hat zerstört*, und genau das behaupte ich. Das Wirken der Philosophie besteht nur im Verringern, so daß ein seiner individuellen Vernunft ausgelieferter Mensch in der moralischen und politischen Ordnung gerade in Proportion zu seinen Talenten gefährlich ist: je mehr Genie, Tatkraft, Beharrlichkeit er besitzt, desto verderblicher ist seine Existenz. Er multipliziert lediglich eine negative Macht und versinkt ins Nichts.

Wenn sie an die Philosophie Vorwürfe richtet, erregt eine der Religion geneigte Feder bei einer großen Zahl von Lesern Verdacht, die hartnäckig darauf bestehen, überall dort den Fanatismus zu vermuten, wo sie nicht Unglauben oder *Gleichgültigkeit* erblicken.

Es wird also nicht unnütz sein, sich der Worte eines Schriftstellers zu bedienen, der ausrief: »Oh Vorsehung, WENN DU EXISTIERST, antworte! Wer könnte Dich freisprechen? ...«[90] Dieser Mann ist sicher nicht fanatisch. Hier nun die Worte mit welchen er den Philosophen einen Verweis erteilt:

---

[90] *Accusateur public*, Nr. 2, S. 22, Zeilen 19 und 20.

»Und Ihr, irrsinnige Philosophen, die ihr in Eurem anmaßenden Wissen vorgebt, das Universum zu lenken; Apostel der *Toleranz* und der Menschlichkeit, *Ihr, die Ihr unsere GLORREICHE Revolution* vorbereitet habt, die Ihr die Fortschritte der Aufklärung und Vernunft gepriesen habt: Kommt aus Euren Gräbern, kommt mitten unter diese Ruinen und Leichen und erklärt uns, wie in diesem so gepriesenen Jahrhundert dreißig Tyrannen, die den Mord befahlen, dreihunderttausend Henker finden konnten, um ihn auszuführen? Eure Schriften befinden sich in ihren Taschen, Eure Maximen sind auf ihren Lippen, Eure Werke glänzen in ihren *Berichten* auf der Rednerbühne, und im Namen der Tugend wurden die schrecklichsten Schurkereien verübt. Im Namen der Menschheit sind zwei Millionen Menschen umgekommen, im Namen der Freiheit wurden hunderttausend Festungen errichtet: es gibt nicht eines Eurer Schriftstücke, das nicht auf dem Schreibtisch unserer vierzigtausend Revolutionskomitees läge. Man verließ Dich einen Augenblick lang, Diderot, um Massenertränkungen zu unterzeichnen! ... Die einzige Frucht Eurer Nachtwachen war, dem Verbrechen eine höfliche Sprache beizubringen, um noch gefährlichere Schläge auszuteilen. Die Ungerechtigkeit und die Gewalt heißen *herbes Benehmen*; in Strömen vergossenes Blut nennt man *Transpiration des politischen Körpers* ... Habt Ihr geglaubt, Ihr sogenannten Weisen, der Samen der Philosophie könne auf unergiebigem, trockenem und unbestelltem Boden gedeihen? Und in Euren hemmungslosen Paradoxen und Euren metaphysischen Abstraktionen, galten für Euch die menschlichen Leidenschaften nichts? usw.[91]

Rousseau hat das Porträt der Philosophen gezeichnet, ohne zu ahnen, daß er das eigene zeichnete: es wäre unnötig, hier die betreffende, sattsam bekannte, Stelle zu zitieren[92], aber es gibt ein Wort, das besonders hervorgehoben zu werden verdient: »*Wenn ich die Stimmen zählte*«, sagt er, »*so hätte jeder nur die eigene.*« Das ist die Verdammung der Philosophie und zugleich ihr Zeugnis, das Rousseau sich selbst erteilt. Was ist die Philosophie in der neueren Bedeutung? *Sie ist die Ersetzung der individuellen Vernunft durch nationale Dogmen.* Daran hat Rousseau sein ganzes Leben gearbeitet, sein unbezähmbarer Stolz zwang ihn, sich beständig mit aller Art von Autorität zu überwerfen. Rousseau ist demzufolge ein *Philosoph*, denn er *hat nur seine Stimme*, die nicht den gering-

---

[91] Ibid.

[92] *Emile*, 2. Gesang. [La Pléiade, 1966, Bd. III, S. 568 u. 632]

sten Anspruch auf die der anderen besitzt. Es gibt ein Buch mit dem Titel: »*Von Jean-Jacques Rousseau, angesehen als Urheber der Revolution*«, 2 Bde., in-8°[93]. Dieses Buch und die Bronzestatue, die der Nationalkonvent Rousseau zuerkannte, sind vielleicht die größte Schande, die jemals die Erinnerung eines Schriftstellers entehrt hat.

Voltaire jedoch macht Rousseau die schreckliche Ehre streitig, für die Französische Revolution verantwortlich zu sein, und er hat große Autoritäten zu seinen Gunsten.

Ihm schrieb Friedrich II.: »*Das Gebäude des Aberglaubens, in den Grundfesten erschüttert, wird einstürzen und die Nationen werden in ihre Geschichtsbücher schreiben, daß Voltaire der Urheber dieser Revolution war, die sich im 18. Jahrhundert in der öffentlichen Gesinnung ereignete.*«[94]

Voltaire schrieb an Friedrich II.: »*Wir verlieren den Geschmack, aber wir gewinnen an Denkvermögen. Besonders ein gewisser Herr Turgot wäre würdig, mit Ihrer Majestät zu sprechen. Die Priester sind am Verzweifeln: hier ist der Beginn einer großen Revolution, doch wagt man noch nicht, sich öffentlich zu erklären, man untergräbt im Geheimen den Palast der Hochstapler, der seit 1775 Jahren besteht.*«[95]

Von ihm hat Rabaut de Saint-Etienne gesagt: »*Alle Grundlagen der Freiheit, alle Keime der Revolution sind in seinen Schriften enthalten. Er hatte sie vorhergesagt und er hat sie gemacht.*«[96]

Im Grunde genommen gehört die *Ehre*, die Revolution gemacht zu haben, weder Voltaire noch Rousseau. Die ganze philosophische Sekte beansprucht ihren Anteil daran. Indes ist es richtig, sie als Koryphäen zu

---

93 Dieses Buch ist ein zugleich lächerlicher und beklagenswerter Beweis des französischen Ungestüms und der Urteilsübereilung, die die besondere Wesensart dieser Nation ausmachen. Die Revolution ist nicht beendet, nichts läßt ihr Ende voraussagen. Sie hat schon das größte Unheil hervorgebracht, sie kündigt noch größere an; und während alle diejenigen, die auf irgendeine Art zu diesem schrecklichen Umsturz beitragen konnten, sich unter der Erde verstecken sollten, präsentiert hier nun ein begeisterter Anhänger Rousseaus ihn als den Urheber dieser Revolution, um ihn der Bewunderung und der Dankbarkeit der Menschen zu empfehlen; und, während der Autor sein Buch schreibt, bringt die Revolution alle Verbrechen, alles vorstellbare Unheil hervor und bedeckt die unglückliche Nation mit einer vielleicht unauslöschlichen Schande.

94 Der König von Preußen an Voltaire. (*Werke* dieses letzteren, Bd. LXXXVI, S. 248).

95 Voltaire an den König von Preußen, 3. August 1775. (*Werke* dieses letzteren, Bd. LXXXVII, S. 185).

96 *Précis de l'Histoire de la Révolution*, 1. Buch, S. 15.

betrachten: der eine hat die Politik ausgehöhlt, indem er die Moral korrumpierte, und der andere hat die Moral ausgehöhlt, indem er die Politik korrumpierte. Die ätzenden Schriften Voltaires haben sechzig Jahre lang das überaus christliche Bindemittel dieses prächtigen Gebäudes zerfressen, dessen Sturz Europa hat erzittern lassen. Es ist Rousseaus mitreißende Redegabe, welche die Menge, die mehr von der Vorstellungskraft als von der Vernunft beeinflußt wird, verführt hat. Er hat von allen Seiten die Mißachtung der Autorität und den Geist des Aufstands entfacht. Er hat das Gesetzbuch der Anarchie entworfen und inmitten einiger isolierter und fruchtloser Wahrheiten, die schon jeder vor ihm kannte, die verheerenden Grundsätze aufgestellt, deren Schrecken, die wir gesehen haben, nur die unmittelbaren Folgen darstellen. Alle beide sind dank eines Dekrets des Nationalkonvents, der ihr Gedenken auf diese Weise zur Todesstrafe verurteilt hat, feierlich zum Pantheon getragen worden.

Soll man doch jetzt über den Einfluß Voltaires und seinesgleichen in Verzückung geraten: soll man uns von der *Macht* erzählen, die sie auf ihr Jahrhundert ausübten. Ja, sie sind mächtig gewesen, wie das Gift und das Feuer.

Überall dort, wo die individuelle Vernunft dominiert, kann es nichts Großes geben, denn alles Große beruht auf einem Glauben, und der Zusammenprall sich selbst überlassener privater Meinungen produziert nur Mißtrauen, das alles zerstört. Universelle und private Moral, Religion, Gesetze, verehrte Bräuche, nützliche Vorurteile, nichts bleibt bestehen, alles löst sich vor ihr auf; sie ist der universelle Zersetzer.

Kommen wir wieder zu den einfachen Ideen zurück. Eine beliebige *Einrichtung* ist nur ein politisches Gebäude. Äußerlich wie innerlich sind die Gesetze dieselben. Man kann kein großes Gebäude auf kleinem Fundament bauen oder ein dauerhaftes Gebäude auf eine bewegliche oder flüchtige Grundlage setzen. Wenn man also in der politischen Ordnung in großem Maßstab und für die Jahrhunderte bauen will, muß man sich auf eine Meinung, auf einen *großen* und tiefen Glauben stützen. Denn wenn die öffentliche Meinung nicht die Mehrheit der Köpfe beherrscht und wenn sie nicht tief verwurzelt ist, wird sie nur eine *kleine* und vorübergehende Grundlage bilden. Untersucht man nun, welche die großen und soliden Grundlagen aller möglichen Einrichtungen der ersten oder der zweiten Ordnung sind, so findet man immer die Religion und den Patriotismus.

Und wenn man noch aufmerksamer darüber nachdenkt, wird man feststellen, daß diese beiden Dinge sich vermischen, denn es gibt keinen wirklichen Patriotismus ohne Religion. Man sieht ihn nur in den Jahrhunderten des Glaubens leuchten und immer mit ihr zusammen sinken und sterben. Sobald sich der Mensch von der Gottheit entfernt, wird er verdorben und verdirbt alles, was er berührt. Sein Tatendrang ist falsch, und er gerät nur in Erregung, um zu zerstören. In dem Maße, wie dieses mächtige Band in einem Staat schwächer wird, werden alle bewahrenden Tugenden in demselben Verhältnis schwächer, alle Gesinnungen werden schlechter, und die guten Taten selbst werden armselig. Der mörderische Egoismus bedrängt ohne Unterlaß die öffentliche Meinung und bewirkt, daß sie vor ihm zurückweicht. Genauso wie diese riesigen Gletscher der Hochalpen, die man mit Erschrecken sich unmerklich auf die Lebensbereiche vorwärts schieben sieht, während sie dabei die nützliche Vegetation unter sich begraben.

Aber sobald die Vorstellung von der Gottheit die Grundlage menschlichen Wirkens ist, wird dieses Wirken fruchtbar, schöpferisch, unbezwingbar. Eine unbekannte Kraft ist überall zu spüren, sie beseelt, erwärmt und belebt alles. Mit welchen Fehlern, mit welchen Verbrechen die menschliche Unwissenheit und Niedertracht diese erhabene Idee auch beschmutzen mag, sie bewahrt dessenungeachtet ihren nicht faßbaren Einfluß. Selbst inmitten der Massaker vermehren sich die Menschen, und die Nationen entfalten eine schwindelerregende Lebenskraft. »Damals«, sagt Rousseau, »blühte Griechenland inmitten der grausamsten Kriege, das Blut floß in Strömen und das ganze Land war mit Leichen bedeckt.«[97] Zweifellos, weil in der Einschätzung der Menschen jener Zeit ein Jahrhundert des *Glaubens*, der Wunder und Orakel, d.h. eines exaltierten Patriotismus, war. Als man vom Großen Wesen gesagt hat, daß es existiert, hat man noch gar nichts gesagt: es muß heißen, daß es Das Sein ist. »Es ist ein *wahrhaft Seiendes*, welches durch *ein einziges Jetzt das Immer* erfüllt.«[98] Ein Tropfen dieses unermeßlichen Ozeans des Seins scheint sich zu lösen und auf den Menschen zu fallen, der im Namen der Gottheit spricht und handelt. Sein Handeln erstaunt und gibt eine Vorstellung von der Schöpfung. Die Jahrhunderte vergehen, doch sein Werk bleibt bestehen. Alles, was es unter den Menschen an Großem, Gutem, Liebenswertem, Wahrem und Dauerhaftem gibt, hängt von Dem Sein als *Quelle allen Lebens* ab. *Außerhalb von ihm* gibt es nur Irrtum, Fäulnis und das Nichts.

---

97 *GV*, 3. Buch, Kap. IX. Fußnote.

98 Plutarch, *Moral. Werke*, Abhandlung über das Wort EI.

Kapitel XIII
Notwendige Erläuterung

Ich muß einen Einwand vorwegnehmen. Indem man der menschlichen Philosophie das Schlechte vorwirft, das sie uns angetan hat, riskiert man dann nicht auch, zu weit zu gehen und ihr Unrecht zu tun, indem man in das gegenteilige Extrem verfällt?

Zweifellos muß man sich vor Enthusiasmus hüten. Aber es scheint, daß es in dieser Hinsicht eine sichere Regel gibt, um die Philosophie zu beurteilen. Sie ist von Nutzen, wenn sie ihre Sphäre nicht verläßt, d.h. den Kreis der Naturwissenschaften. Auf diesem Gebiet sind alle ihre Versuche nützlich und alle ihre Anstrengungen verdienen unsere Anerkennung. Aber sobald sie den Fuß in die moralische Welt setzt, muß die Philosophie sich erinnern, daß sie sich nicht mehr in ihrem Bereich befindet. In diesem Kreis führt die allgemeine Vernunft das Zepter, und die Philosophie, d.h. die individuelle Vernunft richtet Schaden an und macht sich folglich schuldig, wenn sie es wagt, zu widersprechen oder die heiligen Gesetze dieser Herrscherin, d.h. die nationalen Dogmen, in Frage zu stellen. Wenn sie sich in das Reich dieser Herrscherin begibt, besteht ihre Aufgabe also darin, im selben Sinn zu handeln wie diese. Anhand dieser Unterscheidung, deren Genauigkeit zu bestreiten ich nicht für möglich halte, weiß man, woran man sich bei der Philosophie halten muß. Sie ist solange gut, wie sie sich in ihrem Bereich bewegt, oder sich nur als Verbündete und sogar Untertanin auf das Gebiet eines ihr übergeordneten Reiches begibt. Sie ist jedoch verachtenswert, wenn sie dort als Rivalin oder Feindin eindringt.

Diese Unterscheidung dient dazu, das Jahrhundert, in dem wir leben und das, welches ihm vorausging, zu beurteilen. Alle großen Männer des 17. Jahrhunderts zeichnen sich vor allem durch einen allgemeinen Charakterzug von Respekt und Gehorsam gegenüber allen bürgerlichen und religiösen Gesetzen ihrer Länder aus. Man wird in ihren Schriften nichts Vermessenes, nichts Widersprüchliches, nichts den nationalen Dogmen Entgegengesetztes finden, die für sie Gegebenheiten, Maximen und heilige Axiome sind, die sie niemals in Frage stellen.

Was sie unterscheidet, ist ein ausgezeichneter gesunder Menschenverstand, dessen wunderbarer Verdienst nur von den Menschen richtig verstanden wird, die dem Einfluß des falschen modernen Geschmacks entkommen sind. Da sie sich immer an das Gewissen der Leser wenden und da das Gewissen unfehlbar ist, so scheint es, daß man immer das gedacht hat, was sie gedacht haben und die sophistischen Geister beklagen sich, daß man in ihren Werken *nichts Neues* findet, während ihr Verdienst gerade darin besteht, diese allgemeinen Wahrheiten, die allen Ländern und allen Orten gemeinsam sind und auf denen das Wohl der Reiche, der Familien und der Individuen beruht, erneut mit leuchtenden Farben zu schmücken.

Was man heute *neue Idee*, *kühnen Gedanken*, *großen Gedanken* nennt, nannte sich im Wörterbuch der Schriftsteller des letzten Jahrhunderts fast immer *kriminelle Kühnheit*, *Raserei* oder *Attentat*. Die Tatsachen bezeugen, auf welcher Seite die Vernunft steht[99].

Ich weiß, daß die Philosophie, die sich ihrer schrecklichen Erfolge schämt, den Entschluß gefaßt hat, öffentlich die Exzesse zu leugnen, deren Zeuge wir sind; aber auf diese Art entkommt man keineswegs dem Tadel der Weisen. Für das Heil der Menschheit finden sich die

---

[99] Eine einer Bemerkung wohl würdige Sache ist, daß in unseren neueren Zeiten, die Philosophie in dem Maße ohnmächtig geworden ist, wie sie unverschämt geworden ist: das drückt die mathematische Vorstellungskraft des berühmten Boscowich so aus:

»In philosophicis et potissimum physico-mathematicis disciplinis ... si superius XVII^m saeculum et primos hujusce XVIIe annos consideremus, quam multis, quam praeclaris inventis foecundum exstitit id omne tempus? Quod quidem si cum hoc praesenti tempore comparetur, patebit sane eo nos jam devenisse ut fere permanens quidam habeatur status, nisi etiam regressus jam coeperit. Qui enim progressus in iis quae Cartesius in algebrae potissimum applicatione ad geometriam, Galileus ac Hugenius in primis in optica, astronomia, mechanica invenerunt? Quid ea quae Newtonus protulit pertinentia ad analysim, ad geomatriam, ad mechanicam potissimum, quae ipse, quae Leibnitzius, quae universa Bernouillorum familia in calculo infinitesimali vel inveniendo vel promovendo prodiderunt? ... At ea omnia centum annorum circiter intervallo prodiderunt; initio quidem plura confertim, tum sensim pauciora. Ab annis jam triginta« (er schrieb 1755), »vix quidquam adjectum est et si quid est ejusmodi, sane cum prioribus illis tantis harum disciplinarum incrementis comparari, nullo modo potest. An non igitus eo jam devenimus, ut curva illa linea quae exprimit hujus litteraturae statum ac vices, iterum ad axem deflexa dalabatur et praeceps ruat?« (Rog. Jos. Boscowich. S.J. Vaticinium quoddam geomatricum, inter supplem. ad Ben. Stay. philos. recent. versibus traditam, 2. Buch, Bd. I, S. 408).

unheilvollen Theorien selten bei denselben Menschen mit der Kraft vereint, daraus die praktischen Konsequenzen zu ziehen. Aber was liegt mir daran, daß Spinoza ruhig in einem Dorf in Holland gelebt hat? Was kümmert es mich, daß Rousseau, schwach, schüchtern und launisch, niemals den Willen oder die Kraft besaß, einen Aufstand anzustiften? Was geht es mich an, daß Voltaire Calas verteidigt hat, um in die Zeitungen zu kommen? Was interessiert es mich, daß sich während der schrecklichen Tyrannei, die auf Frankreich lastete, die Philosophen, um ihre Köpfe zitternd, auf Vorsicht bedacht, in eine Abgeschiedenheit zurückgezogen haben? Seitdem sie Maximen aufgestellt haben, die fähig sind, alle möglichen Verbrechen hervorzubringen, sind diese Verbrechen ihr Werk, da die Verbrecher ihre Schüler sind. Der Schuldigste von allen hat vielleicht erst dann gefürchtet, sich öffentlich zu rühmen, *nachdem er Vernunftserfolge erzielte, er flüchtete in das Schweigen, als es nicht mehr möglich war, auf die Vernunft zu hören*[100]. Die Erfolge der Vernunft aber waren nur der Übergangszustand, den man durchlaufen mußte, um zu allen Abscheulichkeiten zu gelangen, die wir gesehen haben. Philosophen! Niemals werdet Ihr Euch von der Schuld befreien, die Ursachen hervorgebracht zu haben, auch wenn Ihr über die Wirkung gerührt seid.

Ihr verachtet die Verbrechen, sagt Ihr. *Ihr habt nie gemordet*. Wohlan! *Ihr habt nicht gemordet*: Das ist das einzige Lob, das man Euch machen kann. Aber ihr habt ermorden lassen. Ihr habt dem Volk gesagt: »*Das Volk, einziger Urheber der politischen Regierung und Verteiler der im ganzen oder zu verschiedenen Teilen an seine Beamten übertragenen Macht, ist für immer im Recht, seinen Vertrag oder vielmehr seine Gaben/Anlagen selbst auszulegen, die Klauseln darin zu verändern, sie zu annulieren und eine neue Ordnung der Dinge zu etablieren.*«[101] Ihr habt ihm gesagt: »*Die Gesetze sind immer für die nützlich, die besitzen und schädlich für die, welche nichts besitzen: woraus folgt, daß der Gesellschaftsstand den Menschen nur dann vorteilhaft ist, wenn sie alle etwas besitzen und keiner von ihnen zuviel besitzt.*«[102] Ihr habt ihm gesagt: »*Du bist souverän: Du kannst nach Deinem Belieben die Gesetze ändern, selbst Deine besten Grundgesetze, selbst den Gesellschaftspakt; und wenn es Dir gefällt, Dir selbst zu*

---

[100] Lebensbeschreibung von Sieyès von ihm selbst verfaßt.
[101] Mably, vom Übersetzer Needhams zitiert, Bd. I, S. 21.
[102] *GV*, 1. Buch, Kap. IX, Fußnote.

schaden, wer hat das Recht, Dich daran zu hindern?«[103] Alles andere ist nur die Folge davon. Der abscheuliche Lebon, der Henker von Arras, das Monster, *der das Beil der Guillotine anhielt, das bereit war, auf die Köpfe seiner Opfer zu fallen, um den auf dem Schafott ausgestreckten Unglücklichen Nachrichten vorzulesen, und ihnen anschließend den Hals abschneiden ließ*[104], was hat er geantwortet, als er von den einzigen Männern im Universum, die nicht das Recht hatten, ihn für schuldig zu befinden, vor dem Tribunal der Nationalversammlung, befragt wurde: »*Ich habe*«, sagt er »*schreckliche Gesetze ausführen lassen, Gesetze, die Sie haben erbleichen lassen. Ich habe Unrecht ... Man kann mich genauso behandeln, wie ich die anderen behandelte. Als ich auf Männer mit Prinzipien getroffen bin, habe ich mich von ihnen leiten lassen.* ES SIND VOR ALLEM DIE PRINZIPIEN J.-J. ROUSSEAUS, DIE MICH GETÖTET HABEN.«[105]

Er hatte recht. Der Tiger, der seine Beute reißt, verrichtet sein Werk. Der wahre Schuldige ist der, welcher ihm den Maulkorb abnimmt und ihn auf die Gesellschaft losläßt. Glaubt nicht, euch mit zur Schau getragenen *Threnodien* über Marat und Robespierre freisprechen zu können. Hört nur eine Wahrheit: überall, wo Ihr sein werdet, und wo man das Unglück haben wird, euch zu glauben, wird es ähnliche Monster geben. Denn jede Gesellschaft beinhaltet Schurken, die, nur darauf warten, von den Zügeln der Gesetze befreit zu sein, um sie zu zerreißen. Ohne euch jedoch hätten Marat und Robespierre kein Unheil angerichtet, weil sie von diesem Zügel, den Ihr zerstört habt, zurückgehalten worden wären.

---

103 *GV*, 2. Buch, Kap. XII; 3. Buch, Kap. VII.

104 *Nouvelles politiques nationales et étrangères*, 1795, Nr. 272, S. 1088.

105 Sitzung vom 6. Juli 1795. *Quotidienne* oder *Tableau de Paris*, Nr. 139, S. 4.

Zweites Buch

Von der Natur der Souveränität

1. Kapitel
Von der Natur der Souveränität im allgemeinen

Jede Art von Souveränität ist ihrer Natur nach uneingeschränkt; ob man sie auf einen oder mehrere Köpfe verteilt, ob man die Gewalten nach Belieben aufteilt oder organisiert: letzten Endes gibt es immer eine absolute Gewalt, die ungestraft Schaden anrichten kann, die also in dieser Hinsicht im wahrsten Sinne des Wortes *despotisch* werden kann und gegen die es kein anderes Bollwerk geben wird, als das des Aufstands.

Überall dort, wo die Gewalten geteilt sind, können die Streitigkeiten dieser unterschiedlichen Gewalten als Überlegungen eines einzigen Herrschers betrachtet werden, dessen Vernunft zwischen dem *Für* und *Wider* pendelt. Aber sobald der Entschluß gefaßt wurde, ist das Ergebnis auf beiden Seiten dasselbe, und der Wille des jeweiligen Souveräns ist immer unbesiegbar.

Auf welche Art auch immer man die Souveränität definiert und festlegt, sie ist immer unteilbar, unantastbar und absolut. Nehmen wir als Beispiel die englische Regierung: die Art von politischer Trinität, die sie konstituiert, verhindert nicht, daß sie dort wie anderswo unteilbar ist. Die Gewalten sind im Gleichgewicht; aber sobald sie übereinstimmen, gibt es nur noch einen Willen, dem von keinem legalen Willen widersprochen werden kann und Blackstone* hat zu Recht gesagt, daß der König und das englische Parlament vereint *alles vermögen.*

Der Herrscher kann also nicht verurteilt werden. Wäre das der Fall, dann wäre die Macht, die dieses Recht besäße, souverän, und es gäbe zwei Herrscher, was einen Widerspruch beinhaltet. *Die höchste Autorität kann sich ebensowenig verändern wie veräußert werden: sie zu begrenzen heißt, sie zu zerstören. Es ist unsinnig und widersprüchlich, daß der Herrscher einen Vorgesetzten anerkennen soll.*[1] Dieses Prinzip ist so unbestreitbar, daß sich selbst dort, wo die Herrschaft geteilt ist wie in England, der Einfluß einer Gewalt auf die andere auf den Wider-

* William Blackstone, (1723-1780), berühmter englischer Jurist, das Zitat stammt aus *Commentaries on the Laws of England*, 1768 erschienen.

1 GV, 3. Buch, Kap. XVI.

stand beschränkt. Das Unterhaus kann auf Antrag des Ministeriums eine Steuer ablehnen, das Oberhaus kann seine Zustimmung zu einem von der anderen Kammer vorgeschlagenen Gesetzentwurf verweigern, und der König seinerseits kann die seine einem von beiden Kammern eingebrachten Gesetzentwurf verweigern. Aber wenn wir dem König die Macht geben, das Unterhaus zu verurteilen und zu bestrafen, weil es aus Laune oder Böswilligkeit Steuern ablehnte, wenn wir ihm das Recht zugestehen, die Einwilligung der Pairs zu erzwingen, wenn ihm scheint, daß sie ohne Grund einen vom Unterhaus bewilligten Gesetzentwurf abgelehnt haben; wenn wir eine der Kammern oder alle beide mit dem Recht ausstatten, den König zu verurteilen und zu bestrafen, weil er die ausführende Gewalt mißbraucht hat – dann gibt es keine Regierung mehr. Die Gewalt, die urteilt, ist alles, und diejenige, über die geurteilt wird, ist nichts, und die Verfassung ist aufgelöst.

Die *verfassunggebende* Versammlung der Franzosen zeigte sich gegenüber allen politischen Grundsätzen nie gleichgültiger, als sie es wagte, die Fälle zu verfügen, in denen der König gehalten wäre, die Königswürde niederzulegen.[2] Diese Gesetze entthronten den König formell, denn sie verfügten zugleich, daß es einen König gäbe und daß es keinen gäbe, oder, mit anderen Worten, daß die Herrschaft nicht souverän wäre.

Man würde diese Unfähigkeit keineswegs entschuldigen, indem man feststellt, daß in der Regierungsform dieser Versammlung der König keineswegs souverän ist. Dieser Einwand scheint berechtigt, wenn die Versammlung der Volksvertreter selbst souverän wäre, aber im System dieser Verfassung ist die Nationalversammlung nicht souveräner als der König selbst. Die Nation allein besitzt die Herrschaft, aber diese Herrschaft ist nur eine Metaphysische. Die *greifbare* Herrschaft liegt vollständig in den Händen der Repräsentanten und des Königs, d.h. der gewählten Repräsentanten und des erblichen Repräsentanten. Bis zu dem Moment also, in dem das Volk es für richtig hält, die Herrschaft durch den Aufstand wieder in seinen Besitz zu bringen, ist sie vollständig in den Händen derer, die sie ausüben: so daß alle Gewalten, die einen gegenüber den anderen, voneinander unabhängig oder aber nichts sind.

Je mehr man diese Frage erörtert, desto mehr wird man sich davon überzeugen, daß die Souveränität noch nicht einmal teilweise, kraft

---

[2] *Französische Verfassung von* 1791, Kap. II, 1. Abschnitt.

eines Gesetzes beurteilt, weitergegeben oder bestraft werden kann: denn, da keine Gewalt eine Zwangsgewalt über sich selbst besitzt, so ist jegliche vor einer anderen *Rechenschaft ablegende* Gewalt notwendigerweise dieser Gewalt *unterworfen*, da diese die Gesetze macht, die sie beherrschen. Und wenn sie diese Gesetze hat machen können, wer wird sie daran hindern, noch andere zu machen, die Fälle von Verräterei und von vorweggenommener Abdankung zu vervielfachen, die Straftaten, derer sie bedarf, zu schaffen und schließlich ohne Gesetz zu verurteilen? Diese berühmte *Gewaltenteilung*, die in den französischen Köpfen so sehr herumgeisterte, existiert gar nicht wirklich in der französischen Verfassung von 1791.

Um wirklich eine Gewaltenteilung herbeizuführen, wäre es nötig gewesen, den König mit einer Macht auszustatten, die in der Lage ist, zu derjenigen der Nationalversammlung ein Gegengewicht aufzustellen und sogar in einigen Fällen die Repräsentanten zu verurteilen – genauso wie er in anderen Fällen selbst verurteilt werden kann. Der König besaß diese Macht jedoch gar nicht, so daß alle Arbeiten der Gesetzgeber de facto darauf hinausliefen, nur eine einzige Macht ohne Gegengewicht zu schaffen, d.h. eine *Tyrannei*, wenn man die Freiheit in der Gewaltenteilung mit einbezieht.

Es war wohl der Mühe wert, Europa zu *quälen*, ihm vielleicht vier Millionen Menschen wegzunehmen, eine Nation unter dem Gewicht allen möglichen Unheils zugrunde zu richten und sie mit Verbrechen zu beschmutzen, die *in der Hölle unbekannt sind*!

Aber kehren wir zur höchsten Einheit zurück. Denkt man aufmerksam über dieses Thema nach, so wird man vielleicht bemerken, daß die *Gewaltenteilung*, von der man soviel gesprochen hat, nicht unter die eigentliche Herrschaft fällt, die immer *einem* Mann oder *einer* Körperschaft angehört. In England ist der wirkliche Souverän der König. Ein Engländer ist nicht der Untertan des Parlaments, wie mächtig, wie ehrfurchtgebietend auch immer diese erlauchte Körperschaft sein mag, niemandem fällt es ein, sie *souverän* zu nennen. Untersucht man alle möglichen Regierungen, die das Recht oder den Anspruch besitzen, sich *frei* zu nennen, so zeigt sich, daß die *Gewalten*, die einen Teil der Herrschaft zu besitzen scheinen, wirklich nur Gegengewichte oder Regulatoren sind, die das Vorgehen des tatsächlichen Herrschers regulieren oder verlangsamen. Vielleicht definiert man das Parlament Englands nicht unrichtig als »der *notwendige Rat des Königs*« – vielleicht ist es noch etwas mehr, vielleicht genügt es auch, daß man es glaubt.

Was ist, ist gut, was man glaubt, ist gut, alles ist gut, außer den sogenannten Schöpfungen des Menschen.

In gewissen aristokratischen oder aus Aristokratie und Demokratie zusammengesetzten Regierungen besteht die Natur dieser Regierungen darin, daß die rechtmäßige Herrschaft einer bestimmten Körperschaft und die faktische Herrschaft einer anderen gehören soll. Das Gleichgewicht besteht in der gewöhnlichen Furcht oder Unsicherheit, welche die erste der zweiten einflößt. Sowohl die alten als auch die neueren Zeiten liefern Beispiele dieser Art von Regierungen.

Weitere Einzelheiten über diesen besonderen Gegenstand wären hier fehl am Platz – uns genügt zu wissen, daß jede Herrschaft notwendigerweise *unteilbar* und *absolut* ist. Das große Problem beştünde also nicht darin, den Herrscher daran zu hindern, *unbezwingbar zu fordern*, was einen Widerspruch impliziert; sondern ihn daran zu hindern, *ungerecht zu fordern.*

Man hat die römischen Rechtsgelehrten heftig kritisiert, weil sie gesagt haben, daß der Fürst *über den Gesetzen* steht (*princeps solutus est legibus*). Man wäre ihnen gegenüber nachsichtiger gewesen, hätte man bemerkt, daß sie nur von den bürgerlichen Gesetzen zu sprechen beabsichtigten oder, besser gesagt, von den Formalitäten, die diese für die verschiedenen Zivilakte aufstellen.

Hätten sie jedoch damit sagen wollen, daß der Fürst die Moralgesetze ungestraft verletzen kann, also ohne dafür verurteilt werden zu können, so hätten sie nur eine zweifellos traurige, aber unbestreitbare Wahrheit kundgetan.

Wäre ich gezwungen zuzugestehen, daß man das *Recht* hat, Nero zu massakrieren, so würde ich jedoch niemals zugestehen, daß man das Recht hat, ihn zu verurteilen, denn das Gesetz, aufgrund dessen man ihn verurteilte, wäre von ihm oder einem anderen gemacht, was entweder ein von einem Herrscher gegen ihn selbst gemachtes Gesetz oder einen dem Herrscher übergeordneten Herrscher voraussetzt: zwei gleichermaßen unzulässige Voraussetzungen.

Betrachtet man die Regierungen mit Gewaltenteilung, so ist es leichter zu glauben, daß der Herrscher aufgrund des Einflusses von jeder dieser Gewalten verurteilt werden kann, die auf die andere einwirkt und ihren Einfluß in bestimmten außergewöhnlichen Gelegenheiten geltend macht, Aufstände zweiter Art herbeiführt, welche viel weniger Unannehmlichkeiten bewirken als die eigentlichen oder Volksaufstände. Aber man muß sich vor einem Fehlschluß hüten, in den man leicht verfällt, wenn man nur eine der beiden Gewalten berücksichtigt. Man muß sie in ihrer Verbindung ins Auge fassen und sich fragen, ob der höchste Wille, der aus ihren vereinten Willen hervorgeht, aufgehalten oder bestraft werden kann und ob ihm widersprochen werden kann?

Man wird zunächst feststellen, daß jeder Herrscher despotisch ist und daß es ihm gegenüber nur zwei Entscheidungsmöglichkeiten gibt: Gehorsam oder Aufstand.

Man kann freilich behaupten, daß, obwohl alle höchsten Willen gleichermaßen absolut sind, daraus nicht zu folgern ist, daß sie gleichermaßen blind oder lasterhaft sind und daß die republikanischen oder zusammengesetzten Regierungen der Monarchie überlegen sind, und zwar aus dem Grund, weil die höchsten Entscheidungen dort im allgemeinen weiser und aufgeklärter sind.

Das ist tatsächlich eine der hauptsächlichen Überlegungen, die als Bestandteil der wichtigen Untersuchung über die Überlegenheit dieser oder jener Regierung über die andere dienen soll.

Man wird zweitens feststellen, daß es vollkommen gleichgültig ist, der *Untertan* des einen oder des anderen Herrschers zu sein.

Kapitel II
Über die Monarchie

Im allgemeinen läßt sich sagen, daß alle Menschen für die Monarchie geboren werden. Diese Regierungsform ist die älteste und universellste.[3] Vor der Epoche Theseus* war auf der Welt keine Rede von Republiken. Vor allem die Demokratie ist so selten und so vergänglich, daß man sie getrost vernachlässigen darf. Die monarchische Regierungsform ist so natürlich, daß die Menschen sie, ohne sich dessen bewußt zu werden, mit der Souveränität gleichsetzen, sie scheinen stillschweigend überein zu kommen, daß es überall dort, wo es keinen König gibt, auch keinen wirklichen *Herrscher* geben kann. Ich habe davon einige Beispiele gegeben, die man leicht vermehren könnte.

Diese Beobachtung ist in allem, was für oder gegen das Thema gesagt wurde, das den Gegenstand des ersten Buches dieses Werkes darstellt, besonders frappierend. Die Gegner des göttlichen Ursprungs beklagen sich immer über die *Könige* und reden nur von *Königen.* Sie wollen nicht glauben, daß die Autorität der Könige von Gott kommt; aber es handelt sich keineswegs um das *Königtum* im besonderen: es handelt sich um die *Herrschaft* im allgemeinen. Ja, jede Souveränität stammt von Gott; unter welcher Form sie auch existiert, sie ist keineswegs das Werk des Menschen. Sie ist unteilbar, absolut und von ihrer Natur her unverletzbar.

Warum greift man also immer das Königtum an, als ob alle Unannehmlichkeiten, auf die man sich beruft, um dieses System zu bekämpfen, nicht auch in jeder Art von Regierung dieselben wären? Weil nämlich, wie gesagt, das Königtum die *natürliche Regierungsform* ist, und

---

* Theseus, sagenhafter Nationalheld Athens, Sohn des Poseidon und König von Athen.

[3] *In terris nomen imperii [Regium] id primum fuit.* (Sall., *Cat.*, 2.) – *Omnes antiquae gentes regibus quondam paruerunt.* (Cicer., *de Leg.* III, 2.) – *Natura commenta est regem.* (Senec., *De Clem.*, 1.) – In der Neuen Welt, die auch eine neue Welt ist, wurden die zwei Völker, die ziemlich große Schritte in Richtung Zivilisation gemacht hatten, die Mexikaner und die Peruaner, von Königen regiert. Selbst bei den Wilden fand man Ansätze einer Monarchie.

weil man es im gewöhnlichen Sprachgebrauch mit der Souveränität verwechselt, indem man die anderen Regierungsformen beiseite läßt – genauso wie man die Ausnahme wegläßt, wenn man eine allgemeine Regel aufstellt.

Zu diesem Thema werde ich bemerken, daß die gewöhnliche Einteilung der Regierungsformen in drei Arten, die monarchische, die aristokratische und die demokratische, vollständig auf einem griechischen Vorurteil beruht, das sich in der Renaissance der Literaturen der Schulen bemächtigte und von dem wir uns nicht zu befreien wußten. Die Griechen sahen das Universum immer in Griechenland, und da sich die drei Regierungsarten in diesem kleinen Land ziemlich ausglichen, dachten sich die Politiker dieser Nation die allgemeine Einteilung aus, von der ich spreche. Aber präzise gesagt, erlaubt die strenge Logik nicht, eine Gattung auf einer Ausnahme zu begründe und, um sich genau auszudrücken, müßte man sagen: »Im allgemeinen werden die Menschen von Königen regiert. Man sieht jedoch Nationen, wo die Herrschaft mehreren gehört, und diese Regierungen können sich Aristokratie oder Demokratie nennen, je nach DER ANZAHL der Personen, die DEN HERRSCHER bilden«.

Man muß die Menschen immer auf die Geschichte verweisen, die der erste Lehrmeister in der Politik ist, oder, besser gesagt, der einzige. Wenn man sagt, daß der Mensch zur Freiheit geboren ist, formuliert man eine sinnlose Aussage.

Nähme ein Wesen einer höheren Ordnung die *Naturgeschichte* des Menschen in Angriff, so würde es sein Wissen sicher in der Geschichte der Tatsachen suchen. Wenn es wüßte, was der Mensch ist, und was er immer gewesen ist, was er macht und immer gemacht hat, so würde es zu schreiben beginnen, und ohne Zweifel würde es die Idee, daß der Mensch nicht das ist, was er sein soll, und daß sein Zustand den Gesetzen der Schöpfung widerspricht, als Wahnsinn zurückweisen. Allein die Formulierung dieser Behauptung widerlegt sie zur Genüge.

Die Geschichte ist auf Erfahrung gegründete Politik, d.h. die einzig gute; und wie in der Physik hundert Bände mit spekulativer Theorie vor einem einzigen Experiment verschwinden, so kann in den politischen Wissenschaften ebenfalls kein System zugelassen werden, wenn es nicht die mehr oder weniger wahrscheinliche Folge wohlbegründeter Tatsachen ist. Würde man fragen, welches *die den Menschen* natürlichste Regierungsform ist, so wird die Geschichte die Antwort geben: *nämlich die Monarchie.*

Diese Regierung hat sicher wie alle anderen ihre Mißstände, aber alle Verkündungen, von denen die heutigen Bücher über diese Art Mißbrauch angefüllt sind, erregen Mitleid. Sie sind vom Stolz diktiert und nicht von der Vernunft. Sobald es streng bewiesen ist, daß die Völker nicht für dieselbe Regierungsform geschaffen sind, daß jede Nation die ihrige hat, die die Beste für sie ist, sobald besonders »die Freiheit nicht von allen Völkern zu erlangen ist, und daß, je mehr man über diesen von Montesquieu aufgestellten Grundsatz nachdenkt, man desto mehr dessen Wahrheit fühlt«[4], begreift man nicht mehr, was die Abhandlungen über die Laster der monarchischen Regierungen bedeuten. Haben sie zum Ziel, diese Mißbräuche den Unglücklichen, die dazu bestimmt sind, sie zu ertragen, lebhafter fühlbar zu machen, so ist das ein barbarischer Zeitvertreib, soll damit gegen eine Regierung, die für sie gemacht ist, zur Erhebung aufgerufen werden, so ist das ein Verbrechen ohne Namen.

Aber die Untertanen der Monarchien sind nicht darauf beschränkt, sich durch philosophische Überlegungen vor der Verzweiflung zu retten, sie haben etwas Besseres zu tun: sich nämlich von der Vorzüglichkeit dieser Regierung durchdringen zu lassen und zu lernen, die anderen in nichts zu beneiden.

Rousseau, der Zeit seines Lebens Gott nicht vergeben konnte, daß er ihn nicht als Herzog und Pair zur Welt hat kommen lassen, zeigte sich sehr wütend gegen eine Regierung, die nur von Unterscheidungen lebt. Er beklagt sich besonders über die Erbfolge, die die Völker der Gefahr aussetzt, »sich Kinder, Monster und Dummköpfe als Oberhäupter zu geben, um die Unannehmlichkeit zu vermeiden, über die Wahl guter Könige streiten zu müssen«[5].

Auf diesen Einwand einer Kammerzofe muß man nicht mehr antworten, aber es ist nützlich zu bemerken, bis zu welchem Punkt dieser Mann von seinen falschen Vorstellungen über die menschliche Wirkungsmöglichkeit eingenommen war. »Ein König stirbt«, sagt er »es braucht einen anderen, die Wahlen lassen gefährliche Zwischenräume, sie sind stürmisch ... Kabale und Korruption kommen dazu. Es ist schwer vorstellbar, daß derjenige, an den der Staat sich verkauft hat, ihn nicht seinerseits verkauft etc. Was hat man getan, um diesen Übeln zu begegnen? Man hat für gewisse Familien die Krone erblich gemacht«[6], usw.

---

4 *GV* 3. Buch, Kap. VIII.

5 *GV*, 3. Buch, Kap. VI.

6 [*Ibid.*]

Würde man nicht sagen, daß alle Monarchien zuerst wählbar waren und daß die Völker, *indem* sie die unendlichen Unannehmlichkeiten dieser Regierung *in Betracht zogen*, sich daraufhin *in ihrer Weisheit* für die Erbmonarchie entschieden haben?

Man weiß, wie diese Annahme mit der Geschichte übereinstimmt; aber darum geht es nicht. Es ist wichtig zu wiederholen, daß sich ein Volk niemals eine Regierung selbst gegeben hat und daß jede Idee von Übereinkunft und Beratung eine Chimäre und jede Herrschaft eine Schöpfung ist.

Gewisse Nationen sind bestimmt, vielleicht *verdammt*, zur Wahlmonarchie: Polen z.B. war dieser Form von Herrschaft unterworfen. Es hat 1791 einen Versuch unternommen, seine Verfassung zu verbessern. Laßt uns betrachten, was daraus geworden ist: man konnte dessen Ausgang mit Sicherheit vorhersagen. Die Nation war zu einig, es gab zuviel Räsonnement, zuviel Vorsicht, zuviel Philosophie in diesem großen Unternehmen, und der Adel verzichtete in einer großzügigen Ergebenheit auf das Recht, das er auf die Krone hatte.

Der dritte Stand trat in die Verwaltung ein, das Volk war erleichtert, denn es erwarb Rechte ohne Aufstände, die ungeheure Mehrheit der Nation und sogar des Adels legte am neuen Projekt mit Hand an. Ein menschlicher und philosophischer König unterstützte es mit seinem ganzen Einfluß, die Krone wurde auf ein erlauchtes Haus festgelegt, das schon mit Polen *verwandt* war, und von dem die persönlichen Qualitäten seines Oberhauptes die Verehrung ganz Europas empfahlen. Soll man es glauben? Nichts war *vernünftiger*: es war die schiere Unmöglichkeit. Je mehr sich eine Nation über eine neue Verfassung einigen wird, desto mehr vereinte Willen wird es geben, um die Veränderung zu billigen, desto mehr Arbeiter wird es geben, vereint im Gefühl, am Aufbau des neuen Gebäudes mitzuwirken, und vor allem desto mehr wird es *a priori* berechnete geschriebene Gesetze geben, und schließlich, desto mehr wird bewiesen werden, daß das, was die Mehrheit will, nicht eintreten wird. Es sind die Waffen Rußlands, wird man sagen, die die neue polnische Verfassung gestürzt haben. Nun, ohne Zweifel, braucht es immer einen Grund, diesen oder jenen, was macht das schon?

Hätten ein polnischer Stallknecht oder eine Wirtshauskellnerin, die sich als vom Himmel geschickt bezeichnen, dasselbe Werk unternommen, es hätte ohne Zweifel nicht gelingen können. Immerhin wäre es aber im Bereich des Möglichen gewesen, denn in diesem Fall hätte zwischen Ursache und Wirkung überhaupt kein Verhältnis bestanden –

eine unveränderliche Bedingung in den politischen Erfindungen, damit der Mensch fühlt, daß er nur als Werkzeug daran teilhaben kann, und daß die Masse der zum Gehorsam geborenen Menschen niemals die Bedingungen ihres Gehorsams festsetzt.

Betrübt sich ein Philosoph über diese schwere Lage der menschlichen Natur, wird der Vater der italienischen Poesie ihn trösten können.[7]

Wenden wir uns der Untersuchung der Hauptmerkmale der monarchischen Regierung zu.

Mirabeau hat irgendwo in seinem Buch über die preußische Monarchie gesagt: »*Ein König ist ein Götzenbild, das man dorthin stellt*«, etc. Sieht man von der tadelnswerten Form dieses Gedankens einmal ab, so hat er sicherlich recht. Ja, zweifellos ist der König der Mittelpunkt aller Gewalten, genauso wie die Sonne im Zentrum aller Planeten steht – sie regiert und belebt.

Die Monarchie ist eine *zentralisierte* Aristokratie. Zu allen Zeiten und an allen Orten gibt die Aristokratie den Ton an. Welche Form auch immer man den Regierungen gibt, Geburt und Reichtum stehen an erster Stelle, und nirgendwo regieren sie härter als dort, wo ihr Reich nicht auf Gesetze gegründet ist. Aber in der Monarchie ist der König das Zentrum dieser Aristokratie. Sie ist es, die wie überall befiehlt; aber sie befiehlt im Namen des Königs oder, anders ausgedrückt, des vom Wissen der Aristokratie erleuchteten Königs.

»Es ist ein bei den königlichen Politikern sehr geläufiger Sophismus«, sagt Rousseau weiter, »diesen Beamten (den König) mit allen Tugenden, derer er bedürfen würde, großzügig auszustatten, und immer vorauszusetzen, daß der Fürst das ist, was er sein sollte.«[8]

Ich weiß nicht, welcher königliche Politiker diese merkwürdige Behauptung von sich gegeben hat – Rousseau hätte ihn wohl zitieren sollen. Da er sehr wenig las, ist es wahrscheinlich, daß er diese Behauptung angenommen oder aus irgendeiner Widmung übernommen hat. Jedoch, indem man immer die Übertreibungen vermeidet, läßt sich mit Sicherheit sagen, daß die Regierung eines einzelnen diejenige ist, in der sich die Laster des Herrschers am wenigsten auf die regierten Völker auswirken.

---

7 *Vuolsi così colà dove si puote*
Ciò che si vuole, e più non dimandare. (Dante, *Inferno*, Kap. III.)
[Erzürne nicht, da man ja dort es will
Wo man auch kann, drum höre auf zu fragen]

8 *GV*, 3. Buch, Kap. VI.

Zur Eröffnung des republikanischen Gymnasiums von Paris ist neulich eine recht bemerkenswerte Wahrheit geäußert worden:

»In den absoluten Regierungen[9] vermögen die Fehler des Machthabers kaum alles auf einmal zu verderben, weil sein Wille allein nicht alles bewirken kann, aber eine republikanische Regierung ist dazu verpflichtet, im wesentlichen gerecht zu sein, weil der allgemeine Wille wie ein verirrter Glaube alles mit sich fortreißt.«[10]

Diese Bemerkung ist von größter Richtigkeit. Es ist unendlich wichtig, daß der Wille des Königs in der Monarchie alles bewirkt. Er wird *betrachtet*, als bewirke er alles, und darin besteht der große Vorteil dieser Regierungsform. Jedoch dient sie tatsächlich gerade nur dazu, die Ratsversammlungen und die Aufklärung zu zentralisieren. Religion, Gesetze, Gebräuche und die öffentliche Meinung, Privilegien der Orden und der Körperschaften halten den Herrscher in Schranken und hindern ihn daran, seine Macht zu mißbrauchen. Es ist sogar recht bemerkenswert, daß die Könige viel öfter angeklagt werden, nicht genügend Willenskraft zu haben, als sie zu mißbrauchen. Es sind immer die Berater des Fürsten, die regieren.

Aber die *hierarchische* Aristokratie, die in den Monarchien den Staat verwaltet, besitzt besondere Eigenschaften, die unsere ganze Aufmerksamkeit verdienen.

In allen Ländern und in allen möglichen Regierungen werden (bis auf Ausnahmen) die großen Ämter immer der Aristokratie gehören, d.h. dem am häufigsten vereinten Adel und Reichtum. Indem er sagt, daß die Sache *so sein soll*, äußert Aristoteles ein politisches Axiom, dessen einfacher gesunder Menschenverstand und die Erfahrung aller Zeitalter keinen Zweifel erlauben. Dieses Privileg der Aristokratie ist wirklich ein Naturgesetz.[11]

---

9 Es müßte heißen *willkürlich*, denn jede Regierung ist absolut.

10 Am 31. Dezember 1794 zur Eröffnung des republikanischen Gymnasiums gehaltene Rede von Jean-François de la Harpe [1739-1803], Literaturkritiker und Publizist (*Journal de Paris*, 1795, Nr. 114, S. 461). In dem Stück, das man soeben gelesen hat, verkündet der Lehrer des Gymnasiums der Republik eine schreckliche Wahrheit, und ähnelt damit sehr einem bekehrten Mann von Geist.

11 'Αριστίνδην καὶ πλουστίνδην δει αἵρεῖσθαι τους ἄρχοντας. »Die großen Staatsämter gehören dem Adel und dem Reichtum.« (Arist., *Polit.*, 2.) – *Optimam rempublicam esse dico, ... quae sit in potestatem optimorum.* (Cicer., *De Leg.*, 3, 17) – »Die Häupter des Volkes, jene, die man zu den Versammlungen ruft UND DIE EINEN NAMEN HABEN.« (*Nombres*, XVI, 2.).

Nun besteht einer der großen Vorteile der monarchischen Regierung darin, daß die Aristokratie, soviel die Natur der Dinge es erlaubt, dort alles verliert, was für die unteren Klassen kränkend sein könnte. Es ist wichtig, die Gründe davon zu erforschen:

1. Diese Art von Aristokratie ist legal, und, wie alle Welt weiß, ist sie integraler Bestandteil der Regierung, und weckt bei niemandem die Vorstellung von Usurpation und Ungerechtigkeit. Im Gegensatz dazu existiert in den Republiken der Standesunterschied der Personen genauso wie in den Monarchien, aber er ist dort viel härter und beleidigender, weil er kein Gesetzeswerk ist, und weil die Volksmeinung ihn als gewöhnliche Auflehnung gegen das von der Verfassung gestattete Prinzip der Gleichheit ansieht.

Möglicherweise existierten sowohl in Genf als auch in Wien eben solche Standesunterschiede der Personen, des Dünkels, der eigentlichen *Aristokratie*. Aber welche Unterschiede zwischen Ursache und Wirkung!

2. Ist einmal der Einfluß der Erbaristokratie unvermeidbar (die Erfahrung aller Jahrhunderte läßt keinen Zweifel über diesen Punkt), so würde das, was man sich am besten vorstellen kann, um diesem Einfluß alles zu nehmen, was für den Stolz der unteren Klassen zu strapazierend sein könnte, darin bestehen, daß sie keine unüberwindliche Schranke zwischen den Familien des Staates errichtet und keine von ihnen durch eine Unterscheidung gedemütigt wird, die sie nie genießen kann.

Nun ist genau dies der Fall in einer auf guten Gesetzen beruhenden Monarchie. Es gibt keine Familie, die durch den Verdienst ihres Oberhauptes nicht von der zweiten Ordnung zur ersten aufsteigen kann – sogar unabhängig von diesem schmeichelhaften Zustand, wo alle Staatsämter oder zumindest eine Menge von Ämtern auf der Straße des Verdienstes liegen, bevor sie mit der Zeit den damit verbundenen Einfluß erworben hätten, und zwar um ihr die erblichen Unterschiede zu ersetzen und um sie mit diesen zu versöhnen.[12]

Diese allgemeine Aufstiegsbewegung, die alle Familien zum Herrscher hinzieht und nach und nach alle der von den Ausgestorbenen hinterlassenen Lücken füllt – diese Bewegung, sage ich, hält einen gesunden Wetteifer aufrecht, belebt die Flamme der Ehre und richtet allen privaten Ehrgeiz auf das Wohl des Staates.

---

[12] *Lettres d'un royaliste savoisien*, 4. Brief, S. 193.

3. Diese Ordnung der Dinge wird noch vollkommener erscheinen, wenn man bedenkt, daß die Geburts- und die Amtsaristokratie durch das Recht jeder Familie und jeder Einzelperson, ihrerseits dieselben Unterscheidungen zu genießen, schon sehr gezähmt wurde, und durch die universelle Oberherrschaft des Monarchen, vor der kein Bürger mächtiger als der andere ist, noch alles verliert, was sie als zu beleidigend für die untergeordneten Stände besitzen könnte. Der Mann des Volkes, der sich zu klein findet, wenn er sich mit einem großen Herrn vergleicht, vergleicht sich selbst mit dem Herrscher, und dieser Titel *Untertan*, der den einen ebenso wie den anderen derselben Macht und derselben Justiz unterwirft, schafft eine Art Gleichheit, die die unvermeidlichen Leiden des Ehrgefühls einschläfert.

In diesen letzten beiden Hinsichten unterliegt die aristokratische Regierung der monarchischen. Ist in dieser eine einzelne Familie durch die öffentliche Meinung von allen anderen getrennt, so fehlt wenig, daß sie als einer anderen Natur zugehörig betrachtet würde. Die Größe dieser Familie kränkt niemanden, weil sich niemand mit ihr vergleicht. Im Gegensatz dazu, da im ersten Fall die Souveränität auf mehreren Köpfen ruht, hat sie nicht mehr denselben Eindruck auf die Gemüter, und das Individuum, das der Zufall zum Mitglied des Herrschers machte, ist bedeutend genug, um Neid zu wecken, aber nicht genug, ihn auch zu ersticken.

In einer Regierung von Mehreren ist die Souveränität keineswegs EINE EINHEIT, und obwohl die Fraktionen, aus denen sie besteht, theoretisch DIE EINHEIT bilden, braucht es sehr viel, damit sie auf den Verstand denselben Eindruck ausüben. Die menschliche Vorstellungskraft erfaßt keineswegs diese Gesamtheit, die nur ein metaphysisches Gebilde ist – sie gefällt sich im Gegenteil darin, jede Einheit der allgemeinen Fraktion umständlich aufzuzählen, und der Untertan respektiert die Herrschaft weniger, deren Bestandteile für sich genommen nicht genügend über ihm stehen.

Daher kommt es, daß die Souveränität in dieser Art von Regierungen nicht dieselbe *Intensität* und folglich nicht dieselbe moralische Stärke besitzt. Ebenso folgt daraus, daß die Ämter, d.h. die vom Herrscher delegierte Macht, in der Regierung eines Einzelnen ein außergewöhnliches und der Monarchie vollkommen eigenes Ansehen erhalten.

In der Regierung von Mehreren genießen die von den Mitgliedern des Herrschers besetzten Ämter das mit diesen verbundene Ansehen. Der Mensch ehrt das Amt: unter den Untertanen dieser Regierungen jedoch, erhöhen die Ämter denjenigen, der sie bekleidet, sehr wenig über seinesgleichen und bringen ihn keineswegs den Regierungsmitgliedern näher.

Da die Ämter in der Monarchie ein helleres Licht auf das Volk ausstrahlen, beeindrucken sie es mehr. Sie bieten allen Arten von Talenten eine großartige Karriere und füllen die Lücke, die sich ohne sie im allgemeinen zwischen dem Adel und dem Volk befindet. Die Ausübung der delegierten Macht läßt immer den Beamten aus der Klasse austreten, auf die ihn die Geburt festgelegt hatte, jedoch insbesondere die Ausübung großer Ämter nähert den neuen Mann der ersten Ordnung an und bereitet ihn für den Adel vor.

Will aber das von der Laune der Geburt in die zweite Ordnung gestellte Individuum sich nicht mit der Möglichkeit, in die erste Ordnung aufzusteigen, und mit den Mitteln, die ihm die Ämter liefern, zufrieden geben, um dieses nur von der Zeit abhängige Ansehen, soweit es die Natur der Dinge erlaubt, zu ersetzen, so ist dieser Mann offenkundig krank, und es bedarf keines weiteren Kommentars.

Im großen und ganzen läßt sich ohne Übertreibung sagen, daß die Monarchie *genauso viel* und vielleicht sogar *mehr Freiheit* und *Gleichheit* beinhaltet wie jede andere Regierung. Das bedeutet keineswegs, daß die *Polykratie* nicht eine große Anzahl von Menschen einschließt, die freier sind, als man es in den Monarchien im allgemeinen ist, daß aber, wie wohl bemerkt werden sollte, die Monarchie einer größeren Anzahl Menschen mehr Freiheit und Gleichheit verschafft oder verschaffen kann.

Was die Stärke dieser Regierung betrifft, so hat sie niemand besser erkannt als Rousseau: »Dort gehorcht alles«, sagt er, »demselben Beweggrund: alle Hebel der Maschine sind in derselben Hand, alles läuft auf dasselbe Ziel hinaus. Es gibt keine gegenläufigen Bewegungen, die sich gegenseitig aufheben, und man kann sich keine Art von Verfassung vorstellen, in der eine geringere Anstrengung eine größere Wirkung produziert. Archimedes, der ruhig am Ufer sitzt und mühelos ein großes Schiff ins Wasser zieht, repräsentiert für mich einen geschickten Monarchen, der von seinem Amtszimmer aus seine ausgedehnten Reiche regiert und alles bewegt, während er selbst unbeweglich scheint.«[13]

In diesem Abschnitt ist das Wort *geschickt* zuviel. Die monarchische Regierung ist genau diejenige, die am besten ohne die Geschicklichkeit der Herrschers auskommt, und darin liegt vielleicht ihr wesentlichster

---

13 *GV*, ibid., 3. Buch, Kap. VI.

Vorzug. Es ließe sich mehr Vorteil aus dem von Rousseau angewandten Vergleich ziehen, wenn man ihn exakter fassen würde. Der Ruhm Archimedes' bestand nicht darin, die Galeere von Hiero zu sich zu ziehen, sondern die zu dieser Bewegung fähige Maschine entwickelt zu haben. Nun repräsentiert die Monarchie genau diese Maschine. Sie ist nicht von Menschen gemacht, denn sie erschaffen nichts, sie ist das Werk des *ewigen Geometers*, der nicht unserer Zustimmung bedarf, um seine Pläne zu arrangieren, und der größte Verdienst der Maschine besteht darin, daß selbst ein mittelmäßiger Mensch imstande ist, sie in Gang zu setzen.

Dieses Wort KÖNIG ist ein Talisman, eine Zaubermacht, die allen Kräften und allen Talenten eine zentrale Richtung gibt. Besitzt der Herrscher große Talente und kann seine individuelle Handlungsweise unmittelbar zur allgemeinen Entwicklung beitragen, so ist das zweifellos von Vorteil, aber an Stelle seiner *Person* genügt sein *Name*. Der Staat ist nicht zu erschüttern soweit die Aristokratie gesund ist, der Name *König* für sie heilig ist, und sie leidenschaftlich das Königtum liebt, welche auch immer die Qualitäten des Königs sein mögen. Aber sobald sie ihre Größe, ihren Stolz, ihre Energie und ihren Glauben verliert, hat sich der Geist zurückgezogen, ist die Monarchie tot, und ihr Kadaver gehört den *Würmern*.

Als er von den republikanischen Regierungen sprach, sagte Tacitus: »*Einige von den Königen verärgerte Nationen ziehen diesen die Gesetze vor.*«[14] Auf diese Weise stellte er die Herrschaft der Gesetze der des Menschen gegenüber, als ob das eine das andere ausschließen würde. Diese Passage könnte eine interessante Abhandlung über die Unterschiede der alten und der neuen Monarchie liefern. Tacitus, der zweifellos im Geheimen über die Regierung eines Einzelnen verärgert war, hat vielleicht übertrieben. Es ist jedoch ebenfalls wahr, daß alle Monarchien, die sich in Europa nach dem Sturz des Römischen Reiches bildeten, einen besonderen Charakter besitzen, der sie von den alten Monarchien unterscheidet. Sieht man von den griechischen Monarchien Epirus und Mazedonien einmal ab, so hat uns die Antike fast nur für Europa fremde Monarchien überliefert. Vor allem das immer gleiche Asien hat, modifiziert in eine ihm gemäße Form, immer nur die Regierung eines Einzelnen gekannt, die aber keineswegs für uns geeignet ist. Die griechische Monarchie selbst ist nicht die unsrige, und da die Regierung der

---

[14] *Quidam ... postquam regum pertaesum, leges maluerunt ...* (Tacitus, *Annalen*, III, 26).

römischen Kaiser keine Monarchie im eigentlichen Sinne, sondern vielmehr ein Militär- und Wahl-Despotismus war, treffen die meisten der über diese Art von Regierung angestellten Überlegungen überhaupt nicht auf die europäische Monarchie zu.

Vielleicht wäre es möglich, anhand metaphysischer Gründe zu erläutern, warum die alten Monarchien anders konstituiert waren als unsere. Dies würde aber bedeuten, in den allzu verbreiteten Fehler zu verfallen, bei jeder Gelegenheit über alles sprechen zu wollen. Der Unterschied, von dem ich spreche, besteht aus einer Tatsache, die man sich nur in Erinnerung zu rufen braucht.

Ohne auf den Feinheiten zu bestehen, gebe ich nur ein charakteristisches Merkmal an: daß nämlich die Antike den Königen keineswegs das Recht absprach, zum Tode zu verurteilen. Alle Geschichtsbücher präsentieren Urteile dieser Art, von denen die Geschichtsschreiber ohne ein Zeichen des Mißfallens berichten. Auch in Asien verhält es sich so, wo niemand dieses Recht den Herrschern streitig macht.

Hierzulande existieren andere Vorstellungen. Läßt ein König aus privaten Motiven einen Menschen töten läßt, so wird die europäische Weisheit weder zu Vergeltung noch zu Rebellion raten, doch alle werden sagen: »*Das ist ein Verbrechen.*« In dieser Hinsicht gibt es keine zwei Denkarten, und die öffentliche Meinung ist so stark, daß sie uns hinreichend schützt.

Selbst wenn er anerkennt, daß alle Gewalten vollständig auf dem Haupt seiner Könige beruhen, glaubt der Europäer im allgemeinen keineswegs, daß sie das Recht hätten, einen Zweig der richterlichen Gewalt persönlich auszuüben und sie befassen sich auch tatsächlich nicht damit. Die Mißbräuche in dieser Hinsicht beweisen nichts. Das Weltgewissen hat immer protestiert. Darin besteht gerade der große Charakter der Physiognomie unserer Regierungen. Jede Monarchie in Europa hat zweifellos ihre besonderen Wesensmerkmale, und es wäre z.B. gar nicht verwunderlich, einige *Arabismen* in Spanien und in Portugal zu finden, aber alle diese Monarchien weisen eine Familienähnlichkeit auf, die sie einander annähert, und man kann von ihnen mit der größten Wahrheit sagen:

... Facies non omnibus una;
Nec diversa tamen, qualem decet esse sororum.
[Ihr Gesicht war nicht allen gleich
noch jedoch unterschiedlich, wie es Schwestern geziemt.]

Ich werde mich wohl hüten zu leugnen, daß das Christentum alle Regierungen zum Guten verändert hat, und daß das Staatsrecht Europas nicht durch dieses heilsame Gesetz unendlich vervollkommnet wurde. Man muß aber auch unseren gemeinsamen Ursprung und den allgemeinen Charakter der nördlichen Völker berücksichtigen, die in Europa den Platz des römischen Reiches eingenommen haben.

»Die Regierung der Germanen«, sagt Hume zu Recht, »und diejenige aller Nationen des Nordens, die sich auf den Ruinen des römischen Reiches niederließen, war immer extrem frei. ... Der militärische Despotismus der römischen Herrschaft, welcher vor dem Einfall dieser Eroberer die Herzen entmutigt und jedes edle Prinzip der Wissenschaft und Tugend zerstört hatte, war nicht fähig, den kraftvollen Anstrengungen eines freien Volkes zu widerstehen. Eine neue Ära begann für Europa – es entledigte sich der Fessel der Knechtschaft und schüttelte das Joch der willkürlichen Macht ab, unter der es so lange geseufzt hatte. Die freien Verfassungen, die damals entstanden, konservieren, obwohl seither von den aufeinanderfolgenden Usurpationen einer langen Abfolge von Fürsten verändert, immer noch einen gewissen Zug von Freiheit und Spuren einer legalen Verwaltung, welche die Nationen in Europa kennzeichnen – und wenn dieser Teil des Globus sich durch Gefühle der Freiheit, der Ehre, der Gerechtigkeit und der Tapferkeit von den anderen unterscheidet, so verdankt er diese Vorteile einzig den von diesen edelmütigen Barbaren gepflanzten Samen.«[15]

Diese Überlegungen künden von einer frappierenden Wahrheit. Inmitten der Wälder und Gletscher des Nordens haben unsere Regierungen ihren Ursprung genommen. Dort ist der europäische Charakter geboren, und welche Veränderungen er seitdem auch immer erfahren haben mag, so sind wir unter den unterschiedlichen Parallelentwicklungen Europas immer noch alle Brüder, *durum genus*. Das Fieber, das in diesem Augenblick alle Nationen dieses Erdteils ergriffen hat, ist eine große Lektion für die Staatsmänner: *et documenta damus qua simus origine nati* [= und wir legen Zeugnis ab über unsere Ursprünge].

In Asien hat man gesagt: *Es ist besser zu sterben, als zu leben; es ist besser zu schlafen, als zu wachen; es ist besser zu sitzen, als zu gehen*, etc. Kehren wir diese Maximen um, so haben wir die europäische We-

---

15 Humes *History of England*, Bd. 1, Anhang 1: *The anglo-saxons government and manners*. [David Hume (1711-1776), englischer Philosoph, Historiker und Ökonom.]

sensart. Das Bedürfnis, zu handeln und die ewige Unruhe sind unsere beiden charakteristischen Züge. Die Leidenschaft der Unternehmungen, der Entdeckungen und der Reisen existiert nur in Europa.[16] Ich weiß nicht, welche undefinierbare Kraft uns ohne Unterlaß antreibt. Bewegung kennzeichnet ebenso das moralische wie das körperliche Leben des Europäers. Für uns besteht das größte Unglück nicht in der Armut oder in der Unterjochung oder in der Krankheit oder im Tod selbst: es ist der Stillstand.

Eines der größten Resultate dieser Wesensart besteht darin, daß der Europäer nur mit Mühe erträgt, an der Regierung völlig unbeteiligt zu sein. Der Bewohner Asiens sucht keineswegs diese Wolke zu durchdringen, welche die Majestät des Monarchen umgibt oder bildet. Für ihn ist sein Herr ein Gott, und er hat zu diesem Wesen keine andere Beziehung als die des Gebets. Die Gesetze des Monarchen sind Orakel. Seine Gunstbezeugungen sind himmlische Gaben und seine Wut ein Unheil der unbesiegbaren Natur. Der Untertan, der sich die Ehre macht, sich *Sklave* zu nennen, empfängt von ihm eine Wohltat wie einen Segen und die Peitsche wie einen Donnerschlag.

Betrachten wir jedoch, wie die erhabene Weisheit diese schrecklichen Elemente der orientalischen Macht ausgeglichen hat. Dieser absolute Monarch kann abgesetzt werden, man macht ihm keineswegs das Recht streitig, den Kopf, der ihm mißfällt, zu verlangen – aber oft verlangt man den seinen. Bald nehmen ihm die Gesetze Zepter und Leben, bald wird der Aufstand ihn auf diesem erhöhten Thron ergreifen und in den Staub stürzen. Wie kommt es also, daß in denselben Seelen die Schwäche, die sich unterwirft und die Kraft, die erwürgt, gleichzeitig nebeneinander bestehen? Keine andere Antwort, als die Dantes.

So will es Der, welcher alles kann, was er will.

Aber er hat uns anders machen wollen. Die Aufstände sind für uns seltene Ereignisse, und die weiseste Nation Europas hat, indem sie die Unverletzbarkeit ihrer Herrscher zum Gesetz erhob, nur die universelle öffentliche Meinung dieses Weltteils bestätigt. Wir wollen keinesfalls, daß man die Herrscher verurteilt, wir wollen sie keineswegs verurteilen.

---

[16] In einem Werk, das jeder mit Vergnügen als Meisterwerk der Eleganz lesen kann, hat ein moderner Theosoph [*sc.* Louis-Claude de Saint-Martin (1743-1803)] bemerkt, daß alle großen *Seefahrer Christen waren* (*Homme de désir*, 1790, S. 70, § 40). Ebenso hätte er sagen können: *Europäer.*

Die Ausnahmen dieser Regel sind selten, sie finden nur in Fieberanfällen statt, und sobald wir genesen sind, nennen wir sie *Verbrechen*. Die Vorsehung hat von allen Herrschern Europas gesagt: »*Ihr werdet nicht gerichtet werden*«, aber sie fügt sofort hinzu: »*Ihr werdet nicht richten*« – das ist der Preis dieses unschätzbaren Privilegs.

Als Tacitus mit seinem kraftvollen Pinsel die Niederwerfung der Römer unter das Zepter der Kaiser beschrieb, betont er diese universelle Sorglosigkeit, die die erste Frucht der Sklaverei ist *und die öffentliche Sache zu einer fremden Sache macht*.[17]

Es ist genau diese Sorglosigkeit, die keineswegs im Charakter der modernen Europäer zu finden ist. Sie sind immer unruhig, immer aufgeschreckt und verärgert über den Schleier, der ihnen die geheimen Mittel der Regierung verhüllt. Als unterwürfige Untertanen und rebellische Sklaven wollen sie den Gehorsam adeln, und um den Preis ihrer Unterwerfung verlangen sie das Recht, sich zu beschweren und die Macht zu erhellen. Unter dem Namen *Mars-* oder *Maifelder*, *Parlamente*, *Staaten*, *Cortès**, *Einrichtungen*, *Diäten*, *Senate*, *Räte* etc., haben sich alle Völker des heutigen Europas unter der Herrschaft ihrer Könige mehr oder weniger in die Verwaltung eingemischt.

Die Franzosen, mit ihrem Hang zur Übertreibung, haben aus dieser Wahrheit tatsächlich mehrere, gleichermaßen verderbliche Schlußfolgerungen gezogen, deren erste darin besteht, »daß der Nationalrat der Könige damals Mit-Gesetzgeber gewesen ist und es heute noch sein sollte«[18].

Ich möchte hier keineswegs untersuchen, ob das Parlament Karls des Großen wirklich gesetzgebend war. Große Staatsrechtkundler haben die Frage sehr problematisch gemacht; aber setzen wir die Bejahung als bewiesen voraus: wäre die Versammlungen zur Zeit Karls des Großen *mit-gesetzgebend* gewesen, muß man deswegen daraus schließen, daß sie es heute sein sollten? Nein, sicher nicht, und die entgegengesetzte Schlußfolgerung scheint sicher viel vernünftiger. In der Politik muß man immer das berücksichtigen, was die Rechtsgelehrten den letzten Stand nennen, und obwohl man das Wort keinesfalls in einer zu engen Bedeutung verwenden darf, sollte man den Begriff auch nicht zu weit fassen.

* Die Ständeversammlung in Spanien und Portugal.

17 *Incuria reipublicae velut alienae.* [Dieses Zitat stammt nicht von Tacitus.]

18 Wie man zur Genüge erkennt, spreche ich nur von den monarchischen Systemen, die sich mehr oder weniger von dem entfernt haben, was man das *Ancien Regime* nannte.

Als die Franken die Gallier besiegten, bildeten sie durch ihre Vermischung mit den Galliern ein hybrides Volk. Man begreift jedoch hinlänglich, daß dieses Volk zuerst mehr fränkisch als gallisch war, und daß die kombinierte Wirkung von Zeit und Klima es jeden Tag mehr gallisch als fränkisch hat werden lassen müssen, so daß man gleichzeitig sehr unvorsichtig und sehr wenig gebildet sein muß, um (zumindest wörtlich) das Staatsrecht des modernen Frankreich in den Kapitularien* der Karolinger zu suchen.

Wenn man sich aller Vorurteile und allen Parteigeistes entledigt, wenn man auf die übertriebenen Ideen und die theoretischen, vom französischen Fieber hervorgebrachten Träume verzichtet, so wird der gesunde europäische Menschenverstand mit den folgenden Vorschlägen übereinstimmen:

1. Der König herrscht, niemand teilt die Herrschaft mit ihm und alle Macht geht von ihm aus.
2. Seine Person ist unverletzbar, keiner hat das Recht, ihn abzusetzen oder zu verurteilen.
3. Er hat nicht das Recht, zum Tode zu verurteilen oder sogar zu irgendeiner körperlichen Strafe. Die strafende Gewalt kommt von ihm und das ist genug.
4. Verhängt er in Fällen, in denen die Staatsräson die Untersuchung vor den Gerichten verbietet, den Bann oder das Gefängnis, so kann er nach der Meinung einer aufgeklärten Ratsversammlung weder zu zurückhaltend sein noch zu übertrieben handeln.
5. Der König kann nicht zivilrechtlich verurteilen. Einzig die Beamten können im Namen des Herrschers über Besitz und Vereinbarungen ein Urteil verkünden.
6. Die Untertanen haben das Recht, den König durch gewisse verschieden zusammengesetzte Verbände, Räte und Versammlungen über ihre Bedürfnisse zu informieren, ihm Mißbräuche anzuzeigen, ihm auf legalem Wege ihre *Beschwerden* und *ihre untertänigsten Vorstellungen* zukommen zu lassen.

In diesen geheiligten Gesetzen, die um so mehr wirklich verfassunggebend sind, weil sie nur in die Herzen geschrieben sind, besonders innerhalb des väterlichen Umgangs des Fürsten mit den Untertanen, findet man den wirklichen Charakter der europäischen Monarchie.

---

* Gesetze und Verordnungen der fränkischen Könige.

Was auch immer der überspannte und blinde Stolz des 18. Jahrhunderts darüber sagt: dies ist alles, was wir brauchen. Diese auf verschiedene Art kombinierten Elemente bewirken in den monarchischen Regierungen eine Unzahl an Nuancen. Man begreift z.B., daß die Männer, die damit beauftragt sind, die Vorstellungen und Beschwerden der Untertanen zum Fuß des Throns zu tragen, *Verbände* oder *Versammlungen* bilden können; daß die Mitglieder, welche die Versammlungen oder Verbände bilden, sich durch Anzahl, Qualität, Art und Ausdehnung ihrer Macht voneinander unterscheiden können; daß der Wahlmodus, die Intervalle und die Dauer der Sitzungsperioden etc. die Anzahl der Kombinationen noch mehr variieren können – *facies non omnibus una.* Sie werden jedoch immer das allgemeine Merkmal vorfinden, d.h. immer ausgewählte Männer, die auf gesetzmäßige Art die Beschwerden und Wünsche der Familie zum Vater tragen: *nec diversa tamen.*

Weisen wir das Urteil der leidenschaftlichen oder übertrieben systematischen Menschen unbedingt zurück, und wenden wir uns nur an diesen wertvollen gesunden Menschenverstand, der alles Gute im Universum schafft und bewahrt. Fragen wir den gebildetsten, den weisesten, selbst den religiösesten Europäer und eifrigsten Anhänger des Königtums um Rat, fragen wir ihn: »Ist es gerecht, ist es ratsam, daß der König einzig und allein durch seine Minister regiert? Daß seine Untertanen überhaupt kein legales Mittel haben, um als Verband mit ihm zu kommunizieren und daß die Mißbräuche so lange dauern, bis ein Individuum genügend aufgeklärt und mächtig ist, um Ordnung zu schaffen oder bis ein Aufstand für Gerechtigkeit sorgt?« Er wird uns ohne Zögern antworten: »Nein«. Nun ist das wirklich Verfassunggebende in jeder Regierung keineswegs das auf Papier geschriebene: es ist das, was im Weltbewußtsein existiert. Was uns im allgemeinen mißfällt, was sich überhaupt nicht mit unserem Charakter und unseren alten, unbestrittenen und universellen Gebräuchen verträgt, ist die Ministerregierung oder die Wesirwürde. Die orientalische Unbeweglichkeit verträgt sich sehr gut mit dieser Regierung und verweigert sich sogar jeder anderen, aber die *verwegene Rasse Japhets* will sie nicht, weil ihr diese Form in der Tat nicht zusagt. Von allen Seiten schreit man »Despotismus«, aber oft irrt sich die öffentliche Meinung und verwechselt eine Sache mit einer anderen. Man beschwert sich über die Überschreitung der Macht; es scheint mir, daß man vielmehr von ihrer Verschiebung und von ihrer Schwächung verletzt ist. Sobald die Nation zum Schweigen verurteilt ist und das Individuum allein sprechen kann, wird deutlich, daß jedes, für sich genommen, weniger stark ist als die Leute im Amt. Da das erste Streben des Menschen darin besteht, die Macht zu erlangen und sein größter Fehler ist, sie zu mißbrauchen, so folgt daraus, daß sich alle Inhaber der delegierten Macht des Zepters bemächtigen und es proportional zur Wichtigkeit ihrer Posten in kleine Teile aufteilen, da sie durch nichts zurückgehalten werden und der öffentlichen Meinung nicht direkt genug unterstehen, so daß jeder König ist, außer der König selbst. Diese Überlegungen erklären, warum man sich in der Mehrzahl der Monarchien über den Despotismus und die Schwäche der Regierung gleichzeitig beklagen kann. Diese beiden Klagen widersprechen einander nur scheinbar. Das Volk beklagt sich über den Despotismus, weil er dem ungeordneten Handeln der delegierten Gewalt gegenüber nicht stark genug ist, und es beklagt sich über die Schwäche der Regierung, weil es keinen Mittelpunkt mehr sieht, der König nicht König genug ist, die Monarchie sich in eine ermüdende Aristokratie verwandelt hat und jeder Untertan, der nicht oder nur wenig an dieser Aristokratie Teil hat, immer einen König an seiner Seite sieht und sich über seine Nichtigkeit ärgert, so daß die Regierung gleichzeitig als despotisch gehaßt und als schwach verachtet wird.

Das Heilmittel für so große Übel ist nicht schwer zu finden: es besteht einzig darin, die Autorität des Königs zu stärken und ihm seine Qualität als Vater zurückzugeben, indem man die antike und legitime Verbindung zwischen ihm und der großen Familie wieder herstellt. Sobald die Nation ein Mittel besitzt, um ihre Stimme auf legale Weise zu Gehör zu bringen, wird es dem Laster und der Unfähigkeit unmöglich werden, sich der Posten zu bemächtigen oder sie für lange Zeit zu behalten, und die direkte Verbindung mit dem König gibt der monarchischen Regierung diesen für die Monarchie in Europa notwendigen väterlichen Charakter zurück.

Wie viele Fehler hat die Macht schon begangen! Und wie unwissend ist sie über die Mittel zu ihrer Selbsterhaltung! Der Mensch ist unersättlich an Macht; er ist in seinen Wünschen grenzenlos und immer unzufrieden mit dem, was er hat, er liebt nur das, was er nicht hat. Man beklagt sich über den Despotismus der Fürsten; man sollte sich über den des *Menschen* beklagen. Wir werden alle als Despoten geboren, von dem despotischsten Monarchen Asiens bis zum Kind, das einen Vogel in seiner Hand erstickt, um des Vergnügens willen, im Universum ein noch schwächeres Wesen als es selbst zu finden. Es gibt keinen Menschen, der die Macht nicht mißbraucht, und die Erfahrung lehrt, daß die abscheulichsten Despoten, wenn sie sich gerade des Zepters bemächtigt haben, genau diejenigen sind, die sich gegen den Despotismus ereifern. Aber der Schöpfer der Natur hat dem Machtmißbrauch Grenzen gesetzt. Er hat gewollt, daß er sich selbst zerstört, sobald er seine natürlichen Grenzen überschreitet. Von allen Seiten hat er dieses Gesetz eingeschrieben, es umgibt uns in der physischen wie in der moralischen Welt und spricht jeden Augenblick zu uns. Betrachten wir ein Gewehr: bis zu einem gewissen Punkt werden wir, je mehr wir es verlängern, desto mehr die Wirkung verstärken, aber wenn wir diese Grenzen einer Linie überschreiten, so wird die Wirkung abnehmen. Betrachten wir ein Teleskop: bis zu einem gewissen Punkt wird es, je mehr wir den Maßstab vergrößern, desto mehr Wirkung hervorbringen, aber darüber hinaus wendet die unbesiegbare Natur alle Anstrengungen, die wir unternehmen, um das Instrument zu perfektionieren, gegen uns. Das ist das naive Bild der Macht. Um sich zu erhalten, muß sie sich beschränken, und sie muß sich immer von dem Punkt entfernt halten, wo ihre letzte Anstrengung ihren letzten Augenblick herbeiführt.

Sicherlich mag ich genauso wenig wie ein anderer die *Volks*versammlungen, aber die französischen Tollheiten müssen uns nicht die Wahrheit und die Weisheit verleiden, die sich in den vernünftigen Milieus findet. Wenn es eine unbestreitbare Maxime gibt, so besteht sie darin, daß *das Volk* in allen Aufständen *stets damit beginnt, Recht zu haben und damit endet, Unrecht zu haben.* Es ist falsch, daß jedes Volk seine *Nationalversammlung* auf französische Art haben muß; es ist falsch, daß jedes Individuum in den Nationalrat gewählt werden kann; es ist sogar falsch, daß es ohne Unterscheidung von Rang und Besitz Wähler sein kann; es ist falsch, daß dieser Rat Mit-Gesetzgeber sein soll, und es ist schlußendlich falsch, daß er in den verschiedenen Ländern auf dieselbe Art zusammengesetzt sein soll. Aber weil diese übertriebenen Vorschläge falsch sind, folgt etwa daraus, daß niemand das Recht hat, im Namen der Gemeinschaft für das Gemeinwohl zu sprechen, und daß es uns verboten ist, eine Vernunft zu besitzen, weil die Franzosen eine große Wahnsinnstat begangen haben? Mir ist diese Schlußfolgerung fremd. Welcher Beobachter wäre nicht entsetzt vom aktuellen Geisteszustand in ganz Europa? Was auch immer die Ursache eines so allgemeinen Impulses sein mag, sie existiert und bedroht alle Herrschaftsformen.

Gewiß besteht die Aufgabe der Staatsmänner darin, das Unheil abzuwenden zu suchen, und sicherlich wird man es auch nicht durch ängstliche Unbeweglichkeit oder Sorglosigkeit erreichen. Es obliegt den Weisen aller Nationen, gründlich über die antiken Gesetze der Monarchie, über die *guten Bräuche* jeder Nation und über die allgemeine Wesensart der Völker Europas nachzudenken. In diesen geheiligten Quellen werden sie angemessene Heilmittel für unsere Übel finden und weise Mittel zur Regenerierung, die unendlich weit entfernt von den absurden Theorien und überspannten Ideen liegen, die uns so viel Schaden zugefügt haben.

Die erste und vielleicht einzige Quelle aller Leiden, die wir erdulden, ist die Verachtung der Antike, oder, was auf dasselbe hinausläuft, die Verachtung der Erfahrung: wohingegen *es nichts besseres gibt, als das, was erprobt ist*, wie Bossuet treffend bemerkt hat. Die Faulheit und die stolze Unwissenheit dieses Jahrhunderts vertragen sich viel besser mit den Theorien, die nichts kosten und dem Stolz schmeicheln, als den Lektionen der Bescheidenheit und des Gehorsams, die man mühsam der Geschichte abverlangen muß. In allen Wissenschaften, aber besonders in der Politik, deren zahlreiche und veränderliche Elemente so schwierig in ihrer Gesamtheit zu erfassen sind, wird die Theorie fast immer von der Erfahrung widerlegt. Möge die ewige Weisheit ihre Strahlen auf die Menschen herabsenden, die dazu bestimmt sind, das Schicksal der anderen zu bestimmen! Mögen auch die Völker Europas vor der Stimme der Sophisten die Ohren verschließen und, indem sie die Augen von allen theoretischen Illusionen abwenden, sie nur auf die verehrten Gesetze richten, die selten geschrieben sind, und von denen es unmöglich ist, Epoche oder Autoren zu bestimmen und welche die Völker nicht gemacht haben, aber von denen die Völker gemacht wurden.

Diese Gesetze kommen von Gott: das Übrige von den Menschen!

KAPITEL III
Von der Aristokratie

Die aristokratische Regierung ist eine Monarchie, deren Thron vakant ist. *Die Souveränität ist dort in Regentschaft.*

Da die Regenten, welche die Souveränität verwalten, erblich sind, ist diese vollständig vom Volk getrennt, und in diesem Sinne nähert sich die aristokratische Regierung der monarchischen. Sie kann jedoch nicht deren Stärke erreichen, aber auf Seiten der Weisheit hat sie nicht ihresgleichen.

Die Antike hat uns kein Modell dieser Regierung hinterlassen. In Rom wie in Sparta spielte die Aristokratie zweifellos eine bedeutende Rolle, wie in allen Regierungen, aber sie regierte keineswegs allein.

Im allgemeinen kann man sagen, daß alle nicht-monarchischen Regierungen aristokratisch sind, denn die Demokratie ist nur eine gewählte Aristokratie.

»Die ersten Gesellschaften«, sagt Rousseau, »regierten sich aristokratisch«.[19] Das ist falsch, wenn Rousseau unter dem Begriff der *ersten* Gesellschaften *die* eigentlichen *ersten Völker*, *die* eigentlichen *ersten Nationen* versteht, welche alle von Königen regiert werden. Alle Beobachter haben festgestellt, daß die Monarchie die älteste bekannte Regierungsform war.

Und wenn er von den ersten Zusammenschlüssen zu sprechen meint, die der Organisation der Völker in Verbänden von Nationen vorausgehen, so spricht er von etwas, was er nicht weiß und niemand zu wissen vermag. Im übrigen gab es zu dieser Zeit noch gar keine eigentliche Regierung: der Mensch war noch nicht das, was er sein sollte. Dieser Punkt wurde im ersten Buch genügend erörtert.

»Die Wilden Nordamerikas«, sagt er weiter, »regieren sich heutzutage noch so (aristokratisch) und *sind sehr gut regiert.*«[20]

Die Wilden Nordamerikas sind nicht vollständige *Menschen*, genau deshalb, weil sie *Wilde* sind. Es sind vielmehr Wesen, die sichtbar kör-

---

[19] *GV*, 3. Buch, Kap. V.

[20] *Ibid.*

perlich und moralisch degradiert sind, und in dieser Hinsicht wenigstens hat man dem geistreichen Autor der *Recherches philosophiques sur les Américains* keine Antwort geben können.

Zudem ist es falsch, daß diese Wilden aristokratisch regiert würden. Tacitus hat die Geschichte aller wilden Völker beschrieben, als er gesagt hat: »Bei ihnen ist der Adligste König und der wachsamste ist General, aber der König genießt keinesfalls uneingeschränkte Macht.«[21] Tacitus' Buch über die Bräuche der Germanen und das »Journal historique d'un voyage en Amérique« des Père de Charlevoix präsentieren eine Fülle von Analogien.[22] Man findet bei diesen Völkern keine aristokratische Regierungsform, sondern die Ansätze einer gemäßigten Monarchie.

Abgesehen von der natürlichen Aristokratie, die aus der körperlichen Kraft und den Talenten hervorgeht, und mit der man sich nicht unnötig beschäftigen muß, gibt es nur zwei Arten von Aristokratien, die gewählte und die erbliche, wie Rousseau es bemerkt, aber dieselben engstirnigen Begriffe, dieselben kindischen Vorurteile, die ihn sich über die Monarchie haben irren lassen, haben ihn gleichfalls über die aristokratische Regierung Unsinn reden lassen.

»Die Wahlaristokratie«, sagt er, »ist die beste: das ist die eigentliche Aristokratie.«[23]

Dies ist keineswegs ein Irrtum, ein Mißverständnis oder eine Zerstreutheit: das ist ein absoluter Mangel an Urteilskraft, das ist ein peinlicher Schnitzer.

Die Monarchie ist die einem einzelnen Mann übertragene Herrschaft, und die Aristokratie ist dieselbe Herrschaft, mehreren Männern (mehr oder weniger) übertragen.

Da aber die Wahlmonarchie die schwächste und am wenigsten friedliche der Regierungsformen ist, und da die Erfahrung offenbar die Überlegenheit der Erbaristokratie gezeigt hat, so folgt durch eine unbestreitbare Analogie daraus, daß die Erbaristokratie der Wahlaristokratie vorzuziehen ist. Wiederholen wir mit Tacitus, daß *es besser ist, einen Souverän zu empfangen, als ihn zu suchen*[24].

---

[21] *Reges ex nobilitate, duces ex virtute sumunt: nec regibus infinita aut libera potestas* (Tacitus, *De Mor. Germ.*, VII).

[22] *Si Germanorum Canadensiumque principum potestatem conferas, eamdem reperies.* (Siehe Père de Charlevoix, 18. Brief; Brottier, ad. *Tac. De Mor. Ger.*, VII et *passim*).

[23] *GV*, 3. Buch, Kap. V.

[24] *Minore discrimine sumitur princeps quam quaeritur* (Tacitus).

»Die Wahl ist das Mittel, durch das Redlichkeit, Aufklärung, Erfahrung und alle anderen Gründe für Auszeichnung und öffentliches Ansehen so viele neue *Garanten* dafür sind, daß man weise regiert werden wird.«[25]

Dieses Argument trifft gerade auf die Erbmonarchie zu, und wir haben es alle vorgebracht, bevor wir das Zeitalter der Vernunft erreichten.

»Die mit dem väterlichen Vermögen auf die Kinder übergegangene Macht läßt die Regierung erblich werden und man sieht zwanzigjährige Senatoren.«[26]

Weiter unten wird er, über die Erbmonarchie sprechend, sagen: »*Man riskiert, Kinder als Oberhaupt zu haben.*«[27] Es ist immer derselbe Scharfsinn – man muß jedoch feststellen, daß das Argument in bezug auf die Erbaristokratie schlechter ist, da die Erfahrung der *zwanzigjährigen Senatoren* von der Weisheit der Alten reichlich kompensiert wird.

Und da sich die Gelegenheit dafür von selbst präsentiert, werde ich behaupten, daß die Mischung von *Kindern* und *Männern* genau genommen eine der schönen Seiten der aristokratischen Regierung ist. Alle Rollen sind im Universum mit Weisheit verteilt: diejenige der Jugend ist es, das Gute zu tun und diejenige des Alters, das Böse zu verhüten. Das Ungestüm der Jungen, das nur Handlung und Erschaffung verlangt, ist dem Staat sehr nützlich, aber sie sind zu sehr geneigt, zu erneuern, zu zerstören und würden viel Unheil anrichten, ohne das Alter, das da ist, um sie aufzuhalten. Dieses widersetzt sich seinerseits selbst den nützlichen Reformen, es ist zu starr und weiß sich nicht den Verhältnissen anzupassen, so daß manchmal ein *zwanzigjähriger Senator* ganz passend an die Seite eines anderen von achtzig Jahren gestellt sein kann.

Alles in allem ist die Regierungsform der Erbaristokratie vielleicht die Vorteilhafteste für das, was man das *Volk* nennt: die Herrschaft ist konzentriert genug, um ihm zu imponieren, aber da sie weniger Bedürfnisse, weniger Glanz hat, fordert sie ihm weniger ab. Wenn sie auch manchmal schüchtern ist, so ist sie doch niemals unvorsichtig. Zwischen dem Volk und dem Souverän können Unzufriedene sein, aber ihre Leiden sind keineswegs das Werk der Regierung, sie sind es nur in der öffentlichen Meinung, und darin besteht ein unschätzbarer Vorteil für die Masse, deren Glück ein Unterpfand ist.

---

[25] *GV*, 3. Buch, Kap. V.
[26] *Ibid.*
[27] *Ibid.*, Kap. VI: Von der Monarchie.

Der tödliche Feind der Erfahrung denkt durchaus anders: ihm zufolge ist die Erbaristokratie »*die schlechteste aller Regierungsformen*«[28].

Das Gefühl, das in allen Werken Rousseaus vorherrscht, ist eine gewisse plebejische Wut, die sich gegen jede Art von Überlegenheit entzündet. Die energische Unterwerfung des Weisen beugt sich würdevoll unter der unvermeidbaren Herrschaft der sozialen Unterschiede, und niemals erscheint er größer, als in dem Moment, als er sich verbeugt. Rousseau jedoch hatte nicht diese Erhabenheit: schwach und mürrisch hat er sein Leben damit verbracht, den Großen Beleidigungen zu sagen, wie er sie dem Volk gesagt hätte, wenn er als Standesherr geboren worden wäre.

Dieser Charakter erklärt seine politischen Häresien. Ihn inspiriert keineswegs die Wahrheit, sondern die Laune. Überall, wo er Größe sieht und besonders erbliche Größe, schäumt er und verliert die Fähigkeit zu argumentieren. Das passiert ihm besonders dann, wenn er von der aristokratischen Regierungsform spricht.

Zu behaupten, daß diese Art von Regierung die schlimmste von allen sei, hieße, nichts zu sagen: man muß es beweisen. Venedig und Bern fallen einem zuerst ein, und man ist nicht wenig überrascht zu erfahren, daß es keine schlimmere Regierung gibt, als diejenige dieser beiden Staaten.

Aber die Geschichte und die Erfahrung bringen Rousseau nie in Verlegenheit. Er begnügt sich mit allgemeinen Maximen, deren Beweis er nicht antritt, und sagt anschließend: *Ich habe bewiesen.* Widerspricht ihm die Erfahrung, so kümmert ihn dies wenig, oder er entzieht sich ihr durch einen Luftsprung. Bern z.B. bringt ihn keineswegs in Verlegenheit. Will man wissen warum? »Weil es sich nur durch die äußerste Klugheit seines Senats erhält: es ist eine recht ehrenvolle und schmeichelhafte Ausnahme.«[29]

Aber der Senat von Bern bildet gerade das Wesen der Regierung Berns. Er ist der Kopf des politischen Körpers, er ist der Hauptteil, ohne den diese Regierung nicht das wäre, was sie ist. Es ist also ganz so, als hätte Rousseau gesagt: Die Regierungsform der Erbaristokratie ist verachtenswert, und die Wertschätzung des Universums, die seit einigen Jahrhunderten derjenigen von Bern entgegengebracht wird, widerspricht

---

[28] *GV*, 3. Buch, Kap. V.

[29] *GV*, 3. Buch, Kap. V (Fußnote).

keinesfalls meiner Theorie, denn das bedeutet, daß diese Regierung nicht schlecht ist, sondern daß sie ausgezeichnet ist. – Oh welcher Tiefsinn![30]

Das Urteil über Venedig ist nicht weniger merkwürdig: »Venedig«, sagt er, »ist in die Erbaristokratie gefallen: auch ist es seit langem ein aufgelöster Staat.«[31]

Sicherlich wußte Europa nichts davon, aber alle Welt weiß, daß Venedig noch tausend Jahre bestanden hat, und daß seine Macht alle seine Nachbarn in den Schatten stellte, als es vom Bündnis von Cambrai erschüttert wurde und Anfang des 16. Jahrhunderts die Kunst besaß, dieser Gefahr zu entkommen. Die venezianische Regierung ist ohne Zweifel gealtert, wie alle Regierungen Europas, aber die Jugend des Milon von Kroton macht ihr Alter verehrungswürdig, und niemand hat das Recht, es zu beleidigen.

Venedig glänzte auf prachtvollste Weise: durch die Gesetze, durch den Handel, durch die Waffen, durch die Künste und die Wissenschaften – sein Währungssystem ist das Vorbild Europas. Im Mittelalter hat es eine glänzende Rolle gespielt.[32] Wenn Vasco da Gama das Kap der guten Hoffnung umsegelt hat, wenn der Handel einen anderen Weg einschlug, so ist das nicht der Fehler des Senats, und wenn Venedig in diesem Augenblick gezwungen ist, anstelle von Stärke Vorsicht walten zu lassen, so würdigen wir noch einmal sein Alter: nach dreizehnhundert Jahren Leben und Gesundheit kann man krank werden, man kann sogar in Ehren sterben.[33]

---

30 Montesquieu hat der Regierung Berns eine besondere Widmung zukommen lassen: »Zur Zeit«, sagt er, »gibt es auf der Welt eine Republik, die niemand kennt und die ihre Kräfte im Stillen und Geheimen jeden Tag vermehrt. Wenn sie jemals in der Zustand der Größe gelangt, den ihr ihre Weisheit bestimmt, so ist sicher, daß sie notwendigerweise ihre Gesetze ändern wird, usw.« (*Grandeur et décadence des Romains*, Kap. IX.) Lassen wir diese Prophezeiungen, ich glaube nur an die der Bibel. Aber mir scheint, daß man der Regierung, die klug genug ist, sich von der Weisheit und vom Wahnsinn gleichzeitig loben zu lassen, ein Kompliment schuldet.

31 *GV*, 3. Buch, Kap. V, zitierte Fußnote.

32 Der Graf von Carli, einer der Zierden Italiens, hat erstaunliche Dinge über den alten Glanz Venedigs gesagt. Man kann seine mit einer ÜBERWÄLTIGENDEN Gelehrtheit gefüllten Werke konsultieren, *sed Graecis ingognitas qui sua tantum mirantur.*

33 *Sola Veneta est (respublica) quae oevrum millenarium jactet: felix fati, sed et legum atque institutorum felix quibus velut vinculis firmata est adhuc contra lapsum. Maneat, floreat, favemus, et vovemus.* (J. Lipsii, *Mon. et ex. polit.*, 2. Buch, Kap. I) [Justus Lipsius (1547-1606), Philologe und humanistischer Gelehrter].

Die Deklamationen über die Staatsinquisition, die Rousseau ein *Blutgericht*[34] nennt, sind Vogelscheuchen alter Weiber. Sagt man nicht, daß die Staatsinquisitoren das menschliche Blut vergießen, um sich zu amüsieren? Diese mächtige Beamtenschaft ist notwendig, da sie existiert und sie sollte wohl nicht so schrecklich sein, da sie einem der sanftesten, muntersten und liebenswürdigsten Völker Europas gehört. Die Böswilligen und die Leichtsinnigen können sich nur über sich selbst beklagen, wenn ihnen etwas mißlingt, aber es ist eine von allen vernünftigen Reisenden bestätigte und sichere Tatsache, daß es vielleicht kein Land gibt, wo das Volk glücklicher, ruhiger und freier ist als in Venedig. Das Ausland teilt diese Freiheit, und in diesem Augenblick genießen gerade unter den Gesetzen dieser friedlichen Regierung die ehrbaren Opfer der Französischen Revolution die sanfteste und großzügigste Gastfreundschaft.

Wenn manchmal die Staatsinquisitoren strenge Exekutionen befohlen haben, so schließt die Strenge keineswegs die Gerechtigkeit aus, und oft vergießt man Blut, um es zu schonen. Was die Irrtümer und Ungerechtigkeiten betrifft, so gibt es deren überall, aber die Staatsinquisitoren schickten Morosini* nicht den Schierlingsbecher bei seiner Rückkehr vom Peleponnes.

Wenn er behauptet, daß Venedig in die Erbaristokratie *gefallen* ist, beweist Rousseau, daß er das Wachstum der Reiche schlecht kennt. Hätte er sie gekannt, so hätte er statt *gefallen* ›*aufgestiegen*‹ gesagt. Solange die Venezianer nur unglückliche Flüchtlinge waren und in Hütten auf Inseln wohnten, die dazu bestimmt waren, eines Tages so viele Paläste zu tragen, läßt sich gut erkennen, daß ihre Verfassung noch nicht ausgereift war. Um es genau zu sagen: sie hatten gar keine, da sie noch nicht die vollständige Unabhängigkeit besaßen, die man ihnen so lange vorenthalten hat. Aber sie hatten schon 697 ein Oberhaupt, das mächtig genug war, seine Souveränität zu behaupten. Nun gibt es überall dort, wo es ein Oberhaupt gibt, zumindest ein nicht-despotisches Oberhaupt, eine Erbaristokratie zwischen diesem Oberhaupt und dem Volk. Diese Aristokratie bildete sich unmerklich heraus, wie die Sprache, und reifte im Stillen. Schließlich nahm sie zu Beginn des 12. Jahrhunderts eine legale Form an, und die Regierung wurde zu dem, was sie sein sollte. Unter dieser Herrschaftsform erfüllte Venedig die Welt mit

* Francesco Morosini (1618-1694), Kapitän, Senatsmitglied und später Doge in Venedig.

34 *GV*, 4. Buch, Kap. V.

seinem Ruhm. Zu behaupten, daß diese Regierung *entartete*[35], indem sie auf diese Weise vollends ihr natürliches Ausmaß einnahm, hieße zu sagen, die Regierung Roms *entartete*, als die Einrichtung der Tribune, wie ich es bereits Cicero zufolge bemerkte, der konstitutionellen, aber ungeordneten Macht des Volkes eine legale Form gab.

Wenn wir Rousseau im übrigen Glauben schenken, so ist übrigens keineswegs Venedig allein in die Erbaristokratie *gefallen*. Bern erfuhr dasselbe Schicksal: seine Regierung hat sich genauso *zusammengezogen* und ist folglich *entartet*, an dem Tag, als das Volk die Torheit beging, *dem Fürsten* die Wahl der Beamten zu überlassen.[36] Wenn man fragt, in welchen Geschichtsbüchern sich dieses wichtige Ereignis findet, und wie Bern von der Demokratie oder der Wahlaristokratie in die Erbaristokratie *gefallen* ist, so wird niemand eine Antwort darauf finden können, denn niemand hat von diesem am Ende der Zeiten im *Gesellschaftsvertrag* enthüllten *Fall* sprechen gehört. Dieser Rousseau ist ein merkwürdiger Mensch! Mal widerlegt er die Geschichte, mal erfindet er sie.

Wenn man die Regierungen der Erbaristokratie untersucht, kann man über Genua nicht hinweggehen. Es ist möglich, daß es unter gewissen Gesichtspunkten dem Vergleich mit anderen Regierungen derselben Kategorie nicht standhalten kann; es ist möglich, daß das Volk dort weniger glücklich ist als in Venedig oder Bern. Genua jedoch hat seine schönen Momente und großen Männer gehabt, und im übrigen hat jedes Volk die Regierung und das Glück, die es verdient.

Nachdem wir nun die Wirkung der Erbaristokratie auf Länder einer gewissen Ausdehnung untersucht haben, ist es gut, sie auf einer engeren Bühne zu betrachten und innerhalb der Mauern einer Stadt zu studieren.

Zunächst präsentieren sich Lucca und Ragusa dem Betrachter. Man hat gesagt, daß die Demokratie besonders für die kleinen Staaten geeignet sei – präziser wäre es, zu sagen, daß nur die kleinen Staaten sie ertragen können, aber die Erbaristokratie entspricht ihnen vollkommen. Hier nun zwei kleine Staaten, zwei, inmitten eines winzigen Territoriums

---

[35] *GV*, 3. Buch, Kap. X, 1. Fußnote.

[36] *GV*, 3. Buch V. 2. Fußnote. Wenn Rousseau die Wahrheit erkennt, so erkennt er sie niemals vollständig, und in diesem Fall sind seine Entscheidungen für die vier Fünftel der Leser gefährlicher, als vollständige Versehen. Wenn er beispielsweise sagt, daß die Regierung, *die sich zusammenzieht, entartet*, so hat er Unrecht und Recht: er hat Recht im Hinblick auf die demokratische Regierung, die sich von ihrer Natur entfernt, und Unrecht im Hinblick auf die aristokratische Regierung, die sich ihr annähert. In diesem letzten Fall ist es eine Bewegung des Organisierens, im ersten eine des Auflösens.

isolierte Städte, friedliche, glückliche und durch eine Menge von Talenten ausgezeichnete Städte. Genf, mit seiner turbulenten Demokratie, stellt einen interessanten Vergleichsgegenstand dar. Werfen wir diese politischen *Samenkörner* in die Waagschale und sehen wir ohne Vorurteil, auf welcher Seite sich mehr Weisheit und Beständigkeit findet.

Von der Theorie und noch mehr von der Erfahrung ist bewiesen, daß die Regierung der Erbaristokratie vielleicht die günstigste für die Masse des Volkes ist, daß sie viel Ansehen, Weisheit und Beständigkeit hat und sich den Ländern mit einer sehr unterschiedlichen Ausdehnung anpaßt. Wie alle Regierungen ist sie überall dort, wo sie etabliert ist, gut und es ist ein Verbrechen, sie den Untertanen zu verleiden.

Kapitel IV
Von der Demokratie

Die reine Demokratie existiert nicht, genauso wenig wie der absolute Despotismus. »Faßt man den Begriff in seiner engen Bedeutung«, sagt Rousseau sehr treffend, »so hat es nie eine wirkliche Demokratie gegeben und wird es auch nie geben. Es ist wider die natürliche Ordnung, daß die große Zahl regiert und die kleine regiert wird.«[37]

Die Vorstellung von einem ganzen Volk, das zugleich souverän und gesetzgebend ist, verstößt dermaßen gegen den gesunden Menschenverstand, daß die griechischen Politiker, die sich ein bißchen in der Freiheit auskannten, niemals von der Demokratie als von einer legitimen Regierung gesprochen haben – jedenfalls wenn sie sich genau ausdrücken wollten. Vor allem Aristoteles bezeichnet die Demokratie *als Übertreibung der Republik (politia)*, so wie der Despotismus *die Übertreibung der Monarchie* ist.[38]

Wenn es keine eigentliche Demokratie gibt, so kann man dasselbe vom perfekten Despotismus sagen, der ebenfalls ein Vernunftgebilde darstellt. »Es ist ein Irrtum zu glauben, daß es auf der Welt eine in jeglicher Hinsicht despotische Autorität gibt. Es hat nie eine gegeben und es wird niemals eine geben: die unermeßlichste Macht ist immer von einer Seite begrenzt.«[39]

Nichts aber verhindert, daß man, um sich genaue Vorstellungen zu machen, diese beiden Regierungsformen wie zwei theoretische Extreme betrachtet, denen sich alle möglichen Regierungen mehr oder weniger annähern.

In diesem engen Sinn glaube ich die Demokratie definieren zu können: *als eine Gemeinschaft von Menschen ohne Souveränität.*

---

37 *GV*, 3. Buch, Kap. IV.

38 Das ist die Bemerkung eines englischen Autors, der gutes Material für ein Geschichtswerk über Athen gesammelt hat. (Siehe Young's, *History of Athens*), [William Young (1749-1815), *The History of Athens politically and philosophically considered, with the view to and investigation of the immediate causes of elevation and decline*, London 1786].

39 Montesquieu, *Grandeur et décadence des Romains*, Kap. XXII.

»Wenn das ganze Volk«, sagt Rousseau, »über das ganze Volk entscheidet, befaßt es sich nur mit sich selbst ... Also ist der Gegenstand, über den man entscheidet, so allgemein wie der Wille, der entscheidet: das ist der Vorgang, den ich ein GESETZ nenne.«[40]

Was Rousseau in höchstem Maß *Gesetz* nennt, ist genau das, was aufhört, dessen Namen tragen zu können.

Über den Ursprung der Regierung gibt es von Tacitus eine Passage, die Aufmerksamkeit verdient. Nachdem er in gewohnter Manier die Geschichte des Goldenen Zeitalters behandelt und wiederholt hat, daß das Laster, als es sich in der Welt verbreitete, die Etablierung einer öffentlichen Gewalt benötigte, fügt er hinzu: »Damals entstanden Herrschaftsformen und für eine Menge Völker haben sie gar kein Ende gefunden. Andere Nationen zogen Gesetze vor, entweder bevor oder nachdem sie der Könige überdrüssig wurden.«[41]

Ich habe anderswo vom Widerstand gegen die Könige und gegen die Gesetze gesprochen – was ich hier bemerke ist, daß Tacitus zu verstehen gibt, es gäbe keine wirkliche *Souveränität* in den Republiken, indem er auf diese Weise die Herrschaftsformen den Republiken gegenüberstellt. Sein Thema führte ihn nicht dazu, diese Idee zu verfolgen, was sehr richtig ist.

Da kein Volk und kein Individuum eine Zwangsgewalt über sich selbst besitzt, so ist klar, daß es in diesem Staat keine Souveränität geben kann, selbst wenn eine Demokratie in ihrer theoretischen Reinheit existierte. Denn es ist unmöglich, unter diesem Begriff etwas anderes zu verstehen, als unterdrückende Gewalt, die auf den *Untertan* einwirkt und sich außerhalb von ihm befindet. Daher kommt es, daß dieses Wort *Untertan*, welches ein relativer Begriff ist, den Republiken fremd ist, weil es dort keinen eigentlichen Herrscher gibt und keinen *Untertan* ohne *Herrscher* geben kann, so wie es keine *Söhne* ohne *Vater* gibt.

Selbst in den aristokratischen Regierungen, wo die Herrschaft viel greifbarer ist als in den Demokratien, vermeidet man das Wort *Untertan*, und das Ohr findet angenehmere Worte, die keine Übertreibung beinhalten.

Man findet in allen Ländern der Erde freiwillige Gemeinschaften von Menschen, die sich für irgendwelche bedeutenden oder wohltätigen

---

42 *GV*, 2. Buch, Kap. VI.

41 *Postquam exui aequalitas, et pro modestia ac pudore ambitio et vis incedebat, provenere dominationes, multosque apud populos aeternum mansere. Quidam statim, aut postquam regum pertaesum, leges maluere.* (Tac., *Ann.*, III, 26).

Zwecke zusammengeschlossen haben. Diese Menschen haben sich freiwillig bestimmten Regeln unterworfen, die sie befolgen, solange sie diese für gut halten. Sie haben sich sogar bestimmten Strafen unterworfen, die sie erleiden, sobald sie den Statuten der Gemeinschaft zuwiderhandeln, aber diese Statuten haben keine andere Billigung als den Willen selbst derer, die sie gebildet haben, und sobald es Abtrünnige gibt, existiert unter ihnen keine Zwangsgewalt, um sie zurückzuhalten.

Es genügt, die Vorstellung dieser Körperschaften zu verallgemeinern, um sich eine richtige Vorstellung von der wirklichen Demokratie zu machen. Die Anordnungen, die von einem auf diese Weise konstituierten Volk ausgingen, wären dann Vorschriften und keine Gesetze. Das Gesetz ist so wenig der Wille aller, daß es, *je mehr* es der Wille *aller* ist, *desto weniger* das *Gesetz* ist. Es würde also aufhören, *Gesetz* zu sein, wenn es ohne Ausnahme das Werk *all* jener wäre, die ihm gehorchen müßten.

Da es aber keine reine Demokratie gibt, existiert auch kein auf rein freiwilliger Gemeinschaft begründeter Staat. Man geht nur von dieser theoretischen Macht aus, um sich zu verständigen. In diesem Sinne läßt sich behaupten, daß die Souveränität in dem Moment entsteht, in dem der Herrscher beginnt, nicht *das ganze Volk* zu sein, und sich in dem Maße verstärkt, wie sie weniger als *das ganze Volk* ist.

Dieser Geist der freiwilligen Vereinigung ist das konstituierende Prinzip der Republiken und besitzt notwendigerweise einen ursprünglichen Keim: er ist göttlich und kein Mensch vermag ihn hervorzubringen. Mehr oder weniger mit der Herrschaft vermischt, der gemeinsamen Basis aller Regierungen, bildet dieses *Mehr* und dieses *Weniger* die unterschiedlichen *Physiognomien* der nicht-monarchischen Regierungen.

Der Beobachter, und besonders der fremde Beobachter, der in den republikanischen Ländern lebt, unterscheidet sehr wohl die Wirkung dieser beiden Prinzipien. Mal spürt er die Herrschaft, mal den Gemeinschaftsgeist, der ihm als Ergänzung dient. Die öffentliche Gewalt handelt weniger und zeigt sich vor allem weniger als in den Monarchien. Man könnte sagen, daß sie sich selbst mißtraut. Ein gewisser Familiensinn, der leichter zu fühlen als auszudrücken ist, entbindet die Herrschaft in einer Menge von Umständen, in denen sie anderswo eingreifen würde, zu handeln. Tausend kleine Dinge gehen von selbst und, wie der volkstümliche Satz lautet, *ohne zu wissen wie*. Die Ordnung und die Anordnung zeigen sich in allen Richtungen, der öffentliche Besitz wird sogar von den Armen respektiert und bis zum allgemeinen Eigentum gibt alles dem Beobachter zu denken.

Ein republikanisches Volk wird also weniger regiert als ein anderes Volk, man begreift, daß die Wirkung der Herrschaft von der öffentlichen Meinung ersetzt werden muß, so daß, je weniger ein Volk an Weisheit besitzt, das Gute zu erkennen und an Tugend, um sich von sich aus dahin zu erheben, es desto weniger für eine Republik geschaffen ist.

Man übersieht auf einen Blick die Vorteile und die Nachteile dieser Regierungsform. An ihren besten Tagen überstrahlt sie alles, und die Wunder, die sie hervorbringt, verführen alle bis auf den kaltblütigen Beobachter, der alles gegeneinander abwägt. Aber sie ist zunächst nur für sehr kleine Völker geeignet, denn im unmittelbaren Verhältnis zur Anzahl der Mitglieder ist die Bildung und die Dauer des Gemeinschaftsgeistes schwierig, was keines Beweises bedarf.

Zweitens geht dort die Justiz keineswegs diesen ruhigen und undurchdringlichen Gang, den wir in den Monarchien gewöhnlich an ihr wahrnehmen. In den Demokratien ist die Justiz mal schwach und mal leidenschaftlich – man sagt, daß in diesen Regierungen kein Kopf dem Schwert des Gesetzes trotzen kann. Das bedeutet, daß die Bestrafung eines erlauchten Schuldigen oder Angeklagten ein wirkliches Vergnügen für den *Plebs* ist, der sich auf diese Weise über die unvermeidliche Überlegenheit der Aristokratie tröstet. Die öffentliche Meinung bevorzugt mit aller Macht solcherlei Urteile, aber wenn der Schuldige unbedeutend ist, oder wenn im allgemeinen das Verbrechen weder den Stolz noch das unmittelbare Interesse der Mehrheit des Volkes verletzt, so widersteht dieselbe öffentliche Meinung dem Eingreifen der Justiz und lähmt sie.

In der Monarchie ist der Adel nur eine Ausweitung der königlichen Autorität. Er hat bis zu einem gewissen Punkt an der Unverletzbarkeit des Monarchen teil, und diese Immunität (immer unendlich niedriger als jene, die dem Herrscher zukommt) ist so eingeteilt, daß sie in dem Maße, wie sie weniger Personen gehört, um so empfindlicher ist.[44]

---

42 Diese unendlichen Nuancen, diese bewundernswerten Verbindungen, die so hoch über den menschlichen Berechnungen stehen, sind gemacht, um uns beständig wieder zum Nachdenken über diese geheime Kraft zu bringen, die überall die *Anzahl*, das Gewicht und das *Maß* festgesetzt hat. In der physischen Welt sind wir zweifelsohne von Wundern umgeben, aber die Triebkräfte sind blind, und die Gesetze unbeugsam. In der moralischen oder politischen Welt steigert sich die Bewunderung bis zum Entzücken, bedenkt man, daß die Gesetze dieser Ordnung, die nicht weniger zuverlässig als die physischen Gesetze sind, gleichzeitig eine Dehnbarkeit haben, die ihnen gestattet, sich mit dem Einfluß der freien Kräfte zu verbinden, die in dieser Ordnung der Dinge wirken. Es ist eine Uhr, deren sämtliche Teile in ihren Kräften und Ausmaßen beständig variieren, die jedoch immer die genaue Uhrzeit anzeigt.

In der Monarchie ist die unterschiedlich eingeteilte Immunität für die kleine Zahl vorbehalten, in der Demokratie ist sie es für die größte. Im ersten Fall empört sie den Plebs, im zweiten Fall macht sie ihn glücklich. Ich halte sie für beide Seiten gut, d.h. ich halte sie für einen notwendigen Bestandteil jeder Regierung, was auf dasselbe hinausläuft, denn was eine Regierung konstituiert, ist immer gut, jedenfalls in einem absoluten Sinn.

Aber wenn man Regierungen miteinander vergleicht, ist das anders. Es geht dann darum, die Vorteile und die Unannehmlichkeiten zu vergleichen, die für die menschliche Gattung aus den verschiedenen gesellschaftlichen Formen resultiert.

Unter diesem Gesichtspunkt halte ich die Monarchie in der Verwaltung von Gerechtigkeit der Demokratie für überlegen, und spreche nicht nur von der Strafjustiz, sondern von der Ziviljustiz. Man bemerkt in dieser die gleiche Schwäche wie in der anderen. Der Beamte ist den Bürgern nicht genug übergeordnet, er ähnelt eher einem Vermittler als einem Richter, der gezwungen ist, Schonung walten zu lassen, selbst wenn er die Gesetze sprechen läßt, und man sieht, daß er nicht an seine eigene Macht glaubt, er ist nur durch die Zugehörigkeit zu seinesgleichen stark, weil er keinen Herrscher hat, oder dieser nicht souverän genug ist.

Daher kommt es im besonderen, daß die Monarchie die einzige Regierung ist, wo der Fremde dem Staatsbürger vor Gericht gleichgestellt ist. In den Republiken wiegt nichts die Ungerechtigkeit, oder, wenn man so will, die Ungerechtigkeit der Gerichte auf, wenn es darum geht, zwischen dem Fremden und dem Staatsbürger zu entscheiden: je demokratischer die Republik ist, desto auffallender ist diese Machtlosigkeit. Welcher Nachbar dieser Staaten hat nicht tausendmal gesagt: »*Es ist unmöglich, diesen Leuten da gegenüber Gerechtigkeit zu bekommen*!« Denn je weniger die Herrschaft vom Volk getrennt ist, desto weniger existiert sie, wenn man so sagen darf, denn die Mitglieder dulden wohl, daß man unter ihnen Gerechtigkeit walten läßt, wenigstens soweit es das Interesse jedes Individuums unbedingt erfordert. Sie verweigern sie aber ungestraft dem Fremden, der sie nicht beim Herrscher, der nicht existiert oder nicht vollständig existiert, einklagen kann.

Eine große Anzahl oberflächlicher Beobachter wird von dem Umstand getäuscht, daß die *Polizei* häufig mit der *Justiz* verwechselt wird. Man sollte sich nicht von einer gewissen vorschriftsmäßigen Pedanterie an der Nase herumführen lassen, auf die das Volk versessen ist, weil sie ihm dazu dient, die Reichen zur Verzweiflung zu bringen. In einer Stadt, wo man mit einer Geldstrafe belegt wird, wenn man sein Pferd im Trab hat laufen lassen, kann man einen Mann ungestraft töten – vorausgesetzt der Mörder ist in einer Werkstatt geboren.

»Cromwell«, sagt Rousseau, »wäre vom Volk Berns ins Schallenhaus und der Graf von Beaufort von den Genfern in die Zucht genommen worden.«[43]

Rousseau irrt in zweierlei Hinsicht: wäre ein Cromwell in Bern geboren worden, so hätte ihn nicht das *Volk* ins Schallenhaus gebracht, sondern *ihre Exzellenzen, die höchsten Herrscher des Kantons*, was nicht ganz dasselbe ist.

Was Genf betrifft, so haben gerade eine Handvoll Männer, die nicht die *Herzöge von Beaufort*, sondern gemeine Schurken und die Schande und der Abschaum der menschlichen Rasse sind, die ehrbaren Leute, denen sie nicht den Hals abgeschnitten haben, buchstäblich *in die Zucht* genommen. Der Beweis dafür, daß die Wirrköpfe und *Hallenkönige*, wie Rousseau versichert, dafür nie so leicht bestraft werden konnten, liegt darin, daß er, Rousseau, nie *in die Zucht* genommen wurde, und daß er immer gesund und wohlbehalten in Genf ein verabscheuenswerter Bürger sein und seine Partie ungestraft verlieren konnte.

Im allgemeinen ist die Justiz in den Demokratien immer schwach, wenn sie auf sich allein gestellt ist, und immer grausam oder leichtsinnig, wenn sie sich auf das Volk beruft.

Einige Politiker haben behauptet, daß eine der schönen Seiten der republikanischen Regierung die Weisheit sei, die das Volk besitzt, um die Ausübung seiner Autorität nur den Männern anzuvertrauen, die ihrer würdig sind. Niemand, sagen sie, wählt besser als das Volk, wenn es sich um seine Interessen handelt, kann es durch nichts verführt werden, nur der Verdienst allein bestimmt es.

Ich weiß nicht, ob in dieser Idee nicht sehr viel Täuschung liegt. Die Demokratie könnte keinen Augenblick überdauern, wenn sie nicht durch die Aristokratie und besonders durch die Erbaristokratie gemäßigt würde, die in dieser Regierung vielleicht unentbehrlicher ist als in der monarchischen. Das einfache Wahlrecht in einer Republik verleiht weder Glanz noch Macht. Wenn Rousseau uns in der Präambel des *Gesell-*

---

[43] *GV*, 4. Buch, Kap. I.

schaftsvertrags mitteilt, daß er in seiner Eigenschaft als Bürger eines freien Staates, was ihn betrifft, *souverän* sei, so macht sich beim gutwilligen Leser zunächst eine Kontraktion der Lachmuskeln bemerkbar. In einer Republik zählt man nur in dem Maße, wie Geburt, Verbindungen und große Talente uns Einfluß verleihen, der einfache Bürger gilt in der Tat nichts. Die Männer dieser Klasse waren in Athen so nichtig, daß sie sich weigerten, sich im Rat einzufinden, und man mußte denen, die sich dem entzogen, mit einem Bußgeld drohen, und ihnen schließlich eine Entlohnung oder, besser gesagt, ein *Almosen* von 3 Obolen versprechen, um sie dazu zu bringen, die vom Gesetz vorgeschriebene Anzahl Bürger auf dem Platz zu vervollständigen, was die *Pentakosiomedimnoi*[44] unendlich belustigen mußte. Man begegnet in den Komödien von Aristophanes oft Scherzen über diese Herrscher für die Dauer einer Sitzung, und nichts ist in der Geschichte bekannter als das *Triobolon dikastikon* [= 3-Obolen-Tagegeld für athenische Geschworene].

Die Masse des Volkes hat also ebenso wenig Einfluß auf die Wahlen wie auf die anderen öffentlichen Angelegenheiten. Die Aristokratie wählt und, wie man weiß, sie wählt sehr gut. Hat sich die Menge in die öffentlichen Angelegenheiten eingemischt, dann durch eine Art Aufstand, der manchmal notwendig ist, um das zu schnelle Handeln der Aristokratie aufzuhalten, aber immer auch sehr gefährlich ist und die schrecklichsten Folgen hervorbringt. »Man sollte«, sagt Rousseau, »anhand dessen, was zur Zeit der Gracchen passierte, die Unordnung beurteilen, die zuweilen die Menge verursachte, als ein Teil der Bürger von den Dächern herab abstimmte.«[45] Er hätte bemerkt haben müssen, daß man sich auf den Straßen umbringt, solange man auf den Dächern abstimmt, und daß die Römische Republik zur Zeit der Gracchen nicht mehr existierte. In ruhigen Zeiten läßt sich das Volk von seinen Führern leiten: dann ist es weise, weil es wenig handelt und es entscheidet sehr gut, weil man für es entscheidet. Wenn es sich mit der Macht begnügt, die es durch die Verfassung erhält, und sich, sozusagen ohne es zu wagen, sie auszuüben, auf die Einsicht und die Weisheit der Aristokra-

---

44 Da Solon beabsichtigte, daß die Dienste und die Staatsämter in den Händen der reichen Bürger bleiben sollten ... erhob er eine allgemeine Schätzung des Vermögens jedes Privatmannes, und aus jenen, bei denen sich herausstellte, daß sie ein jährliches Einkommen von einer Größe bis zu 500 Maßeinheiten und mehr, sowohl in Getreide als auch in flüssigen Erträgen hatten, bildete er die erste Ordnung und nannte sie die *Pentakosiomedimnoi.*« (Plutarch, *In Sol.*).

45 *GV*, 3. Buch, Kap. XV.

tie verläßt; wenn von einer anderen Seite die Führer, die durch die Furcht, ihre Machtausübung zu verlieren, zurückgehalten werden, sie mit einer Weisheit ausüben, die das Vertrauen rechtfertigt, dann also blühen die Republiken. Aber wenn man einerseits diesen Respekt und andererseits diese Furcht verliert, geht der Staat mit großen Schritten auf seinen Untergang zu ...

Indem er die Vorteile der monarchischen und republikanischen Regierungen abwägt, hat Rousseau nicht versäumt, die Überlegenheit dieser letzteren in bezug auf die Wahl der Personen, welche die Ämter innehaben, auf seine Art zu erfassen und zu übertreiben.

»Ein wesentlicher und unvermeidbarer Mangel«, sagt er, »der die monarchische Regierung immer der republikanischen unterlegen machen wird, besteht darin, daß in dieser die Stimme des Volkes fast nie nur aufgeklärte und fähige Männer in die ersten Ränge gelangen läßt, die sie mit Ehre erfüllen, während jene, die in den Monarchien aufsteigen, am häufigsten nur kleine Wirrköpfe, kleine Spitzbuben, kleine Intriganten sind, deren kleine Talente, die sie an den Höfen in die ersten Reihen gelangen lassen, nur dazu dienen, der Öffentlichkeit ihre Unfähigkeit zu zeigen, sobald sie dorthin gelangt sind.«[46]

Ich bezweifle nicht, daß man in einer Republik einen Uhrmacherlehrling, der seine *Bude* verließ, um die ersten Männer des Staates *kleine Wirrköpfe, kleine Intriganten, kleine Spitzbuben* usw. zu nennen, an den Pranger stellen würde. Aber in einer Monarchie ist man weniger empfindlich. Man amüsiert sich über eine solche Gestalt wie über einen Gaukler oder einen Affen, man kann ihm sogar gestatten, seine Bücher in der Hauptstadt zu drucken, aber das hieße, die Nachsicht zu weit zu treiben.[47]

Sehen wir statt dessen, was es an Wahrem in dieser Schmähschrift geben mag: wäre schließlich der Inhalt wahr, so wäre die Form weniger tadelnswert.

Der älteste der weltlichen Geschichtsschreiber hat sich einer Monarchie gegenüber, die er nicht lieben dürfte, loyaler gezeigt als Rousseau.

---

[46] *GV*, 3. Buch, Kap. VI.

[47] Die französische Regierung hat sich großen Schaden zugefügt, indem sie zu sehr die Augen vor solchen Ausschweifungen verschloß. Es hat sie den Thron und dem unglücklichen Ludwig XVI. das Leben gekostet. »Die Bücher haben alles bewirkt«, sagt Voltaire. Ohne Zweifel, weil man die Bücher alles hat machen lassen.

»Die Perser«, sagt er, »schätzen die edlen Handlungen sehr , und bei ihnen ist dies das sicherste Mittel, zu den größten Ehren zu gelangen.«[48]

Man sieht, daß selbst am Hof des GROSSEN KÖNIGS die kleinen Spitzbuben keineswegs die Männer mit Verdienst fernhielten. Ich möchte aber, um diese These zu verallgemeinern, daß man mir zuerst erklärt, durch welchen Zauber diese wunderbaren Ansammlungen von Talenten, welche die verschiedenen Jahrhunderte schmückten, ihren Glanz immer unter dem Einfluß eines einzigen Mannes verbreitet haben.

Alexander, Augustus, Leo X., die Medicis, Franz I., Ludwig XIV. und die Königin Anne haben mehr große Männer in allen Gattungen gesucht, beschäftigt und ausgezeichnet als alle Republiken des Universums zusammen.

Immer war es ein Mann, der seinem Jahrhundert den Namen gibt, und diese Ehre verdiente er nur durch die Auswahl der Männer.

Welches Schauspiel ist dem Jahrhundert Ludwigs XIV. vergleichbar? Als absoluter und nahezu angebeteter Herrscher hat ihn ohne Zweifel niemand an der Verteilung der Gunst gehindert, und welcher Mann wählte die Männer besser aus?

Colbert verwaltete seine Finanzen, die schrecklichen Talente von Louvois leiteten den Krieg, Turenne, Condé, Catinat, Luxembourg, Berwich, Créqui, Vendôme und Villars führten seine Landarmeen, Vauban umgab Frankreich, Dugay-Trouin, Tourville, Jean Bart, Duquesne, Forbin d'Oppède, d'Estrées und Renaud befehligten seine Flotte, Talon, Lamoignon und d'Aguesseau saßen auf seinen Richterstühlen, Bourdaloue und Massillon predigten vor ihm, das Episkopat empfing aus seiner Hand denselben Massillon, Fléchier, Bossuet und diesen großen Fénélon, die Ehre Frankreichs, die Ehre seines Jahrhunderts, die Ehre der Menschheit. In seinen *königlichen* Akademien strahlten die versammelten Talente unter seiner Protektion in einem einzigen Glanz, und er machte Frankreich zur wirklichen Heimat der Talente aller Gattungen, zur Vermittlerin des Renommees und zur Verteilerin des Ruhms.

Vielleicht wird man einwenden, daß er nicht den Verdienst der Auswahl hatte, da ihm der Zufall eine Menge großer Männer in die Hand gab. Wie nun? Glaubt man denn, daß es seinem Jahrhundert an mittel-

---

[48] Herodot, 3. Buch, § 154, übers. von Herrn Larcher. Noch anderswo sagt er: »Von allen Menschen, die ich kenne, gibt es keine, die mehr daran gewöhnt sind, diejenigen zu ehren, die sich durch ihren Tapferkeit auszeichnen, als die Perser.« (*Ibid.* 7. Buch, § 238).

mäßigen Männern fehlte, die sich zu allem fähig fühlten und alles verlangten? Von dieser Sorte wimmelt es von allen Seiten und zu allen Zeiten. Übrigens erwartete ich genau hier die beleidigten Bewunderer der republikanischen Regierung. Wie man nicht häufig genug wiederholen kann, ist diese Regierung nicht von Dauer. Sie existiert und glänzt nur durch eine seltene Vereinigung großer Talente und großer Tugenden und konzentriert sich notwendigerweise auf eine ziemlich kleine Anzahl von Köpfen. Was sagt man denn wirklich, wenn man behauptet, daß das *Volk* seine Vertreter perfekt auswählt? Man sagt, daß ein weiser Mann einen anderen auswählt: das ist das ganze Wunder.

Rousseau lebte in Paris unter der beklagenswerten Herrschaft von Ludwig XV. und wohnte sozusagen der Agonie Frankreichs bei. Auf einige von Madame de Pompadour verteilte Briefe beeilte er sich zu schreiben, daß man, *in den Monarchien* nur *kleine Wirrköpfe*, *kleine Spitzbuben*, *kleine Intriganten* emporkommen sah. Darüber muß man sich nicht wundern: dieser Mann sah immer nur eine Seite.

Ich möchte jedoch keineswegs bestreiten, daß die monarchische Regierung nicht mehr als eine andere Gefahr läuft, sich bei der Wahl der Personen zu täuschen, aber die ewigen Deklamationen über die Fehler der blinden Protektion sind viel weniger begründet, als man gemeinhin annimmt. Überhaupt, wenn Sie auf den Hochmut hören, wählen die Könige immer schlecht, denn es gibt keinen Unzufriedenen, der sich nicht natürlicherweise dem glücklichen Auserwählten vorziehen würde. Man beschuldigt übrigens viel zu oft die Fürsten, anstatt nur die Völker zu beschuldigen. In den Zeiten allgemeinen Verfalls, beklagt man sich, daß der Verdienst nicht emporkommt – wo ist er denn, der vergessene Verdienst? Man ist gehalten, ihn zu zeigen, bevor man die Regierung anklagt. Unter den beiden letzten französischen Regierungen sah man gewiß ganz mittelmäßige Männer mit wichtigen Ämtern bekleidet, aber welchen Männern von Verdienst wurden sie vorgezogen? Heute, wo die vollendetste Revolution, die es je gab, alle Ketten zerbrach, welche die Talente hätten gefangen halten können, wo sind sie? Vielleicht werden wir sie finden, zusammen mit der tiefen Sittenlosigkeit, aber Talente dieser Sorte würden vom Erhaltungsgeist der Reiche selbst von den ersten Plätzen ferngehalten. Übrigens, wie ein heiliger Schriftsteller treffend bemerkte, »*gibt es eine gewisse Geschicklichkeit, die nur dem Bösen zukommt*«[49]. Es ist dieses Talent, das Frankreich seit fünf Jahren ver-

[49] *[1.] Buch der Chronik.*, XXI, 15. [Ungenau von de Maistre zitiert].

brennt. Sogar unter den bemerkenswertesten Männern, die auf dieser von Blut und Tränen überströmten Bühne aufgetreten sind, wird man, genau betrachtet, keine oder wenige wirklich politische Talente finden. Sie haben das Böse sehr gut ausgeführt, das ist das ganze Lob, das man ihnen machen kann! Glücklicherweise haben die Berühmtesten geschrieben, und wenn alle Leidenschaften im Grab eingeschlafen sein werden, wird die Nachwelt auf diesen indiskret verfaßten Seiten lesen, daß diese stolzen Männer von den abscheulichsten Fehlern geleitetet wurden, und daß die vorherige Regierung, die sie abwies, in Ketten legte und bestrafte, ohne es zu wissen für ihre eigene Erhaltung kämpfte.

Weil also Frankreich entartete, weil dort die Talente fehlten, schienen die Könige nur zu willig, das von der Intrige präsentierte Mittelmaß zu sehr zu empfangen. Es existiert ein recht grober Irrtum, in den wir dennoch täglich fallen, ohne uns dessen bewußt zu werden. Obwohl wir die verborgene Hand kennen, die alles leitet, ist jedoch die Illusion, die aus der Wirkung der sekundären Ursachen resultiert, derart, daß wir für gewöhnlich argumentieren, als ob sie nicht existierte. Wenn wir die Intrigenspiele um die Throne herum betrachten, so präsentieren sich ziemlich selbstverständlich Worte wie *Zufall*, *Glück*, *Unglück*, *Chance* usw., und wir sprechen sie ein wenig zu schnell aus, ohne uns bewußt zu werden, daß sie überhaupt keinen Sinn ergeben!

Zweifelsohne ist der Mensch frei – er kann sich irren, aber nicht genug, um die allgemeinen Pläne zu stören. Wir sind alle durch eine dehnbare Kette, welche die *Automatie* der freien Kräfte mit der göttlichen Vorherrschaft in Einklang bringt, an den Thron des Ewigen gebunden. Ein bestimmter König kann ohne Widerspruch zu einer bestimmten Zeit ein wirkliches Talent von einer für es bestimmten Stelle entfernen, und diese unglückliche Fähigkeit kann sich mehr oder weniger ausbreiten. Im allgemeinen gibt es jedoch eine verborgene Kraft, die jedes *Individuum* an seinen Platz stellt: sonst könnte der Staat nicht überdauern. Wir erkennen in der Pflanze eine unbekannte Macht, eine im wesentlichen *unteilbare* stoffliche Kraft, die Früchte trägt und bewahrt, die unveränderlich ihrem Ziel zustrebt, die sich aneignet, was ihr nützt und zurückweist, was ihr schadet, die bis in die letzte Faser des letzten Blattes den Saft trägt, den sie benötigt und mit all ihren Kräften die Krankheiten des Pflanzenkörpers bekämpft. Diese Kraft ist im Tierreich noch sichtbarer und bewundernswerter! Wie blind wir sind! Wie können wir glauben, daß der politische Körper nicht auch sein Gesetz, seine Seele, seine stoffliche Kraft besitzt, und daß alles ein Spielball der

Verirrungen der menschlichen Unwissenheit ist? Träte der moralische Mechanismus der Reiche vor unseren Augen in Erscheinung, so wären wir um eine Vielzahl an Irrtümern erleichtert. Wir sähen z.B., daß dieser Mann, der uns für diese Stelle gemacht schien, eine von der Lebenskraft an die Oberfläche zurückgetriebene *Krankheit* ist, während wir das *Unglück* beklagen, das ihn daran hindert, in die Lebensquelle einzudringen. Diese Worte *Talent* und *Genie* täuschen uns jeden Tag, denn oft sind diese Eigenschaften nicht dort, wo wir sie zu sehen glauben, und ebenso oft besitzen gefährliche Männer sie.

Was diese schrecklichen Zeiten angeht, in denen die Reiche untergehen müssen, so treten sie sichtbar aus dem gewöhnlichen Kreislauf der Dinge heraus. Dann, wenn alle gewöhnlichen Regeln aufgehoben sind, beweisen die Fehler der sich auflösenden Regierung nichts gegen diese Regierungsart. Es sind nur Vorboten des Todes und nicht mehr: alles muß vergehen, um Platz für neue Schöpfungen zu machen:

Et rien, afin que tout dure,	[Und nichts, damit alles dauert,
Ne dure éternellement.	Dauert ewig.]
(MALHERBE.)	

Man muß sich unterwerfen, aber im gewöhnlichen Lauf der Dinge lade ich die Untertanen der Monarchien ein, ihr Gewissen zu prüfen, und sich zu fragen, ob sie viele echte Talente kennen, vom Herrscher verkannte oder abgewiesene reine Talente. Wenn sie die Antwort ihres Gewissen hören wollen, werden sie lernen, sich mit den Gütern zu begnügen, die sie besitzen, anstatt die eingebildeten Vollkommenheiten der anderen Regierungen zu beneiden.

Würde man nicht sagen, wenn man die Verfechter der Demokratie reden hört, daß das Volk wie ein Senat weiser Männer beschließt, während die juristischen Morde, die gewagten Unternehmungen, die übertriebenen Wahlen und besonders die wahnsinnigen und verheerenden Kriege im höchsten Grade zum Schicksal dieser Regierungsart gehören?

Aber wer hat jemals mehr Schlechtes über die Demokratie gesagt als Rousseau, wer entscheidet geradeheraus, daß sie nur für ein Volk von Göttern gemacht ist?[50]

Es fragt sich nur, wie eine Regierung, die nur für *Götter* gemacht ist, dennoch *Menschen* als einzige legitime Regierung vorgeschlagen wird,

---

[50] *GV*, 3. Buch, Kap. IV.

denn wenn darin nicht der Sinn des Gesellschaftsvertrages liegt, dann ist der Gesellschaftsvertrag gänzlich sinnlos.[51]

Doch das ist nicht alles: »Wie viele schwer zu vereinende Dinge«, sagt er, »setzt diese Regierung nicht voraus! Erstens, einen sehr kleinen Staat, wo das Volk leicht versammelt werden und jeder Bürger leicht alle anderen kennenlernen kann. Zweitens, eine große Einfachheit der Sitten, die der Vielfalt der Geschäfte und schwierigen Debatten zuvorkommt; sodann größtmögliche Gleichheit in Rang und Vermögen, ohne welche die Gleichheit nicht lange in den Rechten und der Macht fortbestehen würde; schließlich wenig oder gar keinen Luxus.«[52]

Ich berücksichtige in diesem Augenblick nur die erste dieser Bedingungen. Wenn die Demokratie nur für sehr kleine Staaten geeignet ist, wie kann diese Regierungsform als die einzige legitime Regierungsform vorgeschlagen werden, und zwar, wenn ich so sagen darf, als eine *Formel*, die alle politischen Fragen lösen soll?

Rousseau ist mitnichten verlegen durch diese Schwierigkeit: »Man muß keineswegs«, sagt er, »dem, der nur kleine will, den Mißbrauch der großen Staaten vorhalten«, d.h.:

»Ich, Jean-Jacques Rousseau, erkläre feierlich, damit es niemand ignorieren kann, daß ICH KEIN großes Reich WILL. Wenn es im Universum Babylonier, Meder, Perser, Mazedonier, Römer, Araber, Tartaren usw. gegeben hat, so waren alle diese Völker Mißbräuche, die nur stattgefunden haben, weil ich nicht da war. *Ich will* diese *so schwer zu versammelnden* Völker nicht. Umsonst beweist die Einheit der Sprache die natürliche Einheit dieser großen Familien, umsonst formt die Lage der Meeresküsten, der Flüsse und der Berge große Bassins, sichtlich dazu bestimmt, diese Nationen einzufassen, umsonst beweist die Erfahrung aller Jahrhunderte vollends die Absicht des Schöpfers. Ich belaste

---

51 Man sage nicht, daß Rousseau ausdrücklich andere Regierungen für legitim erklärt. Man sollte sich nicht von den Wörtern täuschen lassen, er hat sich selbst die Mühe gemacht, uns sein Glaubensbekenntnis zu schildern: «Jede legitime Regierung«, sagt er, »ist republikanisch.« (2. Buch, Kap. VI.) Und um jegliche Zweideutigkeit zu vermeiden, hier die Fußnote: »Mit diesem Wort *Regierung* meine ich nicht nur eine Aristokratie oder eine Demokratie, sondern allgemein jegliche von dem Allgemeinwille, der das Gesetz ist, regierte Regierung. Um als legitim zu gelten, darf die Regierung nicht mit dem Herrscher übereinstimmen, sondern er muß ihr Minister sein. Dann ist die Monarchie selbst eine Republik.« (*Ibid.*) Daher ist überall, wo das Gesetz nicht der Ausdruck des ganzen Volkswillens ist, die Regierung nicht legitim ... Man sollte sich daran erinnern.

52 *GV*, 3. Buch, Kap. IV.

mich weder mit Metaphysik noch mit Geographie noch mit Geschichte. *Ich will keine großen Staaten.* Ich breite meine philosophische Schnur auf der Oberfläche des Globus aus, ich unterteile ihn wie ein Schachbrett, und in die Mitte jedes Vierecks von 2000 Klafter nach allen Richtungen baue ich eine hübsche Stadt Genf, die ich sicherheitshalber mit *Göttern* fülle.«

Dieser Ton ist zweifelsohne erlaubt, wenn man sich gegen Fehler erhebt, die so hoch über einer ernsthaften Widerlegung stehen. Ich weiß im übrigen nicht, warum Rousseau gern eingestehen wollte, daß die demokratische Regierung einige kleine Mißbräuche nach sich zieht. Er hatte ein einfaches Mittel gefunden, um sie zu rechtfertigen, indem er sie nämlich nur anhand ihrer theoretischen Vollkommenheiten beurteilte, und das Schlechte, das sie hervorbringt, nur als kleine folgenlose Anomalien betrachtete, die keineswegs das Auge des Betrachters zu fesseln verdienen.

»Der allgemeine Wille«, sagt er, »ist immer ehrlich und neigt stets zur öffentlichen Nützlichkeit, aber die Beschlüsse des Volkes haben nicht immer dieselbe Redlichkeit ... Das Volk läßt sich niemals korrumpieren; aber oft wird es getäuscht und nur dann scheint es zu wollen, was schlecht ist.«[53]

Trink, Sokrates, trink! Und tröste dich mit diesen Unterscheidungen: das gute Volk von Athen *scheint* nur zu wollen, was schlecht ist.

So ist der Parteigeist: er will nicht sehen oder aber, er will nur eine Seite sehen. Diese Lächerlichkeit zeigt sich auf besonders frappierende Weise in den übertriebenen Lobreden, die Rousseau und seine Schüler auf die Demokratie und besonders auf die antike Demokratie gehalten haben.

Ich erinnere mich in einer dieser Panegyriken gelesen zu haben, daß »die Überlegenheit der Volksregierung über die eines Einzelnen allein von der Überlegenheit der Aufmerksamkeit entschieden wird, die die Geschichte der Republiken, verglichen mit derjenigen der Monarchien, weckt«.

Es ist immer dieselbe Illusion. Da die Demokratie nur kraft der Tugenden, der Energie und der öffentlichen Meinung fortbestehen kann, so ist sicher, daß, wenn eine Nation vom Schöpfer die Eignung zu dieser Regierung erhalten hat, sie in den Zeiten ihrer Lebenskraft durch die

---

[53] *GV*, 2. Buch, Kap. III.

Natur der Dinge selbst eine blendende Gruppe großer Männer hervorbringen muß, deren große Taten der Geschichte einen unaussprechlichen Zauber und Gewinn verschaffen.

Es gibt übrigens in den Volksregierungen mehr Tatendrang, mehr Bewegung – und Bewegung ist das Leben der Geschichte.

Leider liegt das Wohl der Völker im ruhigen Behagen, und fast immer gründet sich das Vergnügen des Lesers auf ihre Leiden.

Wiederholen wir es, denn nichts ist wahrer: nichts kommt den schönen Tagen der Republiken gleich, aber das ist nur ein Lichtstrahl. Übrigens muß man beim Bewundern der schönen Erfolge dieser Regierung auch die Verbrechen und den Wahnsinn berücksichtigen, die sie sogar in ihren glücklichen Zeiten hervorbrachte, denn der Einfluß der Weisen genügt bei weitem nicht immer, um das ungeordnete Handeln des Volkes einzudämmen. Ist es nicht besser, Miltiades zu sein, als der Günstling des größten Monarchen des Universums? Ja, ohne Zweifel, am Tag der Schlacht von Marathon. Aber ein Jahr später, am Tag, an dem dieser große Mann ins Gefängnis geworfen wurde, um dort sein Leben zu beenden, wird die Frage zweifelhaft.

Aristides und Limon wurden verbannt, Themistokles und Timotheus starben im Exil, Sokrates und Phokion tranken den Schierlingsbecher. Athen verschonte nicht einen seiner großen Männer.

Ich möchte keineswegs leugnen, daß die Athener nicht in gewisser Hinsicht bewundernswert waren, aber zusammen mit einem Alten glaube ich auch, daß man sie über Gebühr bewundert hat.[54] Wenn ich die Geschichte dieses »leichten, mißtrauischen, gewalttätigen, gehässigen und auf die Macht eifersüchtigen Volkes« [55], das sich ihrer fast nie zu bedienen weiß, lese, so neige ich sehr zur Ansicht Voltaires, der die Demokratie Athens *die Regierung der Halunken*[56] nannte.

---

[54] *Atheniensium res gestae sicut ego existimo satis amplae magnificaeque fuere: verum aliquanto minores tamen quam fama feruntur.* (Sall., *Cat. VIII.*) Indem man zum Beispiel die Helden von Plataiai, den Thermopylen und von Salamis zu sehr bewundert, ist es erlaubt, sich des Ausrufs von Cäsar auf dem Schlachtfeld zu erinnern, wo er soeben spielend die Horden Asiens vernichtet hatte: »Glücklicher Pompejus! Welche Feinde hast du zu schlagen gehabt!«

[55] *Populus acer, suspicax, mobilis, adversarius, invidus potentiae.* (Corn. Nep., *In Timoth.*, III).

[56] »Wenn ich Sie bitten würde, der Restaurator der schönen Künste in Griechenland zu sein, so würde meine Bitte, nicht so weit gehen, Sie zu beschwören, die Demokratie Athens wieder zu errichten, denn *ich mag keineswegs die Regierung der Halunken.* Sie hätten die Regierung Griechenlands Herrn de Lentulus oder

Condorcet war nicht weniger ein Feind dieser Regierung und all jener, die ihr glichen. Stets hat er sich über den »Pedanten Mably«* beklagt, »der seine Beispiele immer in den despotischen Anarchien Griechenlands suchte«[57]. Und es ist wirklich ein großer Fehler, anhand von Beispielen, die uns die Antike hinterlassen hat, zu sehr in der Politik daraus Schlußfolgerungen zu ziehen. Umsonst möchte man aus uns Athener, Lazedämoner oder Römer machen. Vielleicht muß man sagen: »*Nos sumus argillae deterioris opus*« – wenn sie nicht besser waren, so waren sie wenigstens anders. *Der Mensch ist immer derselbe*, sagt man oft. Das ist schnell gesagt, aber der bedachte Politiker entscheidet sich nicht anhand dieser schönen Axiome, deren Wertlosigkeit man kennenlernt, wenn man damit zur Untersuchung der besonderen Fälle schreitet. Mably sagt irgendwo: »*Titus Livius hat mir alles beigebracht, was ich in Politik weiß.*« Das ist sicherlich viel Ehre für Titus Livius, aber es ärgert mich für Mably.

---

einem anderen General geben sollen, der die Neugriechen daran gehindert hätte, ebenso viele Dummheiten zu begehen wie ihre Vorfahren. (Voltaire an den König von Preußen, 28. Oktober 1773). Werke Voltaires, in-12°, Bd.- LXXXVI, S. 51.)

Und, nebenbei bemerkt, ich weiß nicht, warum man darauf besteht, aus diesem Mann einen Heiligen der Französischen Revolution zu machen, von der er nur die religionsfeindliche Seite geliebt hätte. Er hat sie zum großen Teil gemacht, und trotzdem hätte er sie verabscheut. Nie gab es, ich sage nicht nur hochmütigere, sondern auch eitlere und jeglicher Art von Gleichheit feindlicher gesinnte Menschen.

* Gabriel Bonnot de Mably (1709-1785), französischer Schriftsteller und Philosoph. De Maistre bezieht sich hier auf sein Werk *De Droit et des Devoir du Citoyen* (= Von den Rechten und Pflichten des Bürgers), postum 1789 erschienen.

57 Condorcet, *Vie de Voltaire*, Paris, in-16°, 1791, S. 299. – Da Mably auch eines der Orakel in Mode darstellte, ist es gut, ihn *von seinesgleichen* beurteilen zu lassen.

Kapitel V
Über die beste Art von Herrschaft

»Wenn man unbedingt nach der besten Regierung fragt, so stellt man eine ebenso unlösbare wie unentschiedene Frage, oder, wenn man so will, hat sie so viele gute Antworten wie es mögliche Kombinationen in den uneingeschränkten und relativen Lagen der Völker gibt.«[58]

Diese Betrachtung Rousseaus duldet keinen Einwand. Er hat die eine Hälfte seines Buches dazu gewidmet, die andere zu widerlegen, aber, ehrlich gesagt, er hat sich zu viel Mühe gemacht, diese wenigen Zeilen reichten.

Er hat völlig richtig erkannt, daß man niemals nach der besten Regierung im allgemeinen fragen kann, da es keine gibt, die für alle Völker geeignet ist. Jede Nation hat die ihre, so wie sie ihre Sprache und ihre Wesensart besitzt, und diese Regierung ist die beste für sie.

Woraus sich eindeutig ergibt, daß die ganze Theorie vom Gesellschaftsvertrag ein Schuljungentraum ist.

Man kann es nicht oft genug wiederholen: »Es gibt so viele gute Regierungen wie es mögliche Kombinationen der uneingeschränkten und relativen Lagen der Völker gibt.« Und da keine dieser Kombinationen von den Menschen abhängt, so folgt daraus, daß die Zustimmung der Völker in der Bildung der Regierungen keine Rolle spielt.

»Fragt man hingegen, an welchem Zeichen sich erkennen läßt, ob ein bestimmtes Volk gut oder schlecht regiert wird, so läge der Fall anders, und die Frage ließe sich tatsächlich entscheiden.«[59]

Man könnte es nicht besser sagen: es geht niemals darum zu wissen, welche Regierung die beste ist, sondern welches das nach den Grundsätzen seiner Regierung am besten regierte Volk ist.

Genau diese Frage – die einzig vernünftige – ist es, die Rousseau mit seiner gewohnten Leichtfertigkeit behandelt hat.

»Welches«, sagt er, »ist das Ziel der politischen Gemeinschaft? – Es ist die Erhaltung und der Wohlstand ihrer Mitglieder.«

---

58 *GV*, 3. Buch, Kap. IX.
59 *Ibid.*

Bis dahin, sehr gut.

»Und welches«, fährt er fort, »ist das sicherste Zeichen dafür, daß sie« – die Mitglieder des politischen Körpers – »sich erhalten und gedeihen? Ihre Anzahl und ihre Bevölkerung. Die Regierung, unter welcher ... die Bürger mehr bevölkern und sich vermehren, ist unweigerlich die Beste. Diejenige unter welcher ein Volk abnimmt und dahinsiecht ist die Schlechteste. Rechenkünstler, es ist nun eure Sache: zählt, meßt, vergleicht.«[60]

Nichts Oberflächlicheres, nichts Fragwürdigeres, nichts schlechter Durchdachtes als dieses ganze Stück!

Rousseau sagte soeben, daß man nicht fragen kann: »Welches ist die beste Regierung« und daß diese Frage so *unlösbar* wie *unbestimmt* ist. Und jetzt, im selben Kapitel, sagt er uns nun, daß die *beste Regierung* diejenige sei, die am meisten besiedelt und daß die schlechteste diejenige sei, unter der das Volk *abnimmt* und *dahinsiecht* – es gibt also eine *gute* und eine *schlechte* unumschränkte Regierung. Soll man doch, wenn man kann, Rousseau mit sich selbst in Übereinstimmung bringen.

Wird man sagen, daß er in der zweiten Hälfte des Kapitels keineswegs eine Nation mit einer anderen vergleicht, sondern eine Nation mit sich selbst, indem er sie zu verschiedenen Zeiten betrachtet?

Mit dieser Annahme will Rousseau sagen, daß, wenn sich ein Volk vermehrt, es ein Zeichen dafür ist, daß es *gut* regiert wird und wenn ein Volk *dahinsiecht*, es ein Zeichen dafür ist, daß es *schlecht* regiert wird: d.h., daß man im ersten Fall die Grundsätze der Regierung, die die Beste für dieses bestimmte Volk ist, *befolgt*, und sie im zweiten Fall *mißachtet*. Bravo! Aber, in diesem Fall, muß man zugeben, daß die Äußerung einer so trivialen Wahrheit dermaßen lächerlich ist und daß diese Lächerlichkeit wirklich unsäglich wird, wenn man bedenkt, daß dieser schönen Entdeckung ein hochmütiger Vorwurf vorausgeht, der an alle Journalisten gerichtet ist, die nicht mit diesen zur Beurteilung der Regierungen unfehlbaren Regeln übereinstimmen wollen.[61]

Mit einem Wort, will Rousseau sagen, daß es dem Wesen nach *schlechte* Regierungen gibt, welche die Menschen töten und andere, dem Wesen nach *gute*, die sie vermehren, so redet er Unsinn und wider-

---

[60] *Ibid.*

[61] »Ich staune immer wieder darüber, daß man ein so einfaches Zeichen verkennt, oder daß man wider Treu und Glauben darin nicht übereinstimmt ... Sucht dieses so umstrittene Zeichen nicht anderswo.« (*GV*, ibid.).

spricht sich darüber hinaus offensichtlich. Meint er jedoch, daß ein bestimmtes Volk schlecht regiert wird, weil es abnimmt oder auf der niedrigsten Populationsstufe dahinsiecht, und daß es im Gegenteil gut regiert wird, wenn sich seine Bevölkerung vermehrt oder auf dem höchsten Stand erhält, so sagt er eine Dummheit: man hat die Wahl!

Aus dem, was Rousseau über die Bevölkerung sagt, läßt sich darüber hinaus schließen, daß er genauso scharfsinnig in politischer Ökonomie war wie in der Philosophie, der Geschichte und der Moral.

Die Bevölkerungsdichte ist nicht der einzige Gradmesser der Prosperität der Staaten, sie muß mit dem Wohlbefinden und dem Reichtum des Volkes verbunden werden, die Bevölkerung muß *reich* und *verfügbar* sein. Ein Volk, dessen Bevölkerung auf den höchsten möglichen Stand gebracht würde, und in der jedes Individuum folglich nur das unbedingt Notwendigste besäße, wäre ein schwaches und unglückliches Volk. Die geringste politische Erschütterung würde es mit Elend überhäufen. Eine Nation von fünfzehn Millionen Menschen kann nicht nur glücklicher sein, was keines Beweises bedarf, sondern auch mächtiger als eine andere Nation von zwanzig Millionen. Das haben die Ökonomen perfekt bewiesen, und Herr Young hat es gerade durch neue Beobachtungen bestätigt – in einem gleichermaßen durch die von ihm aufgestellten Wahrheiten wie durch die zurückgenommenen Fehler wertvollen Werk[62].

---

[62] *Voyage agronomique de France.* [Arthur Young (1741-1820), Landwirtschaftstheoretiker und Beobachter der zeitgenössischen Gesellschaft gibt in seiner *Voyage agronomique de France* (übersetzt 1791) ein Porträt der französischen Zustände vor und bei Beginn der Revolution.]

Kapitel VI
Fortsetzung desselben Themas

Die beste Regierung für jede Nation ist die, welche auf der von dieser Nation besetzten Fläche imstande ist, der größtmöglichen Anzahl von Menschen für die längstmögliche Zeit, die größtmögliche Summe an Glück und Stärke zu verschaffen. Ich wage zu glauben, daß man sich der Richtigkeit dieser Definition nicht verweigern kann, und indem man ihr folgt, ist es möglich, die Nationen im Hinblick auf ihre Regierungen zu vergleichen. Obwohl man nicht uneingeschränkt fragen kann, *Welche ist die beste Regierung?*, hindert tatsächlich nichts daran, zu fragen: *Welches ist das durch den Einfluß der Regierung, die ihm zukommt, seit der längsten Zeit relativ zahlreichste, stärkste und glücklichste Volk.*

Aufgrund welcher Eigenartigkeit möchte man nicht im Studium der Politik die gleiche Art von Überlegungen anstellen und dieselben allgemeinen Analogien anwenden, die uns im Studium der anderen Wissenschaften leiten? Immer, wenn es sich in den physikalischen Untersuchungen darum handelt, eine veränderliche Kraft einzuschätzen, so führt man sie auf eine mittlere Quantität zurück. Besonders in der Astronomie spricht man immer von *mittlerer Entfernung* und *mittlerer Zeit*. Um den Verdienst einer Regierung zu beurteilen, muß man ebenso verfahren.

Eine irgend geartete Regierung ist eine veränderliche Kraft, die, wie diese, im Bereich gewisser Grenzen veränderliche Wirkungen hervorbringt. Um darüber urteilen zu können, darf man sie nicht zu einem bestimmten Zeitpunkt betrachten, sondern muß sie in ihrem gesamten Zeitabschnitt erfassen. Daher ist es nötig, um die französische Monarchie angemessen zu beurteilen, eine Summe der Tugenden und Laster aller Könige Frankreichs aufzustellen und durch 66 zu teilen: das Ergebnis ist ein *mittlerer König*, und ebenso muß man mit allen anderen Monarchien verfahren.

Die Demokratie besitzt einen leuchtenden Moment, aber es ist nur ein Moment und man muß ihn teuer bezahlen. Die schönen Tage Athens können, darin stimme ich überein, beim Untertan einer Monarchie, der sich zu dieser oder jener Zeit unter dem Zepter eines unfähigen oder böswilligen Königs dahinschleppt, Sehnsüchte wecken. Man würde sich jedoch gewaltig täuschen, wenn man eine Überlegenheit der Demokratie über die Monarchie zu etablieren vorgäbe, indem man Moment für Moment vergleicht, weil in diesem Urteil unter anderem die Bedeutung der Dauer vernachlässigt wird, welche ein notwendiges Element in diesen Arten von Schätzungen darstellt.

Im allgemeinen sind alle demokratischen Regierungen nur flüchtige Meteore, deren Leuchten die Dauer ausschließt.

Die aristokratischen Republiken haben mehr Beständigkeit, weil sie sich der Monarchie annähern, und weil die Masse des Volkes dort gar keine Rolle spielt. In dieser Gattung war Sparta eine bewundernswerte Erscheinung. Jedoch dauerte diejenige Spartas, mit nur einem außergewöhnlichen Volk zugänglichen, einzigartigen Einrichtungen, mit einem gewissen Königtum und einer starken und imposanten Aristokratie, mit einem sehr eingeengten Territorium und der härtesten Sklaverei, die als Teil der Regierung anerkannt war, nur ungefähr halb so lange wie das Königreich Frankreich.

Sehen wir uns, bevor wir die Alten verlassen, noch die berühmteste Regierung des Universums, die Regierung Roms an.

Wenn wir von der Gründung Roms bis zur Schlacht von Aktium [= 31 v. Chr.] rund gerechnet 700 Jahre zählen, so nehmen die sieben Könige in dieser Periode zunächst 244 Jahre ein, davon bleiben 456 Jahre für die Republik. Ihr Greisenalter war jedoch schrecklich – welcher Mensch besäße die Stirn, die Regierung frei zu nennen, welche die Gracchen, das Triumvirat und die Verbannungen erlebte? In seiner römischen Geschichte bemerkt Ferguson[63] zu Recht, daß allein das Jahrhundert der Gracchen mehr Schrecken hervorbrachte als die Geschichte irgendeiner anderen Nation des Universums in einem entsprechenden Zeitraum. – (Er hatte die französische Revolution nicht gesehen! ...)

Der Aufstand der Gracchen fand im Jahr 621 der Gründung Roms statt, bleiben also noch 377 Jahre für die Regierung, die sich *Republik* nennen konnte. Das ist schon eine gewisse Zeit – nichtsdestotrotz fehlte noch viel daran, daß diese Regierung eine Demokratie wäre. Der erste Verdienst einer politischen Verfassung besteht im Zeitraum ihrer mög-

---

[63] Adam Ferguson [schottischer Philosoph und Historiker (1723-1816)], *History of the Progress and Termination of the Roman Republic, 3 vol., 1783.*

lichen Dauer. Es hieße also falsche Schlußfolgerungen zu ziehen, wenn man sie anhand ihrer Erfolge in einer festgelegten Zeit beurteilte.

Wenn ein einfacher und sogar grober Mechanismus für die Bewässerung einer Wiese oder zu anderen vorteilhaften Zwecken vier Zoll Wasser produziert, wenn der geschickteste Handwerker kommt, um eine andere Maschine vorzuschlagen, die das doppelte liefert, so darf dieser Mann nicht sofort gehört werden. Denn wenn diese neue Maschine anfällig ist, wenn ihr Unterhalt kostspielig ist, wenn sie zehn mal mehr kostet und zehn mal weniger lang hält als die andere, so muß der Familienvater sie ablehnen.

Fragt man beispielsweise, was von der Verfassung Englands zu halten ist, die doch, wie es scheint, das ist, was man sich zumindest für ein großes Volk als das Vollkommenste vorstellen kann, so wird der echte Politiker diesen unmöglich zu bestreitenden Grundsatz nur zu bestätigen wissen. Diese Verfassung, so wie sie seit ihrer letzten Formgebung existiert, stammt erst aus dem Jahr 1688: sie hat also nur ein Jahrhundert Dauer zu ihren Gunsten, d.h. nur einen Moment, aber wer bürgt uns für die Zukunft? In dieser Hinsicht haben wir nicht nur keine moralische Gewißheit, sondern es gibt auch starke Gründe zu befürchten, daß dieses schöne Werk nicht dauerhaft sei. »Jede Regierung«, sagt Tacitus, »ist demokratisch oder monarchisch. Es wäre einfacher, eine Verfassung zu bewundern als eine zu finden, die aus diesen drei vereinigten und einander beschränkenden Gewalten gebildet ist, oder, wenn sie überhaupt existiert, KANN SIE SO NICHT DAUERN.«[64]

Damit ist die englische Verfassung mit ausdrücklichen Worten von einem ausgezeichneten Richter im voraus verdammt worden.

Wenn wir die aufgeklärten Engländer selbst befragen, wie viele alarmierende Antworten würden wir nicht bekommen! Ein in den Finanzen seines Landes gründlich unterrichteter Schriftsteller dieser Nation, welcher ihre Geschichte geschrieben hat und in keiner Weise verdächtig ist, da er sich überall der Regierung verbunden zeigt, und eigens geschrieben hat, um die Gemüter zu beruhigen und sie gegen das System eines unvermeidlichen Bankrotts zu stärken. Dieser Mann, sage ich, entscheidet trotzdem ohne Zögern, daß »es solange unmöglich ist, die Ordnung, die Ökonomie und die Redlichkeit in der Finanzverwaltung herzustel-

---

[64] *Cunctas nationes et urbes populus aut primores aut singuli regunt: delecta ex his et consociata reipublicae forma laudari facilius quam evenire; vel si evenit, haud diuturna esse potest.* (Tacitus, *Ann.*, IV, 33).

len, bis die Regierung Englands eine politische Revolution durchgemacht hat«[65].

Noch kürzlich hat man in einem in mehr als einer Hinsicht berühmten Prozeß in England einen der ersten Beamten der Krone dem zweiten Kronanwalt und Europa ins Gesicht sagen hören, daß »er keineswegs zu verbergen beabsichtigt, daß es in der englischen Regierung Mißbräuche gebe, ja sogar, wie er meinte anzunehmen, abscheuliche Mißbräuche, und wenn der Augenblick günstig wäre, er der erste sein würde, die Mittel vorzuschlagen, um dort Ordnung zu schaffen«[66].

Schließlich – um uns auf die gegenwärtige Epoche zu beschränken – konnte der Premierminister dieser großen und berühmten Nation etwa nicht umhin, sich vor versammeltem Senat über die Mitglieder der Opposition zu beschweren, welche »in diesem Augenblick der Entrüstung und Unsicherheit, mitten in den von einer außergewöhnlichen Krise untrennbaren Schwierigkeiten und Verwirrungen«[67] die Verwaltung ermüdeten?

Die perfekte Bildung, der Nachtrag, die Konsolidierung der englischen Verfassung, so wie sie heutzutage existiert, hat die Engländer Ströme von Blut gekostet. Sie werden sie nicht zu teuer bezahlt haben, wenn sie Bestand haben soll, aber wenn sich jemals (*et omen quidem dii prohibeant*!), wenn sich jemals diese schöne Verfassung auflösen sollte, wenn diese Auflösung nur ein oder zwei Jahrhunderte entfernt wäre und wenn die Zerstörung dieser prächtigen Maschine das Königreich

---

[65] *Frugality, integrity, and propriety are not therefore to be expected in the expenditure of public money, till a political revolution shall take place in the administration of the country. (The History of public revenue of the British Empire*, by Sir John Sinclair, Bar., Part. III).

[66] *He would not disguise but that there were abuses in our gouvernement; nay, he would suppose, abominable abuses: and if season were proper, he would himself bring forward some such propositions tended to correct them* (Rede vom öffentlichen Ankläger im Prozeß von Thomas Hardy und anderen, des Hochverrats angeklagt, am 4. November 1794, *London-Chronicle*, Nr. 7939, S. 447).

Man wird der hypothetischen Ausdrucksweise so viel Bedeutung beimessen, wie man will: *he would suppose*. Im übrigen hat dieser große Prozeß die unparteiischen Rechtsgelehrten fürchten lassen, England habe bei dieser Gelegenheit bewiesen, daß ihm *Gesetze* und *Gerechtigkeit* fehlen. Es ist jedoch besser, sein Urteil aufzuheben und zu glauben, man würde anders denken, wenn man die Dinge von nahem betrachtete.

[67] *The difficulty and embarrassment of a particular crisis ... a moment of embarrassment, irritation and disquietude.* (Rede von Hr. Pitt als Antwort auf diejenige von Hr. Fox, in der Sitzung des Unterhauses vom 24. März 1795. *Morning-Chronicle*, Nr. 7939).

allen Zerreißproben, die der Vertreibung der Stuarts vorausgingen, ausliefern sollte, so wäre bewiesen, daß diese so gepriesene und in ihren schönen Tagen so stolze Verfassung dennoch schlecht war, weil sie nicht von Dauer war.

Glücklicherweise ist es erlaubt, das Gegenteil anzunehmen, weil, wie ich weiter oben bemerkt habe, die Freiheit bei den Engländern keineswegs neu ist, so daß der Staat, in dem sie sich heute befindet, gar kein erzwungener Staat ist, und auch weil die Ausgleichung der drei Gewalten dieser Regierung zumindest für lange Zeit die Kraft zu versprechen scheint, sich wieder zu erholen – wir haben jedoch in dieser Hinsicht noch lange keine Gewißheit. Der einzige unbestreitbare Punkt dabei ist, daß die englische Verfassung nicht endgültig beurteilt werden kann, weil sie noch nicht von der Zeit geprüft wurde, und wenn ein Franzose, indem er der als uneingeschränkt betrachteten Überlegenheit dieser Verfassung zustimmt, dennoch vorbringt, daß die Regierung seines Landes eine bessere mittlere Regierung, als die Englands wäre, so sind die legitimen Richter dieser Behauptung noch nicht geboren.

Die Betrachtung über die Dauer der Regierungen führt uns natürlich zu derjenigen über das größte Glück des Volkes. Da die politischen Revolutionen notwendigerweise großes Unheil nach sich ziehen, besteht tatsächlich das größte Interesse der Völker in der Stabilität der Regierungen. Aber es genügt nicht, diese besonderen Fälle zu untersuchen, man muß auch das Gute und das Schlechte, das sich während ihrer Dauer aus den verschiedenen Formen der Herrschaft für die meisten Menschen ergibt, ins Gleichgewicht bringen.

Sinnt man über die verschiedenen Arten von Regierung nach, so wird die aus dem Allgemeinwohl gewonnene Überlegung keineswegs genug betont, welche jedoch unsere einzige Regel sein sollte.

Wir müßten den Mut haben, uns eine unbestreitbare Wahrheit einzugestehen, die den Enthusiasmus für die freien Verfassungen ein wenig abkühlen würde: daß nämlich das in jeder Republik eines gewissen Ausmaßes *Freiheit* genannte, uneingeschränkte Opfer nur das von einer großen Anzahl von Menschen für die Unabhängigkeit und den Stolz der kleinen Zahl gebrachte ist. Das vor allem sollte niemals aus den Augen verloren werden, wenn es darum geht, die alten Republiken zu beurteilen, von denen sich eine große Anzahl von Schriftstellern, vor allem Rousseau und Mably, viel zu begeistert gezeigt haben.

Genau genommen sind alle Regierungen Monarchien, die sich nur darin unterscheiden, daß der Monarch auf Lebenszeit oder auf Zeit, erblich oder wählbar, Individuum oder Körperschaft ist, oder, wenn man will, denn das ist dieselbe Idee in anderen Worten, dann ist jede Regierung aristokratisch, aus mehr oder weniger herrschenden Köpfen zusammengesetzt – von der Demokratie, in der diese Aristokratie von so vielen Köpfen zusammengesetzt ist, wie es die Natur der Dinge erlaubt, bis zur Monarchie, in der die Aristokratie, unvermeidbar wie in jeder Regierung, von einem Kopf allein beherrscht wird, der die Pyramide abschließt und ohne Widerspruch die den Menschen natürlichste Regierung bildet.

Aber von allen Monarchen ist der härteste, despotischste und unerträglichste der Monarch *Volk*. Auch bezeugt die Geschichte zu Gunsten dieser tiefen Wahrheit, daß die Freiheit der kleinen Zahl nur auf der Versklavung der großen Zahl beruht, und daß die Republiken immer nur aus mehrköpfigen Herrschern bestanden, deren im Vergleich zu den Monarchen stets härterer und launischerer Despotismus in dem Maße an Intensität zunahm, wie sich die Zahl der Untertanen vervielfachte.

Um über seine unermeßlichen Ländereien zu regieren, übte besonders Rom diesen Despotismus in seiner ganzen Fülle aus, und keine Macht war jemals unumschränkter. Die ganze Macht der auf das Kapitol konzentrierten Regierung zeigte der zitternden Welt nur einen einzigen Kopf, nur eine einzige Macht, vor der sich alles beugen mußte. Während ihr in den neueren Zeiten keine Hauptstadt eines großen Staates ihren Namen verleihen konnte, prägte Rom *immensi caput orbis* seinen Namen auf alles, was von ihm abhing, und erlaubt noch nicht einmal der Sprache, diese ausschließliche Vorstellung von dieser Macht zu verändern: so war das Reich nicht *italienisch*, es war *römisch*. Die Armee war *römisch*. Es gab in den Provinzen kein Gegengewicht oder keine Widerstandskraft. Rom regierte alles, brachte alles ins Wanken, schlug überall zu. Der Name Rom war König, und die gedemütigte Vorstellungskraft des Volkes sah nur diese erstaunliche Stadt.

Quanta nec est nec erit nec visa prioribus annis.

Aber wer könnte umhin, über das Schicksal des Menschengeschlechts zu seufzen, wenn er bedenkt, daß diese riesige Macht das Erbe einer Handvoll Männer war, und mit seinen zwölfhunderttausend Einwohnern[68]

[68] Man hat über die Einwohnerzahl des alten Rom Unsinn gesagt – einige Übertreibungen haben sie auf 4, 8 und schließlich 14 Millionen geschätzt. Brottier nennt diese Berechnungen richtigerweise: *enormes et absurdas computationes (de urbis*

in seinen Mauern Rom kaum mehr als zweitausend Grundbesitzer zählte[69]?

Dieser kleinen Anzahl von Männern wurde die bekannte Welt geopfert. Einige Leser werden vielleicht mit Vergnügen feststellen können, wie die französische Freiheit gerade die antike Freiheit gewürdigt hat.[70] Um sie zufriedenzustellen, zitiere ich diese Passage eines im Namen der drei Regierungskomitees vor der Nationalversammlung gehaltenen Berichts:

»In den alten Republiken«, sagte der Redner, »wurde die Ausübung der politischen Rechte auf ein sehr eingeschränktes Gebiet oder innerhalb der Mauern einer einzigen Stadt begrenzt. Außerhalb des Regierungsbezirks hat man in einer unerträglichen Abhängigkeit gelebt, und innerhalb des Bezirks ist neben einer lärmenden Freiheit die Versklavung entstanden. Die Würde einiger Menschen wurde auf der Erniedrigung der Volksmenge errichtet. In diesen Gegenden, deren Freiheit man uns so sehr gepriesen hat, weil man eine kleine Zahl privilegierter Einwohner für das Volk hielt, konnte der Name *Freiheit* nicht ausgespro-

---

Romae Pomoerio et magnitudine, incolarumque numero; Notae et Emend. in Tac., Bd. II, S. 375, Ausg. In-4°). Dieser gewandte Kommentator schätzt die Bevölkerung auf 1 200 000 Einwohner. (*Ibid.*) Gibbon ist auf einem anderen Weg zu demselben Ergebnis gekommen. (*History of the decline and fall*, usw., Bd. I) Byres hat anhand einer aus dem Umfang des großen Theaters angestellten Berechnung behauptet, daß die Bevölkerung der Stadt und der Vorstädte nicht unter 3 Millionen liegen könnte. Moor behauptet, daß, wenn die Mauer von Belisaire der alten Stadt wirklich als Grenze gedient hat, sie zu keiner Zeit mehr als 5 bis 600 000 Seelen beinhalten konnte, es sei denn, daß die Beherrscher der Welt recht schlecht gewohnt hätten. Er gibt jedoch zu, daß, wenn man die Vorstädte in die Berechnung mit einbezieht, die Zahl der Einwohner so hoch geschätzt werden kann, wie man es für angebracht hält. Inmitten dieser Unsicherheiten, habe ich mich mit Rücksicht auf Brottier und Gibbon an die gemäßigte und begründete Berechnung gehalten.

69 Das sagte im Jahr 649 nach der Gründung Roms der Tribun Philipp dem Volk, als er ihm eine Ansprache hielt, um es zu erwärmen und für das Agrargesetz zu bewegen: *Non esse in tanta civitate duo millia hominum qui rem habeant.* Cicero, der von dieser Begebenheit berichtet (*de Offic.*, II, 21), indem er die Absicht des Tribuns tadelt, bestreitet nicht die Wahrheit dieser Tatsache. Man kann, nebenbei gesagt, beurteilen, wie sehr die Masse beeinflußt wurde, und wie das Gold der Aristokraten sich über das Gesetz *Iulia de Ambitu* lustig machte. [*Ambitus* bedeutet ursprünglich das Umherziehen der Kandidaten vor einer Wahl zur Wahlbewegung. Später unerlaubter Stimmenfang als Delikt, das durch das lex Iulia abgemildert wurde].

70 *Ut comparatione deterrima sibi gloriam quaereret.* (Tacitus, *Ann.*, I, 10). Aber ihre Unverschämtheit kehrt sich gegen sie selbst, denn jeglicher Vergleich verleumdet sie.

chen werden, ohne eine Menge von Sklaven zum Zittern zu bringen. Man konnte den Namen *Gleichheit* nicht aussprechen, ohne das Rasseln ihrer Ketten zu hören, und die *Brüderlichkeit* war in den Ländern, wo einige freie Menschen eine Vielzahl zum Dienen Verurteilter beständig unter ihrer Herrschaft hielten, gänzlich unbekannt.«[71]

Nicht immer wurde auf der Rednertribüne der Nationalversammlung ebenso richtig gesprochen, anstatt über die römische Freiheit in Verzückung zu geraten, müßte man ein wenig darüber nachdenken, was sie die Welt gekostet hat und sich erinnern, bis zu welchem Punkt die Provinzen von der Anmaßung und dem Dünkel der Prokonsuln gedemütigt wurden. Ein römischer Beamter war unter den Untertanen der Republik wirklich eine Art Gottheit, je nach den Launen des Zufalls gut oder böse. Es ist unmöglich, alles zu beschreiben, was die Provinzen von diesen schrecklichen Beamten zu erdulden hatten, wenn sie Gefallen daran fanden, Böses zu tun. Es gab kein Mittel, gegen sie[72] Gerechtigkeit zu erlangen, und selbst wenn ihr Verhalten untadelig war, so machten sie ihre Überlegenheit noch auf die härteste Art fühlbar. Waren sie im Amt, war es ihnen nicht erlaubt, eine andere Sprache als die Roms zu sprechen. Am Euphrat ebenso wie am Guadalquivir mußte man sie können, sie geruhten nicht anzunehmen, daß es auch andere geben könnte. Noch nicht einmal für das stolze Griechenland wurde davon eine Ausnahme gemacht. Die Landmänner von Demosthenes und Sophokles kamen, um vor dem Richterstuhl eines Prokonsuls zu stottern und wunderten sich, mitten im Prytaneum* Befehle auf Latein zu erhalten. Wenn er nicht als römischer Bürger geboren war, wagte der vornehmste Mann seines Vaterlands auch als König nicht, nach der Ehre zu streben, einen Provinzgouverneur zu umarmen. Die Geschichte zeigt uns einen König der Parther, der für seinen Bruder, den König von Armenien, der nach Rom ging, das Privileg erbat, diese großartigen Beamten zu umarmen.[73]

---

* Versammlungshaus der Prytanen (höchsten Staatsbeamter in mehreren griechischen Staaten), in dem auch um den Staat verdiente Männer unterhalten wurden.

71 Sitzung vom 12 Januar. (*Monit.*, Nr. 117, S. 482, 1795).

72 Verres, einfacher Prätor und mit schlechtem Ruf verübte ungestraft zahllose Verbrechen auf Sizilien. Nach seiner Rückkehr nach Rom, bewirkte die Redegabe Ciceros, die fünf Tage lang im Namen der gesamten Nation gegen ihn donnerte, seine Exilierung. Wenn man das *Gerechtigkeit* nennt, so ist man nicht wählerisch.

73 Tacitus, Ann., XV, 31. – Über diesen Bericht Tacitus' erzählt Brottier eine bemerkenswerte Anekdote: »Severus, der von da an im Reich sein Glück mach-

Da der kräftigste Pinsel der Antike uns ein zuverlässiges Bild der römischen Gesetzgebung unter dem republikanischen Regime übermittelt hat, wird man mir Dank wissen, wenn ich es hierher setze. Richtig getroffen: es ist eine römische Geschichte, von dem Mann geschrieben, der alles abkürzte, weil er alles sah.

»Als Tarquinius verbannt worden war«, sagt er, »stellte das Volk den aufrührerischen Unternehmungen der Patrizier eine große Anzahl von Gesetzen entgegen, um die Freiheit zu verteidigen und die Eintracht zu festigen. Man führte die Dezemvirn[74] ein, und die Zwölf Tische setzten sich aus allem zusammen, was die fremden Länder als ihr Bestes zur Verfügung stellten. Nun wurde keine Gerechtigkeit mehr erzielt, denn obwohl die folgenden Gesetze manchmal dazu geeignet waren, das Verbrechen einzudämmen, wurden sie im allgemeinen jedoch von der Gewalt des Parteienstreits mitgerissen, um mal schuldhaften Absichten zu dienen, mal berühmte Bürger zu verbannen oder andere, ebenso kriminelle Zwecke zu verfolgen. Daraus gingen als Volksaufrührer die Gracchen und Saturnin hervor, sowie dieser Drusus, der im Namen des Staates nicht weniger verschwenderisch war und den Glanz der Hoffnung in die Augen unserer Verbündeten brachte, um sie sodann durch ein perfides *Veto* zu täuschen. Selbst während des Gesellschaftskrieges und des ihm dicht darauf folgenden Bürgerkrieges, hörte man keineswegs damit auf, oft widersprüchliche Gesetze zu machen. Solange bis schließlich der Diktator Sulla, nachdem er das, was ihm vorausgegangen war, geändert oder abgeschafft hatte, selbst eine

---

te, begab sich nach Afrika, dessen Verwaltung er erhalten hatte. Als er eines Tages seinen Liktoren folgend marschierte, begegnete er einem Einwohner von Leptis, seinem Mitbürger, dessen Gast er für lange Zeit gewesen war. Dieser war entweder darüber unwissend oder erinnerte das Gesetz nicht, das jedem Provinzler und sogar jedem Plebejer verbietet, einen Provinzgouverneur zu umarmen, und sieht in Severus nur einen alten Freund und umarmt ihn ohne nachzudenken. Severus läßt ihm eine Tracht Prügel verabreichen, und während der Maßnahme richtet ein öffentlicher Ausrufer diese tröstenden Worte an den Patienten: »Erinnere dich daran, Plebejer, niemals unbedacht einen Gesandten des römischen Volkes zu umarmen: LEGATUM POP. ROM., HOMO PLEBEJUS, TEMERE AMPLECTI NOLI!« Und, um ähnliche Unannehmlichkeiten zu vermeiden, wurde beschlossen, daß die Provinzgouverneure nicht mehr zu Fuß ausgehen.« (Spart., *in Sever.*, II). Diese Anekdote und jene des Königs der Parther stammen aus dem Kaiserreich, aber der Brauch stammt aus der Republik und hätte nicht unter einer Monarchie in Kraft treten können.

[74] Es mag erstaunen, daß Tacitus nicht nebenbei erwähnt hat, zu welchem Preis die Römer die Gesetze der Zwölf Tische erkauften.

große Zahl von Neuerungen einführte und in der Gesetzgebung eine Ruhepause herstellte, aber diese Ruhepause währte nur kurz. Bald erschien Lepidus mit seinen ungestümen Gesetzen und die Tribune ergriffen erneut die Macht, um das Volk nach ihrem Willen zu lenken. Man ging soweit, verbrecherische Gesetze zu beschließen, nicht für alle Fälle, sondern gegen die Privatleute, und die Gesetzüberschreitungen bewiesen das Übermaß der Korruption.

»Damals wurde Pompejus, der zum dritten Mal Konsul war, zur Wiederherstellung der Moral gewählt, aber er wendete nur Hilfsmittel an, die noch lästiger waren, als die Mißbräuche. Er verletzte seine eigenen Gesetze und verlor schließlich durch Waffengewalt die Macht, die er durch Waffengewalt verteidigte. Dieser Epoche folgten zwanzig Jahre einer hartnäckigen Zwietracht, es gab keine Sitten und keine Gerechtigkeit mehr: die größten Schandtaten entkamen den Gesetzen und oft führten die Tugenden zum Tod.«

Dieses Bild ist weder verdächtig noch verführerisch, aber wenn die von diesem großen Meister beschriebenen Mißbräuche innerhalb der Mauern Roms so furchtbar waren, welches Unheil müssen sie erst in den Provinzen anrichten! Es ist leicht, sich eine Vorstellung davon zu machen. Daher war dies ein schöner Tag für das Römische Reich, als nach der Schlacht von Aktium die Regierung endlich in die Hände eines Einzelnen fiel. Und Tacitus ist gezwungen zuzugeben, obwohl er, wie man an tausend Stellen seiner Werke sieht, in die Republik sehr verliebt war, daß die Provinzen einer Revolution applaudierten, die sie unendlich erleichterte. »Die Uneinigkeiten der mächtigen Männer«, sagt er, »und der Geiz der Beamten entzogen dem Senat und dem römischen Volk das öffentliche Vertrauen. Die Völker fanden in den Gesetzen, über die sich die Gewalt, die Intrige und besonders das Gold ununterbrochen hinwegsetzten, nur eine ohnmächtige Hilfe, so daß die neue Ordnung der Dinge den Provinzen keineswegs mißfiel.«[75]

Derselbe Geschichtsschreiber hat auf eindrucksvolle Weise und vielleicht ohne daran zu denken, die Leiden der fremden Völker unter der Herrschaft des römischen Volkes beschrieben. Es ist bekannt, daß sich nach außen hin nichts änderte, als Augustus sich des Ruders der Geschäfte bemächtigte, und daß besonders die Namen immer dieselben

---

[75] *Neque provinciae illum rerum statum abnuebant, suspecto Senatus Populique imperio ob certamina potentium, et avaritiam magistratuum; invalido legum auxilio, quae vi, ambitu, postremo pecunia turbabantur.* (Tacitus, *Ann.*, I, 2).

blieben.[76] Der Titel des Fürsten, mit dem er sich begnügte, war für die Römer unterhalb dessen des Diktators, weil zu weit davon entfernt, die Vorstellung eines Königs zu erwecken[77], so daß Ovid, der sicherlich nicht darauf erpicht war, Augustus' Ohren zu schockieren, als er ohne Skrupel die unnachahmliche Erzählung vom Tod Lukrez' und der Vertreibung der Tarquinier beendete, sagen konnte:

> Sie gehen: das Volk bekam Konsuln und Gesetze,
> Und dieser Tag war für uns der letzte Tag der Könige.[78]

Eine gleichmäßige Folge dieser Ordnung der Dinge bestand darin, daß die Herrschaft über die Provinzen nicht plötzlich und vollständig in die Hände des Kaisers überging. Nur Augustus unterteilte während seines siebten Konsulats die Provinzen zwischen dem Volk und ihm durch eine Art von Übereinkommen. Die Gouverneure für das Volk nannten sich *Prokonsuln* und wurden, dem republikanischen Verfahren folgend, durch das Los ernannt. Die des Kaisers nannten sich Legate oder Prätoren und erhielten ihre Ämter nach seiner Auswahl. Nun gab es indessen, obwohl der Despot von Rom, wie man sich leicht denken kann, nur *kleine Gauner* und *kleine Intriganten* in die Provinzen schickte, in sehr kurzer Zeit einen derartigen Unterschied im Zustand der von zwei verschiedenen Herrschaften unterworfenen Provinzen. Verglichen mit den Untertanen des Fürsten waren die Untertanen des Volkes so unglücklich, daß man, als unter Tiberius Achaia und Mazedonien darum baten, von den sie bedrückenden Lasten befreit zu werden, sich nichts besseres vorstellen konnte, als sie für den Augenblick von der Herrschaft des Prokonsuls zu befreien und dem Kaiser zu geben, um ohne dem Staatsschatz zu schaden, ihr Schicksal zu erleichtern.[79]

Zum großen Unglück der Römer und des größten Teils der ihnen unterworfenen bekannten Welt, vollzog sich bei der Thronbesteigung

---

[76] *Domi res tranquillae: eadem magistratuum vocabula.* (*Ibid.*, I, 3). Nicht jeder macht sich eine so genaue Vorstellung von dieser Veränderung. Der Abt de la Bletterie hat sie in seiner *L'Empereur au milieu du Sénat* genannten Abhandlung vollkommen richtig geschildert. Sie befindet sich in den Mémoires de l'Académie des inscriptions.

[77] *Non regno tamen, neque dictatura, sed Principis nomine constitutam Rempublicam.* (*Ibid.*, I, 9)

[78] *Tarquinius cum prole fugit: capit annua consul Jura; dies regnis illa suprema fuit.* (Ovid., *Fast.*, II).

[79] *Achiam ac Madedoniam, onera deprecantes, levari in praesens proconsulari imperio, tradique Caesari placuit.* (Tacitus, *Ann.*, I, 76).

von Augustus die Revolution nicht vollständig genug. Wieviel Tränen und Verbrechen hätte eine Erbmonarchie der Welt erspart! Aber alle alten Formen wurden beibehalten: es gab einen Senat, Konsuln, Tribune, Volksversammlungen und Provinzgouverneure *für das römische Volk*. Die Prärogative der Kaiser bestand in einer mehr tatsächlichen als rechtmäßigen Macht. Die Familie Claudius, welche die öffentliche Meinung beherrschte, erlosch, nachdem sie einige Monster hervorgebracht hatte – es gab keine legale Nachfolge mehr. Bald enthüllten die Legionen das *Geheimnis des Reiches* und Kaiser wurden außerhalb Roms gewählt. Aus all diesen vereinten Umständen ergab sich schließlich ein militärischer Despotismus, d.h. die Pest auf Dauer.

Aber wie alle anderen wurde die Regierung der Kaiser nur in Nuancen schwächer. Oft wurde das Reich von großen Männern beherrscht oder von Männern mit großem Verdienst. Ich glaube nicht, daß der römische Name jemals größer gewesen ist, und daß unter der Herrschaft Trajans und Antonius' sich die Welt im allgemeinen einer größeren Summe an Glück erfreut hat.

Legen wir doch die Regierungszeit von Augustus, Vespasian, Titus, Nerva, Antonius, Trajan, Severus usw. zusammen. Während dieser Periode erfreuten sich 150 Millionen Menschen, die unter der Rute der Prokonsuln gelitten hätten, einer glücklichen Existenz, und in Rom selbst hatte man Ruhe statt der lärmenden Freuden der Freiheit. Ich kenne alles, was die Schriftsteller dieses Jahrhunderts *mit Erlaubnis* und *Privileg des Königs* in Paris geschrieben haben, um darlegen zu können, inwieweit die Freiheit mit ihren Dolchen, ihren Kriegen, ihren inneren Uneinigkeiten, ihren Aufständen und ihrer erhabenen Trunkenheit, der beschämenden Ruhe der Knechtschaft vorzuziehen wäre. Ich bewundere diese Poesie sehr, aber ich behaupte immer, daß Newton in Prosa Recht hatte, als er die Ruhe *rem prorsus substantialem* nannte.

Nun! Warum nur eine Seite betrachten? Befindet sich das Menschengeschlecht denn vollständig in den Hauptstädten? Man spricht immer vom Volk doch es zählt nicht – in den Strohhütten müßte man die Mehrzahl der politischen Fragen zur Abstimmung stellen, aber wenn man immer von *Menschlichkeit, Philanthropie und allgemeinem Wohlstand* spricht, so spricht immer der Stolz für sich und betrachtet dabei nur sich. Beim Durchblättern des Titus Livius bekleidet sich der junge Schriftsteller, bedrückt von seiner Niedrigkeit,in seiner luftigen Behausung mit der Vorstellung von der Rolle eines römischen Bürgers: er ist der Konsul Popilius, er hält den berühmten Stab und zieht den gefürchteten Kreis um den Monarchen, die Nationen erzittern und die Könige verneigen sich vor ihm. Bald kennt sein Enthusiasmus keine Grenzen mehr, seine durch die Eitelkeit ausschweifende Vorstellungskraft führt ihn im Wagen der Triumphatoren zum Kapitol, die angeketteten Könige folgen ihm, die Legionen applaudieren, der Neid verstummt: er ist Gott. Dann ruft er aus: »Oh göttliche Freiheit, oh heilige Gleichheit!« Glaubt man denn, daß er um das *Volk* und um alles, was die *römische* Größe die unterworfenen Nationen gekostet hat, besorgt ist? Diese niederen Überlegungen halten ihn keineswegs auf, und mit stumpfsinnig auf das Kapitol fixiertem Auge kann er nicht sehen, was Verres in Sizilien macht.

Für die Masse der Menschen sind nicht nur gute Kaiser mehr wert als die Republik und ich bin davon überzeugt, daß die Untertanen unter lasterhaften und sogar verabscheuenswürdigen Kaisern glücklicher wären, als in der Republik.

Der lasterhafteste Fürst ist nicht immer der gefährlichste. Ludwig XVI. hat den Untertanen mit seiner Güte mehr Schaden zugefügt als Ludwig XI. Im allgemeinen haben die Untertanen von ihren Herrschern nur die von der Schwäche verursachten verderblichen Laster zu fürchten. Solche, die auf einen düsteren und grausamen Charakter zurückgehen, entehren den Herrscher viel mehr, lasten aber fast nur über den Hauptstädten und sogar nur über den obersten Klassen der Hauptstädte.

Der Geschichtsschreiber Dion hat über den abscheulichen Tiberius einen dieser Sätze verfaßt, die man nie vergißt: »Er hatte«, sagt er, »eine große Zahl guter und schlechter Eigenschaften und bediente sich ihrer abwechselnd, so als ob er davon nur eine Art gehabt hätte[80].«

Aber es ist wichtig festzuhalten, daß das Volk fast nur die ersteren spürt. Tiberius hielt eine strenge Ökonomie in der Verwaltung der Staatseinkünfte aufrecht. Er gestattete den Provinzgouverneuren keineswegs, die Untertanen auszupressen. Wie alle Tyrannen seiner Art, gestattete er sich das Vorrecht der Verbrechen. Unter seiner Herrschaft war das Reich ruhig und die römischen Truppen wurden nirgends gedemütigt. Varus wurde gerächt. Tiberius hatte die Ehre, den Parthern und Armeniern einen König zu geben,[81] derjenige der Thraker wurde in

---

[80] Buch LVIII. So also Tiberius und der ganze Tiberius. Dieser Geistesblitz ist des größten Herrschers würdig: er stammt von Tacitus, der ihn aus Zerstreutheit fallen ließ.

[81] Tacitus, *Ann.*, II, 56; VI, 32.

Ketten nach Rom gebracht,[82] die Gallier wurden bestraft und fügten sich wieder[83]. Der hervorstechende Charakter seiner Verwaltung bestand in der Abneigung gegen die Neuheiten und seine erste Maxime war, alle Dinge an ihrem Platz zu lassen, aus Angst, sie zu verderben. Er verabscheute alles, was die öffentliche Ruhe stören könnte.[84] Gold hatte keinen Einfluß auf ihn,[85] und niemals verschaffte er es sich durch Verbrechen. Man sah ihn reiche Erbschaften ausschlagen, um sie jenen zu lassen, welche die Natur zur Nachfolge rief,[86] und nie wollte er andere Vermächtnisse, als die der Freundschaft akzeptieren.[87] Er erlaubte den Armeegeneralen, die Reichtümer, die sie den Staatsfeinden weggenommen hatten, zu öffentlichen Monumenten zu verwenden.[88] War er ohne Gnade für diese beschämende Armut, welche die Tochter einer unmoralischen Verschwendungssucht ist, so kam er doch oft der bedürftigen Tugend zu Hilfe[89]. Hart wies er die Bitten eines ruinierten Edlen zurück, welcher um das Nötigste bat, um seinen großen Namen zu erhalten.[90] Als jedoch ein Erdbeben in Kleinasien in einer Nacht zwölf Städte dem Erdboden gleichmachte, unterließ Tiberius nichts, um die unglücklichen Bewohner sowohl durch prächtige Geschenke als auch durch Steuerfreiheiten zu trösten.[91] Nachdem eine furchtbare Feuersbrunst in Rom den gesamten *Celius*-Berg verzehrt hatte, öffnete er seine Tresore und verteilte seine Wohltaten mit soviel Unparteilichkeit und besaß dabei so sehr die Geschicklichkeit, das vereinzelte und schüchterne Unglück zu entdecken, um es zur Teilnahme an seinen Geschenken einzuladen, daß die Großen und das Volk ihm in gleicher Weise ihre Bewunderung und ihre Dankbarkeit gewährten.[92]

---

82 *Ibid.*, II, 66.

83 *Ibid.*, III, 40.

84 *Nihil aeque Tiberium anxium habebat, quam ne composita turbarentur.* (*Ibid.*, II, 65).

85 *Satis firmus, ut saepe memoravi, adversum pecuniam.* (Tac., *Ann.*, V, 18).

86 *Ibid.*, II, 48.

87 *Neque haereditatem cujusquam adiit, nisi cum amicitia meruisset; ignotos et aliis infensos eoque Principem nuncupantes, procul arcebat.* (*Ibid.*).

88 *Ibid.*, III, 72.

89 *Ut homestam innocentium paupertatem levavit; ita prodigos et ob flagitia egentes ... movit senatu, aut sponte cedere passus est.* (*Ibid.*, II, 48).

90 *Ibid.*, II, 38.

91 *Ibid.*, II, 47.

92 *Actaeque ei grates, apud senatum ab inlustribus, famaque apud populum, quia sine ambitione, aut proximorum precibus, ignotos etiam, et ultro accitos, munificentia juverat.* (Tacitus, *Ann.*, IV, 64).

Wenn die Provinzen in Rom Anliegen vortrugen, so brachte er sie selbst in den Senat, und liebte es, ohne die Macht entgleiten zu lassen, sich durch die Debatten aufzuklären.[93] Ungewöhnliche Sache! Die immer kniende Unterwürfigkeit schien diesen grausamen Charakter mehr zu irritieren als die strenge Tugend und die unerschrockene Offenheit. Alle Welt kennt seinen Ausruf beim Verlassen des Senats: »*Oh ihr für die Sklaverei geborenen Menschen*!« Der wirkliche Verdienst konnte ihn entwaffnen.

Mit den größten Ämtern bekleidet blieb Piso bis in sein achtzigstes Lebensjahr ungestraft ein Ehrenmann und starb in seinem Bett, ohne sich ein einziges Mal durch eine unterwürfige Meinung erniedrigt zu haben.[94] Terenz war noch glücklicher: nicht nur, daß seine edle und unglaubliche Kühnheit ihn weder Leben noch Freiheit kostete, sondern Tiberius ließ den Senat nach seinem Gutdünken die gemeinen Ankläger dieses tapferen römischen Ritters mit Exil und Tod bestrafen.[95]

Wäre die Geschichte des Altertums nicht größtenteils die Geschichte von fünf oder sechs Hauptstädten gewesen, so würde man über die tatsächliche Politik besser urteilen. Man kann sich jedoch leicht vorstellen, daß die von Tiberius unterworfenen Völker in der Weite seines Reiches sehr glücklich waren, daß der Ackermann, wenn er mitten im tiefsten Frieden ruhig seinen Pflug zieht, seinen Kindern mit Entsetzen die Prokonsuln und Triumvirn der Republik in Erinnerung ruft und sich sehr wenig Gedanken um die Köpfe der Senatoren macht, die in Rom fielen.

---

93 *Postulata provinciarum ad disquisitionem patrem mittendo.* (*Ibid.*, III, 60).
94 Tacitus, *Ann.*, VI, 10.
95 Tacitus, *Ann.*, VI, 8.

Kapitel VII

Zusammenfassung der Ansichten Rousseaus über verschiedene Arten von Regierungen Andere Ansichten derselben Art Betrachtungen über dieses Thema

In der Erbmonarchie *läuft alles auf dasselbe Ziel hinaus, aber dieses Ziel besteht keineswegs in der allgemeinen Glückseligkeit, und die Stärke der Verwaltung selbst gestaltet sich* beständig[96] *zum Nachteil des Staates. Die Könige wollen unumschränkt regieren ... Die Macht, die von der Liebe der Völker kommt ... genügt ihnen keineswegs ... Die besten Könige wollen auch schlecht sein, wenn es ihnen gefällt ... Ihr persönliches Interesse besteht in erster Linie darin, daß das Volk schwach und elend bleibt. Diejenigen, die in den Monarchien in die ersten Ränge gelangen, sind am häufigsten kleine Wirrköpfe, kleine Gauner, kleine Intriganten, deren kleine Talente, die sie an den Höfen auf die wichtigen Ämter kommen lassen, nur dazu dienen, der Öffentlichkeit ihre Unfähigkeit zu beweisen. Selbst wenn der Herrscher Talente hat, so vergißt er die Interessen der Völker und macht sie durch den Mißbrauch der Talente, die er besitzt, nicht weniger unglücklich, als ein Führer, der durch den Mangel derer eingeengt ist, die er nicht besitzt.*

In der Wahlmonarchie *verkauft derjenige, an den der Staat sich verkauft hat, diesen seinerseits. Er hält sich an den Schwachen für das Geld, mit dem die Mächtigen ihn erpreßt haben, schadlos ... Der Frieden, dessen man sich unter diesen Königen erfreut, ist schlimmer als die Unruhe der Zwischenzeiten. In der Erbmonarchie hat man einer klugen Verwaltung eine scheinbare Ruhe vorgezogen – man riskiert lieber, Kinder, Monster, Schwachsinnige zum Oberhaupt zu haben, als über die Wahl guter Könige streiten zu müssen. Man hat nicht bedacht, daß,*

---

[96] Auch hier wieder einer dieser zweideutigen Einfälle, von denen es in den philosophischen Werken Rousseaus wimmelt: will er sagen, daß das Prinzip einer Regierung dieser Regierung entgegengesetzt ist? Diese Behauptung ist eines *bedlam* würdig. Oder will er nur sagen, daß die Monarchie, wie alle menschlichen Einrichtungen, in sich zerstörerische Elemente trägt? Das ist eine dieser Wahrheiten, die man auf den Tafeln lesen kann.

wenn man sich so den Risiken der Alternative aussetzt, man fast alle Chancen gegen sich hat ... alles trägt dazu bei, einem Menschen, der zum Befehlen über andere erzogen wurde, das Recht und die Vernunft zu entziehen. Der Mangel an Zusammenhang produziert die Unbeständigkeit der königlichen Regierung ... die beständig von Maxime zu Maxime und von Vorhaben zu Vorhaben treibt ... Die Prinzenerziehung verdirbt notwendigerweise diejenigen, die sie erhalten ... man würde sich Illusionen hingeben, wenn man auf die guten Könige zählen wollte. Um das Wesen dieser Regierungsform zu erkennen, muß man sie unter einem beschränkten und schlechten Fürsten betrachten: denn entweder steigen sie als solche auf den Thron oder der Thron macht sie zu solchen.[97]

Die Wahlaristokratie ist schnell beurteilt: »*Das ist die schlimmste aller Regierungsformen.*«[98]

Die Demokratie *setzt zu viele schwer zu vereinende Dinge voraus ... Es gibt keine Regierung, die für Bürgerkriege und innere Unruhe so anfällig ist ..., weil es keine gibt, die weder so stark und beständig dazu neigt, die Form zu verändern, noch mehr Wachsamkeit und Mut verlangt, um darin erhalten zu werden ... Wenn es ein Volk von Göttern gäbe, so würde es sich demokratisch regieren. Eine so vollkommene Regierungsform*[99] *eignet sich nicht für Menschen.*

Aus diesen hochgelehrten Schmähungen geht hervor, daß jede der drei Regierungen die schlimmste der drei ist: das ist eine sehr schöne Entdeckung.

---

[97] *GV*, 3. Buch, Kap. VI. Vergessen wir nicht, daß der Mann, der diese Dinge schrieb, fast immer selbstgewählt in den monarchischen Staaten gelebt hat, und daß er die Momente, die er in seinem Vaterland verbracht hat, dazu nutzte, die Feuersbrunst zu entfachen, die es noch in diesem Augenblick verzehrt.

[98] *Ibid.*, Kap. V. Ich sage nichts über die Wahl-Aristokratie, die Rousseau mutig die *eigentliche Aristokratie nennt.* Er vergißt auszudrücken, was er mit dieser Regierung meint, und ich gestehe, wenn es nicht die Demokratie ist, so weiß ich nicht, was es ist.

[99] Dieses *emphatische* Adjektiv läßt sich sicherlich nicht auf die Demokratie, so wie man sie auf der Erde sieht oder gesehen haben kann, anwenden, denn Rousseau sagt von ihr soeben alles mögliche Schlechte. Läßt es sich wenigstens auf die theoretische Demokratie anwenden? Auch nicht mehr, denn in der Theorie sind alle Regierungen vollkommen, und es kostet die Vorstellungskraft viel weniger, einen vorzüglichen König zu erfinden, als ein vorzügliches Volk. Was bedeutet also: *eine so vollkommene Regierung*? Nichts. Auf allen Seiten der philosophischen Schriften Rousseaus begegnet man Ausdrücken, die keinen Sinn haben, weder für ihn noch für uns, oft denkt er nicht zu Ende. Seine zweideutigen Erfindungen verdanken dem Zauber des Stils eine scheinbare Wirklichkeit, aber wenn die Untersuchung mit ihrem Skalpell kommt, so findet sie nichts.

Diese Lächerlichkeit ist weit davon entfernt, für die universelle Moral und für die Politik, die ein Zweig davon ist, verloren zu sein. Sie gibt Anlaß zu den nützlichsten Reflexionen und sie bringt die Hauptkrankheit dieses Jahrhunderts und den Charakter der gefährlichen Männer, die uns so viel Leid zugefügt haben, zum Ausdruck. Da ist Rousseau, der keine Regierung will und sie alle verunglimpft. Die Monarchie ist verabscheuenswürdig, die Aristokratie ist verabscheuenswürdig, die Demokratie ist nicht besser: er kann keine Regierungsform ertragen. England hat nicht die ersten Kenntnisse von der Freiheit. »Das englische Volk denkt, frei zu sein, aber es irrt sich sehr: es ist es nur während der Wahlen der Parlamentsmitglieder. Sobald sie gewählt sind, wird es zum *Sklaven*, es zählt nichts mehr. Der Gebrauch, den es in den kurzen Momenten seiner Freiheit davon macht, verdient wohl, daß es sie verliert.«[100]

Selbst die Dauer der Republik von Venedig beweist, daß sie nichts taugt. »Das Trugbild dieser Republik dauert nur deshalb noch, weil seine Gesetze nur für schlechte Menschen geeignet sind.«[101]

Die batavische Freiheit mißfällt Mably. »Die Regierung dieser Republik verliert ihre Form, seit sie eine Diktatur, die kurzen und schwierigen Zeiten vorbehalten sein sollte, in ein gewöhnliches Staatsamt verwandelt hat. Der Stathouder [Statthalter] ist noch ein junger Löwe, den man an der Kette hält, aber er kann sie nicht zerreißen und ein Löwe werden. Reden wir ohne Umschweife: alles lädt diesen Fürsten dazu ein, sein Vaterland zu ruinieren.«

Voltaire will die antike Freiheit nicht: er nennt sie *die Regierung der Schurken*. Aber er mag die Monarchie noch weniger, und rief für die bürgerliche und religiöse Unterweisung der Völker aus:

O sagesse du Ciel! Je te crois très profonde;
Mais à quel plats tyrans as-tu livré le monde!
[Oh Weisheit des Himmels, ich halte dich für sehr tief;
Aber an welche flachen Tyrannen hast du die Welt ausgeliefert!]

Ein Redner der Nationalversammlung verfluchte noch letztes Jahr die Asche der Girondisten dafür, daß sie die französische Nation auf das Niveau der Griechen und Römer herabsetzen wollten. »Sie wollten auch die Freiheit«, sagten sie, »aber wie in Lazedämonien und in Rom« –

---

100 *GV*, 3. Buch, Kap. XV.
101 *GV*, 4. Buch, Kap. IV.

diese Ungeheuer! ... – »das heißt, die der Aristokratie der Talente, den Reichtümern und dem Stolz untergeordnete Freiheit.«[102]

Condorcet dachte nicht viel vorteilhafter über die Alten: »Diese Männer, die zu bewundern wir die Gutmütigkeit hatten, wußten *nur despotische Anarchien* einzurichten, und diejenigen, welche bei ihnen Unterricht nehmen, sind Kleinkrämer.«

Trotzdem will er die Freiheit – wird er sie vielleicht in dem weisen und friedlichen Helvetien suchen? Noch weniger:

»Die Regierungen dieser Länder bewahren dort nur den äußeren Anschein und die Sprache der republikanischen Verfassungen und, indem sie sorgfältig alle Formen der Gleichheit beibehalten, sind die Unterschiede dort nicht weniger wirklich, als jene, welche die ersten Sklaven eines Despoten vom Letzten seiner Untertanen trennen.«[103]

Ein Schweizer Philosoph, zweifelsohne Schüler dieser großen Männer, urteilt über sein Land noch strenger: »In den demokratischen Staaten der Schweiz«, sagt er, »gibt es, wenn man die Intriganten, Stellungssucher, die nichtswürdigen, eingebildeten und schlechten Menschen, die Betrunkenen und Nichtstuer ausnimmt, in der ganzen Republik keinen einzigen glücklichen und zufriedenen Menschen.«[104]

Aber dieser Condorcet, der unbedingt die Freiheit wollte, und der sie auf den Trümmern aller Throne errichten wollte, hat er sie wenigstens irgendwo auf Erden gesehen? Nein, »nie hat er eine wirkliche republikanische Verfassung gesehen«[105], und nicht so, wie er sie sich ersehnte.

Großer Gott, was wollte er also! Und was wollen all die Philosophen, da nichts, was existiert oder was existiert hat, das Glück haben kann, ihnen zu gefallen? Sie wollen überhaupt keine Regierung, weil es keine gibt, die nicht den Anspruch hätte, sich Gehorsam zu verschaffen. Es ist nicht *diese* Autorität, die sie verabscheuen, es ist *die* Autorität: sie können keine ertragen. Aber wenn wir in sie dringen, werden sie uns sagen, daß sie wie Turgot *eine große Demokratie*[106] wollen. Selbst Condorcet hatte schon mit seiner gelehrten Hand diesen *großen* quadratischen Kreis gezeichnet, doch hatte dieser Plan, wie man weiß, keinen Erfolg.

---

102 Garnier de Saintes. Sitzung vom 21 September 1794. (*Moniteur*, Nr. 5, S. 22).

103 Condorcet, Eloge d'Euler [=Eloge de M. Euler, introduction à l'analyse des infiniments petits, Strasbourg, 1786, in-8°].

104 Ein Mittel, um aus der Französischen Republik ein für immer unteilbares Ganzes zu machen (Broschüre in-4°, von einem Schweizer. *Courr. Républic.*, 1795, Nr. 558, S. 128).

105 *Das Leben Turgots* (Vie de Turgot), S. 106.

106 *Ibid.*

Es wäre müßig, diese verrückten Zitate zu vervielfachen. Es reicht, um uns auf den ausgezeichneten Ausspruch Rousseaus zurückzubringen, der immer Recht hat, wenn er gegen sich selbst spricht: »Wenn ich die Philosophen befrage, so hat jeder nur seine eigene Stimme.« Als tödliche Feinde jeglicher Art von Gemeinschaft, besessen von einem zurückweisenden und ungeselligen Stolz, stimmen sie nur in einem Punkt überein: in der Zerstörungswut. Da jeder das, was ihm mißfällt, durch seine nur von ihm gutgeheißenen eigenen Vorstellungen ersetzen will, so folgt daraus, daß ihre ganze Macht negativ ist und ihre sämtlichen Anstrengungen zum Begründen ohnmächtig und lächerlich sind. Oh Ihr verirrten Menschen! Lernt endlich einmal die gefährlichen Jongleure erkennen, laßt sie sich allein bewundern und verbündet Euch mit der nationalen Vernunft, die nie betrügt. Erinnert Euch, daß jede Nation in ihren Gesetzen und ihren alten Gebräuchen alles hat, was sie braucht, um so glücklich zu sein, wie sie kann und daß, wenn man diese ehrwürdigen Gesetze als Grundlagen für alle Eure Erneuerungsanstrengungen nimmt, Ihr Eure ganze Vervollkommnungsfähigkeit entfalten könnt, ohne Euch verhängnisvollen Neuerungen auszuliefern.

Erhebt euch zu noch höheren Gedanken. Die ewige Vernunft hat gesprochen, und ihre unfehlbaren Orakel haben uns im Stolz *den Anfang aller Verbrechen* gezeigt; dieses schreckliche Prinzip wurde über Europa entfesselt, seit dieselben Philosophen Euch vom Glauben Eurer Väter befreit haben. Der Haß gegen die Autorität ist die Plage unserer Tage, das Heilmittel gegen dieses Übel liegt nur in den heiligen Maximen, die man Euch vergessen gemacht hat. Archimedes wußte wohl, daß er einen Punkt außerhalb der Welt brauchte, um die Welt emporzuheben.

Der Atheismus und die Unmoral sind es, die Revolte und Aufstand schüren. Seht nur, was vor euren Augen geschieht: beim ersten Anzeichen der Revolution versteckt sich die Tugend, und man sieht nur noch das Verbrechen. Was ist also diese Freiheit, deren Gründer, Anstifter und Apostel nur Schurken sind? Ach! Ihr habt ein sicheres Mittel, um große und heilsame Revolutionen zu vollbringen. Anstatt die Prediger der Revolte anzuhören, arbeitet lieber an Euch selbst, denn Ihr macht die Regierungen, und sie können nicht schlecht sein, wenn Ihr gut seid.[107]

---

[107] Ein englischer Prediger hielt 1793 anläßlich eines feierlichen Fastentages eine Predigt mit dieser Überschrift: *Fehler der Regierung, Fehler des Volkes*: »Sins of government, sins of the nation.« (*London-Chronicle*, 1793, Nr. 5747, S. 58). Ich weiß nicht, ob diese Überschrift so ausgeführt wurde, wie es möglich wäre, aber diese Überschrift allein ist eine tiefe Wahrheit und ein Buch wert.

Die menschliche Weisheit hält jedoch mit weniger Gründen und weniger Aufklärung dieselbe Rede und Ihr könnt ihr glauben, wenn sie Euch sagt, daß »das erste Gut eines Reiches, einer Armee und einer Familie der Gehorsam ist.«[108]

Marchamont Needham*, ein schwacher Vorläufer Rousseaus, der ebenso schlecht argumentierte wie der Bürger von Genf, darüber hinaus aber geistlos und geschwätzig war, sagt, daß »*in einer Volksregierung* der Eintritt in die Ehrenämter für den Verdienst und die Tugend offen ist, und dies bringt in den freien Staaten diesen edlen und großzügigen Wetteifer hervor, der uns die schönsten Vorhaben ersinnen läßt und uns zu den heldenhaftesten Taten führt«[109].

Sein französischer Übersetzer fügt nach Shaftesbury** hinzu: »Eine freie Regierung ist für die Künste das, was die Qualität des Bodens für die kräftige Pflanze ist. Das bewirkt, daß die freien Nationen die Künste in kurzer Zeit zu einem so hohen Grad an Perfektion gebracht haben, während die größten und mächtigsten Reiche, wenn sie unter dem Joch des Despotismus sind, nach Jahrhunderten des Müßiggangs nur unvollkommene und barbarische Versuche hervorbringen.«[110]

Und nach Ceruti, einem etwas weniger achtbaren Autor: »Ähnlich wie diese Pflanzen, die zum Wachsen den fruchtbarsten Boden und das vorteilhafteste Klima verlangen, kann man nur unter dem vom Glück begünstigten Klima des Ruhms, auf dem wohltuenden Boden der Ehre, die Redegabe keimen und Früchte tragen sehen.«[111]

Hume war recht abweichender Ansicht, als er sagte: »Ich schäme mich zuzugeben, daß Patru, als er um die Erstattung eines Pferdes bat, eloquenter war als unsere Redner, die in den Parlamentsversammlungen die größten Belange behandeln.«[112]

In der Tat ist die französische Nation die beredtste von allen, nicht nur, weil ihre eigentlichen Redner über allen anderen stehen, sondern weil sie die Redegabe in alle Gattungen der Komposition getragen hat, und keine andere Nation sich besser über alles geäußert hat. Der Ein-

---

* Marchamont Needham (1671-1713),

** Anthony Ashley Cooper Shaftesbury (1621-1683?), engl. politischer und philosophischer Schriftsteller.

108 Xenoph., *Laced. Polit.*, Kap. VIII, § 3.

109 *De la souveraineté du peuple et de l'excellence d'un état libre.* Franz. Übers., Bd. I, S. 57 [Paris 1790].

110 *Ibid.*, Vorwort S. V.

111 *Ibid.*, S. 57.

112 *Essais*, Bd. ... [keine Angabe durch de Maistre]

fluß, den sie auf Europa ausübt, rührt an erster Stelle von diesem, im Augenblick, in dem ich schreibe unglücklicherweise zu sehr demonstrierten Talent her.[113]

Man muß also zugeben, daß die französische Nation unter ihren Königen frei war, oder daß die Freiheit für die Redegabe nicht notwendig ist. Ich lasse diesen großen Philosophen die Wahl. Was ich von der Redegabe sage, muß man von allen Künsten und Wissenschaften sagen: es ist dermaßen falsch anzunehmen, sie bräuchten die Freiheit, weil sie in den freien Staaten immer nur im Niedergang der Freiheit leuchten.

Die schönsten Augenblicke Athens gehören in das Jahrhundert von Perikles. Welche Schriftsteller hat die Republik Roms hervorgebracht? Nur Plautus und Terenz. Lukrez, Sallust und Cicero sahen sie sterben. Danach kam das Jahrhundert von Augustus, wo die Nation alles war, was sie ihren Talenten nach sein konnte. Die Künste brauchen im allgemeinen einen König. Sie erstrahlen nur unter dem Einfluß des Zepters.

In Griechenland selbst, dem einzigen Land, wo die Künste in einer Republik erblühten, arbeiteten Lysippus und Apelles* für Alexander. Aristoteles erhielt von seiner Großzügigkeit die Mittel, seine Tiergeschichte zu verfassen, und seit dem Tod dieses Monarchen suchen die Dichter, Gelehrten und Künstler Protektion und Lohn an den Höfen seiner Nachfolger.[114]

---

* Lysippus, der griechische Bronzebildhauer des 4. Jahrhunderts, war für den Realismus seiner Ausarbeitungen berühmt. Apelles wird zu den berühmtesten griechischen Malern des 4. Jahrhunderts v. Chr. gerechnet. Von seinen Gemälden ist kein Original erhalten.

113 Wie die Lanze Achills kann dieses Talent die Wunden heilen, die es verursacht hat. Die Nationen ebenso wie die Individuen haben in der Welt eine Mission, und es ist wahrscheinlich, daß diejenige der französischen Nation noch nicht vollendet ist. Da Frankreich seine Integrität bewahren mußte, um die ihm bestimmten Ziele erfüllen zu können, hat es sie gegen alle menschlichen Wahrscheinlichkeiten bewahrt. *Populi meditati sunt inania.* Da wir durch unsere schwache Natur darauf reduziert sind, uns an die Wahrscheinlichkeiten zu binden, laßt uns wenigstens daran denken, daß es ebenso fruchtbare Wahrscheinlichkeiten wie sterile Wahrheiten gibt.

114 *Nec sacra fert quisquam sese ad certamina Bacchi,*
Suaviloquo doctus modulari gutture carmen,
Quin pretium referat dignum arte. Hinc tollere coelo
Musarum interpres vatum chorus omnis eumdem
Adproperat; neque enim diti praeclarior ulla
Res homini, quam tuta insigni gloria cantu.
Theokr., Idyll. XVII, *Encomium Ptolemaei.*
Ich bediene mich der eleganten Übersetzung von Herrn Zamagna.

Was will Needham sagen, wenn er behauptet, daß allein die Volksregierungen diesen edlen Wetteifer hervorbringen, der die schönsten Pläne ersinnen läßt? Und was will Shaftesbury sagen, wenn er versichert, daß »die freien Nationen die Künste in kurzer Zeit zum höchstem Grad an Vollkommenheit geführt haben, und daß die größten und mächtigsten Reiche unter dem Joch des Despotismus nach Jahrhunderten des Müßiggangs nur unvollkommene und barbarische Versuche hervorbringen?«

Man wäre versucht zu glauben, daß es ein Scherz sei. Sparta und das freie Rom haben niemals ein Gedicht hervorbringen oder eine Säule meißeln können.[115] Und Horaz rief nicht unter der Herrschaft der Freiheit scherzhaft aus:

Nein, niemals gab es glücklichere Sterbliche!
Wir singen, wir malen besser, als diese berühmten Griechen.

Die *Äneis* wurde für Augustus gemacht, das Frontispiz der *Pharsala* ist mit einer schönen Lobrede über Nero verziert. Ariost und Tasso schmeichelten zwar viel kleineren Fürsten, aber nichtsdestotrotz waren sie Fürsten. Voltaire, in Paris geboren, widmete die *Henriade* einer Königin Englands. Wenn man Milton ausnimmt, der in einem Augenblick der universellen Raserei glänzte, und der, wie Voltaire sagt, *für die Engel, für die Teufel und für die Verrückten* geschrieben zu haben schien, so haben schließlich alle epischen Dichter von Königen gesungen, um Könige zu unterhalten.

Ein Blick Ludwigs XIV. bezahlte den Autor des *Cinna*, für Ludwig *schuf* Racine *seine Wunder*, *Tartuffe* und *Armide* lenkten ihn von den Geschäften ab, und der *Telemach*, den er nicht genug studierte, war dennoch ein Werk seiner Regierungszeit.

Heute haben wir Metastasius, der sein für seinen Genius zu sehr zerstückeltes Land verläßt, um in Wien die Bequemlichkeit und die Protektion zu suchen, die er brauchte.

Was die großen Fortschritte und die großen Unternehmungen betrifft, so sind diese nur den Monarchien eigen, aus dem einfachen Grunde, weil die Republiken immer klein und arm sind und das, was sie hervorbringen, genau so klein ist wie sie.

Die berühmteste von allen war Athen, aber was konnte eine Republik schon ausrichten, die nur 20 000 Bürger hatte, deren Einkommen

---

115 *Nos etiam qui rerum istarum rudes sumus.* (Cic., *In Verrem.*).

kaum drei Millionen unserer Währung überschritt[116], die ihren Botschaftern pro Tag zwei Drachmen gab, d.h. 40 Sous derselben Währung[117], und der Demosthenes im Moment der größten Gefahr sagte: »Ich sage also, alles in allem braucht ihr 2000 Fußmänner, alles Ausländer – bis auf 500 Athener widersetzte ich mich dem nicht ... Fügen wir noch 200 Reiter hinzu, von denen mindestes 50 Athener sein sollen.«[118]

Was können solche Mächte schon ausrichten, in bezug auf Unternehmungen und Monumente? Eine mittelmäßige Stadt befestigen und schmücken. Aber die Pyramiden, die Tempel, die Kanäle, die Reservoire Ägyptens, die Gärten, Paläste und die Mauern Babylons usw. gehören nur unermeßlich großen Ländern, d.h. den Monarchien.

Wog etwa eine republikanische Hand die Luft? Die, welche die Meridiane von Uranisbourg, Boulogne und Paris zeichnete? Die das Pendel nach Cayenne brachte? Die, welche die Meridiangrade von Quito, Torneo, Paris, Rom, Turin, Wien maß? Sind die vier Riesen Kopernikus, Kepler, Galilei und Descartes, die das Gebäude der Vorurteile stürzten und Newton Platz machten, etwa im Schoß einer Republik geboren?

Diese furchtlosen Seefahrer, die neue Gegenden entdeckt, die Menschen einander näher gebracht und die Astronomie, die Geographie und alle Teile der Naturbeschreibung von Christoph Columbus bis Cook so sehr vervollkommnet haben, trugen sie etwa nicht alle in ihrer Flagge eine Krone?

Was die Künste betrifft, so glänzte Griechenland in dieser Gattung, nicht weil ihm die Freiheit notwendig ist, was ich für einen großen Irrtum halte, sondern weil die Griechen für die republikanische Regierung bestimmt waren, und keine Nation ihre ganzen Talente entfaltet, als unter der Regierung, die ihr entspricht.

Aber wenn die Gebäude Palmyras und des antiken Rom[119], wenn die Moschee von Cordoba und der Palast der Alhambra, wenn die Sankt-Peters-Kirche, die Brunnen, Paläste, Museen und Bibliotheken des christ-

---

116 Xenophon über die Einkünfte Athens, an der Stelle, wo er, wenn ich mich nicht irre, von den Minen spricht.

117 »Athen gab in den Zeiten seines größten Glanzes seinen Botschaftern nur zwei Drachmen pro Tag.« (Anmerkung von M. Larcher über *Herodot*, 3. Buch, § 131). – An Stelle der mir fehlenden Originale kann ich einen Modernen, Gelehrten und Exakten zitieren.

118 Demost., *Phil.* I, Übers. von Olivet.

119 Die antiken Monumente, die man in Rom bewundert, sind fast alle jünger als die Republik, die keinen Anspruch auf Geschmack erhob. *Tu regere imperio*, usw.

lichen Rom, wenn die Kolonnaden des Louvre, die Gärten von Versailles, das Arsenal von Brest, Toulon und Turin, wenn die Gemälde von Michelangelo, Raffael, Corregio, Poussin und Lesueur, wenn die Statuen von Girardon, Puget, Coston, Colin, wenn die Musik von Pergolesi, Jomelli, Gluck und Cimarosa – wenn alle diese Dinge, sage ich, die dennoch Produkte des *unter dem Joch des Despotismus* gebeugten menschlichen Geistes sind, Shaftesbury und jenen, die denken wie er, *nur als unförmige und barbarische Versuche* erscheinen, so muß man einräumen müssen, daß die Philosophen recht schwer zufriedenzustellen sind.

Merkwürdig daran ist, daß, während die Kritiker des *Despotismus* ihn anklagen, die Menschen zu *verdummen* und für die großen Geistesproduktionen unfähig zu machen, ihn im Gegenteil andere anklagen, die Menschen zu korrumpieren und zu unterjochen, indem er sie zu sehr auf die Freuden dieser Beschäftigungen lenkt. »Man hat«, sagt Rousseau, »die Jahrhunderte, in denen man die Literatur und die Künste blühen sah, zu sehr bewundert, ohne den verborgenen Gegenstand ihrer Kultur zu erfassen und dessen verderbliche Wirkung zu bedenken, *idque apud imperitos humanitas, vocabatur quum pars servituts esset.*«[120] Arme Monarchie! Man beschuldigt sie gleichzeitig dafür, die Völker zu verdummen und ihnen zuviel Geist zu geben.

Betrachten wir noch einmal die Regierungen aus der Sicht der Bevölkerung. »Die beste«, sagt Rousseau, »ist diejenige, die am meisten bevölkert.« Er hat sich selbst nicht verstanden, als er diese Maxime aufstellte, wie man weiter oben gesehen hat. Man hätte sagen müssen, daß »ein Volk dann gut regiert ist, wenn seine Bevölkerung unter dem Einfluß seiner besonderen Regierung und relativ zur Ausdehnung ihres Territoriums auf dem höchsten Stand bleibt, oder sich ihm stufenweise annähert«.

Aber dieser höchstmögliche Stand hängt in keiner Weise von dieser oder jener Regierungsform ab. Ein antiker Dichter sagte in einer Lobrede über den ersten der Ptolemäer: »Kein Land des Universums ist fruchtbarer als das Ägyptens. Man zählt dort 33 339 Städte, die dem Zepter des Ptolemäus gehorchen ... Soll ich von seiner militärischen Stärke sprechen? Seine Reichtümer stellen die aller anderen Könige in den Schatten. Jeden Tag und von allen Seiten strömen sie in seinen Palast. Sein geschicktes Volk arbeitet ohne Furcht mitten im Frieden. Kein

---

[120] *GV*, 3. Buch, Kap. IX, in der Fußnote.

Fremder würde es wagen, den Nil zu überqueren und die Arbeit des friedlichen Ackermanns zu stören[121]«, usw.

Nehmen wir einmal eine Übertreibung in der Anzahl der Städte an, obwohl sie auf so präzise Art ausgedrückt ist, und nehmen wir ferner an, daß die Poesie bis zu einem gewissen Grad das Wort *Stadt* übertrieben hat – so bleibt uns immer noch die Vorstellung eines Reichtums und einer im Verhältnis wirklich außergewöhnlichen Einwohnerzahl.

Man versichert, sagt Herodot, daß »Ägypten nie glücklicher und blühender war, als unter Amasis ... *Dieses Land* umfaßte damals 20 000 Städte, allesamt gut bevölkert[122].«

»Ägypten«, sagt ein anderer Geschichtsschreiber, »war damals das bevölkerungsreichste Land des Universums, und noch heute glaube ich es keinem anderen unterlegen. In den alten Zeiten besaß es mehr als 18 000 beachtliche Städte oder Marktflecken, wie es die heiligen Register bestätigen, und unter der Herrschaft von Ptolemäus, dem Sohn des Lagus, zählte man davon mehr als 30 000.«[123]

»Rechenkünstler, es ist nun eure Aufgabe: zählt, meßt, vergleicht.«[124] Wir sehen, wie in Ägypten nicht nur unter der Herrschaft von Ptolemäus,

---

121 ... *Sunt scilicet omnes*
Ter centum, ter denae olli, terque ordine ternae
Triginta supra tria millia, quas regit unus.
Tot populis sceptrisque potens Ptolemaeus ...
Quid memorem turmasque equitum, protectaque scutis
Agmina quae densa fremunt, atque aere corusca
Solis inardescunt radiis? Longe anteit omnes
Divitiis reges ingentibus: undique rerum
Quotidie aggeritur vis tanta in tecta, nec ullum
Interea populis sollerti in pace beatis
Cessat opus. Nemo piscosum invadere Nilum
Scilicet, ac trepidis acies inferre pedestres
Agricolis audet ...
(Theokr., *Ptolem. Encom.* Idyll. XVII, V. 94, 99, übers. von M. Zamagna. Man kann dieser übrigens so exakten Übersetzung, deren erste Verse vor allem eine Glanzleistung sind, vorwerfen, daran zweifeln zu lassen, ob sich die 33 339 Städte in Ägypten allein oder in der Summe der Länder befanden, die Ptolemäus gehorchten. Der Text selbst erlaubt nicht den mindesten Zweifel über diesen Punkt.

122 Herod., 2. Buch, § 77. S. die Anmerkung von Herrn Larcher über diese Stelle.

123 Diod. Sic., 1. Buch, § 31. – Im Gegensatz zu einigen Manuskripten will Herr Larcher hier nicht dreißigtausend (τρισμυριον) lesen, diese Lesart scheint ihm gegen die Wahrscheinlichkeit zu verstoßen. Sie stimmt jedoch viel besser mit dem Zeugnis Theokrits und der anderen Alten überein als die der dreitausend (τρισχιλιον), die er übernimmt und die völlig unzulässig erscheint, wenn man allein den Gedankengang im Text von Diodor betrachtet.

124 *GV*, 3. Buch, Kap. IX.

sondern auch unter dem theokratischen Despotismus seiner antiken Könige, »die Bürger ohne fremde Mittel, ohne Einbürgerung, ohne Kolonien mehr als an irgendeinem anderen Ort des Universums besiedelten und sich vermehrten«[125].

In der Sitzung des Nationalkonvents vom 25. Dezember 1794 sagte man im Namen des Handelskomitees, daß » Spanien vor der Vertreibung der Mauren achtzig Städte erster Ordnung und fünfzig Millionen Einwohner hatte«[126].

Der Berichterstatter, welcher, wie es scheint, den *Précis historique sur les Maures* kopierte, hätte sagen müssen, daß diese achtzig Städte erster Ordnung sich allein in den Staaten des Kalifen von Cordoba befanden[127], der davon noch dreihundert zweiter Ordnung und eine unendliche Anzahl Marktflecken besaß. Cordoba selbst umfaßte in seinen Mauern zweihunderttausend Häuser. Die Botschafter des griechischen Kaisers kamen, um sich in diesem gewaltigen Stadtgebiet vor dem Kalifen zu verbeugen und von ihm Hilfe gegen die Kalifen von Bagdad zu erhalten, die das Kaiserreich von Konstantinopel ausprеßten.

Die maurischen Könige von Granada besaßen in einem Staat von achtzig Meilen Länge auf dreißig Meilen Breite vierzehn große Innenstädte, mehr als hundert kleine Städte und eine beachtliche Anzahl von Marktflecken. Sie hatten hunderttausend Männer in ordentlichen Truppen und diese Armee konnte sich bei Bedarf leicht verdoppeln. Allein die Stadt Granada stellte fünfzigtausend Krieger bereit.[128]

Und diese mit ihren Waffen so gefürchteten Mauren, waren überdies die besten Landwirte, die hervorragendsten Künstler, die aktivsten Händler und in allen Wissensgattungen die ersten Männer des Universums.

Heute hat ganz Spanien, unter dem Zepter desselben Herrschers vereint, nur zehneinhalb Millionen Einwohner.[129]

Es hat jedoch nie einen stärkeren Despotismus gegeben, als den der Kalifen. Rousseau, der so viele Romane gelesen hatte, erinnerte sich

---

[125] *Ibid.*

[126] *Moniteur*, Nr. 96, S. 367, Dezember 1794.

[127] Diese Staaten umfaßten nur Portugal, Andalusien, die Königreiche von Granada, Murcien, Valencia und den größten Teil von Neu-Kastilien.

[128] Florian, *Précis historique sur les Maures [d'Espagne, Paris, 1791, 2 Bde.]*, S. 51, 57, 113.

[129] Nach dem von Herrn Graf von Florida Blanca mit soviel Genauigkeit wie möglich gegebenen *censo* und in Madrid auf Geheiß des Königs, in-4°, 1787 veröffentlicht. – *N.B.* Die Bevölkerung war seit achtzehn Jahren um eine Million angestiegen. (European Magazine, Dez. 1790, S. 403).

ohne Zweifel daran, in *Tausendundeine Nacht* die Stelle gelesen zu haben, wo der Wesir zu seiner Tochter Dinazarde sagt: »*Sie verstehen, meine Tochter, daß ich, wenn der Sultan mir befiehlt, Sie zu töten, gezwungen wäre, zu gehorchen.*«

Der bürgerliche und religiöse Despotismus der Kalifen ist also *unfehlbar die beste Regierung*[130], oder wenigstens ist er besser, als die gemäßigte Monarchie, da sich unter demselben Himmel, auf demselben Gebiet und inmitten der erbittertsten und grausamsten Kriege, welche die Geschichte verzeichnet, die allgemeine und die Teilbevölkerung zu einem Grad ansteigt, welcher, verglichen mit dem, was wir heutzutage sehen, unglaublich erscheint.

Und ferner ist wesentlich zu bemerken, daß die Völker zu diesem Bevölkerungsgrad nie ohne eine große sittliche Energie gelangen, welche alle Nationen in einer bestimmten Epoche ihres politischen Lebens mehr oder weniger besessen haben. Alle modernen Lehrmeister der Revolte, von der Zeder bis zum Ysop, wiederholen um die Wette, daß der Despotismus die Seelen demütigt – das ist ein weiterer Irrtum. Der Despotismus ist nur dann schlecht, wenn er in ein Land eindringt, das für eine andere Regierung geschaffen ist, oder wenn er in einem Land, wo er an seinem Platz ist, entartet. Aber während diese Regierung in ihrer vollsten Blüte steht, ist das Volk auf seine Art groß und tatkräftig, genauso und vielleicht mehr als in den Republiken.

Waren diese erstaunlichen Araber also gemeine und schwächliche Männer, welche die Hälfte des Globus durcheilten, den Koran in der einen und das Schwert in der anderen Hand und »*Sieg und Paradies*« riefen? Begeben wir uns in das Jahrhundert Omars. »Asien zittert vor ihm und die schrecklichen, in ihren Siegen bescheidenen Muselmanen, bewahren inmitten der schönsten, reichsten und köstlichsten Länder der Erde, im Herzen der korrumpiertesten Völker ihre ernsten, einfachen Sitten, ihre strenge Disziplin und ihren Respekt vor der Armut, indem sie ihre Erfolge Gott allein widmen. Während der Plünderung einer Stadt sieht man die letzten Soldaten auf den Befehl ihres Befehlshabers plötzlich anhalten und ihm zuverlässig alles Gold und Silber, das sie weggenommen haben, übergeben, um es in die Staatskasse zu legen. Man sieht diese so tapferen, im Umgang mit dem König so stolzen Feldherren nach einem Billet des Kalifen den Dienst quittieren oder den Befehl wieder aufnehmen, und auf seinen geringsten Wunsch hin nach und nach Gene-

---

[130] Rousseau, am angegebenen Ort.

räle, einfache Soldaten und Botschafter werden. Man sieht überdies Omar selbst, Omar den mächtigsten, den reichsten Herrscher, den größten der Könige Asiens, sich auf einem roten Kamel, beladen mit je einem Sack Gerste und Reis, einem Schlauch Wasser und einem Holzgefäß nach Jerusalem begeben. Er bewegt sich in diesem Aufzug mitten durch die besiegten Völker, die sich auf seiner Durchreise drängen, um ihn zu bitten, sie zu segnen und über ihre Streitfälle zu richten. Er kommt bei seiner Armee an, um ihr die Einfachheit, die Tapferkeit und die Bescheidenheit zu predigen. Er zieht in Jerusalem ein, vergibt den Christen, bewahrt die Kirchen und kehrt, nachdem er auf sein Kamel gestiegen ist, nach Medina zurück, um für sein Volk das Gebet zu verrichten.«[131]

Unter Soliman II. waren die Türken alles, was sie sein konnten und alles, was sie sein sollten – Europa und Asien zitterten vor ihnen. Der berühmte Busbeck beobachtete sie zu dieser Zeit und wir haben den Bericht seiner Gesandtschaft. Es gibt wenige gleich merkwürdige Denkmäler. Dieser Mann hatte das richtige Augenmaß und sein öffentlicher Auftrag versetzte ihn in die Lage, alles zu untersuchen. Es ist interessant zu sehen, wie er diese Regierung beurteilte. Eines der Dinge, die ihm am meisten erstaunten, war die militärische Disziplin. Er besuchte ein Feldlager, und die Beschreibung, die er uns davon hinterlassen hat, gibt an unsere Herzen den Eindruck und die Gemütsbewegung weiter, die das seine dabei empfand. Inmitten dieser unzähligen Legionen von Turbanen hörte er nicht das geringste Geräusch. Überall war die schreckliche Stille der Disziplin[132], nirgends bemerkte man die geringste Unordnung oder die geringste Unruhe. Jeder blieb in der größten Ruhe an seinem Platz, die Stabsoffiziere sitzend und der ganze Rest stehend.[133] Aber nichts zog die Aufmerksamkeit so auf sich, wie der Anblick von einigen Tausend Janitscharen, die man in der Entfernung sah. Busbeck, der davon unterrichtet war, daß die Etikette den Gruß von seiner Seite verlangte, grüßte die Janitscharen, die alle zusammen seinen Gruß

---

[131] Florian, *Précis historique sur les Maures*, 1. Epoche, in-12°, 1792, S. 21. – Diejenigen, welche die Geschichte der Araber kennen, werden diesen Autor nicht beschuldigen, nach der Phantasie geschildert zu haben.

[132] *Nunc ades et mecum maximam multitudinem turbinatorum capitum specta ... Imprimis vero in tanta multitudine silentium et modestia ... nullae ibi voces; nullum murmur.* (Gisl. Busbeckii legatio turcica, Ep. I) [Augier-Ghislain de Busbecq (1522-1592), flämischer Diplomat und Memoirenschreiber, als Botschafter in der Türkei unter Soliman II.].

[133] *Nulla concursatio; summa quiete quisque sui odrinis locum tuebatur. Sedebant summa capita quae ipsi Aga vocant ... Vulgus stabat.* (*Ibid.*).

schweigend erwiderten. *Bis dahin*, sagt er, *hätte ich daran zweifeln können, ob ich Männer oder Statuen sah.*[134] Die Waffen und Ausrüstungen waren prächtig, aber inmitten dieses militärischen Luxus leuchtete der Sinn für die Einfachheit und die Sparsamkeit.[135]

Wie sehr verachtet er die Weichlichkeit unserer Armeen, wenn er sie mit der Schlichtheit, der Mäßigung und der unbezwingbaren Geduld des türkischen Soldaten vergleicht![136]

Unter seiner Feder leuchtet der nationale Enthusiasmus der Türken und diese sittliche Kraft, welche Großes hervorbringt. Er zeigt uns und läßt uns diesen auf dem Schlachtfeld sterbenden Soldaten hören, der zu den ihn Umgebenden sagt: *Geht meinem Vaterland sagen, daß ich für seinen Ruhm und für den Fortschritt meiner Religion gestorben bin*[137], er gibt uns den Schrei seiner Kameraden wieder, die ausrufen: *Oh, der glücklichste aller Menschen! Wer würde nicht dein Schicksal beneiden?*[138]

Als jedoch derselbe Beobachter von der Untersuchung des Militärwesens zu derjenigen über die bürgerliche Verfassung der Türken übergeht, sieht man deutlich, daß er uns ihnen unter diesem allgemeinen Gesichtspunkt ebenso unterlegen findet, wie wir es unter dem besonderen Gesichtspunkt der Waffen waren. Was er über den Adel sagt, verdient besondere Aufmerksamkeit. Er ist von den exklusiven Privilegien dieser Klasse in den christlichen Staaten schockiert, und die Türken erscheinen ihm viel weiser. »Hier«, sagt er »erhalten die großen Taten die Ehren und die Macht – bei uns ist das anders: die Abstammung erhält alles und der Verdienst nichts.«[139]

Anderswo läßt er sich länger aus: »Der Fürst«, sagt er, »verteilt die Ämter und seine Wahl wird nicht vom Reichtum, vom Trugbild der

---

[134] *Digna erant praecipuque quae spectarentur aliquot Gionizarorum millia, qui longo ordine sejuncti a reliquis, tam immoti stabant ut me diu judicii incertum redderent, hominesne essent an statuae.* (*Ibid.*, Ep. I).

[135] *In tanto tamen luxu magna simplicitas et parcimonia.* (*Ibid.*).

[136] *Turcae cum extremis difficultatibus patientia, sobrietate victus et parcimonia pugnant et se rebus melioribus servant, longe aliter quam milites nostri.* (*Ibid.*).

[137] Diese schöne Gemütsbewegung erinnert an das so bekannte Epitaph der 300 Spartaner, die in den Thermopylen starben:

Dic, hospes, patriae, nos te hic vidisse jacentes
Dum sanctis patriae legibus obsequimur.

Aber hier ist es der Held, der den Auftrag gibt, während in den Thermopylen es der Marmor ist, der für die Toten spricht.

[138] *O te ter felicem*! usw. (*Ibid.*, Ep. III).

[139] *Illi rebus gestis florent, dominantur ... Apud nos aliis vivitur moribus; virtuti nihil est redictum loci; omnia natalibus deferuntur.* (*Ibid.*, Ep. II).

Abstammung, von der Protektion eines Individuums oder vom Urteil der Masse bestimmt. Die Tugenden allein, das Benehmen, der Charakter, die Fähigkeiten werden berücksichtigt, und jeder wird im Verhältnis zu seinem Verdienst belohnt.«[140]

Indem er uns mit den Türken vergleicht, konnte Busbeck schließlich nicht umhin, auf der einen Seite *alle Tugenden, die die Reiche erstrahlen lassen und auf der anderen alle Laster, die deren Ruin herbeiführen, zu sehen.* Der Mut verließ ihn, und er war an dem Punkt, am Heil des Christentums zu verzweifeln.[141]

Mably hätte an Busbecks Stelle keine Bedenken gezeigt. Er wußte, daß es für die »Untertanen der despotischen Fürsten und besonders für die Türken keine anderen Tugenden als die Geduld gibt, sowie einige nützliche Qualitäten der Sklaven, die mit der Faulheit und der Furcht vereinbar sind.«

Diese Gymnasial-Albernheiten wären gut (denn alles, was unterhält, ist gut), wenn sie nicht den Nachteil hätten, auf die schlechten Köpfe einzuwirken und sie immer noch falscher und gefährlicher zu machen.

In diesem Augenblick sind die Türken schwach und andere Völker unterwerfen sie, weil diese Schüler des Korans *Esprit* und Schulen der Wissenschaft besitzen, weil sie französisch können, weil sie nach europäischer Art exerzieren: mit einem Wort, weil sie keine Türken mehr sind. Wenn man von ihrer Unwissenheit und ihrer Barbarei spricht, hat man möglicherweise Recht, aber wenn es darauf abzielt, ihre Regierung zu tadeln, so weiß man nicht, was man sagt.

Im allgemeinen verstehen wir fast nichts von der Gesamtheit der Dinge und darin sind wir allzu entschuldbar, aber wir sind es nicht

---

140 *Munera et officia princeps ipse distribuit in quo non divitias, non fumum nobilitatis pendit; non gratiam cujusquam, aut multitudinis judicium moratur, sed merita considerat, sed mores ingeniumque atque indolem intuetur. Ex sua virtute unusquisque ornatur.* (*Ibid.*).

141 *Quae cogitantem horror corripit quid postremo futurum sit cum hanc nostram rationem cum eorum comparo: superare alteros, alteros interire necesse est; ambo certe incolumes esse non possunt. Ab illa parte stant immensae imperii opes, vires integrae, armorum usus et exercitatio, miles veteranus victoriarum assiduitas, laborum patientia, concordia, ordo, disciplina, frugalitas, vigilantia: ab hac nostra, publica egestas, privatus luxus, deminutae vires, infracti animi, laborum et armorum insolentia, contumaces milites, duces avari, disciplinae contemptus, licentia, temeritas , ebrietas, crapula; quodque est pessimum, illis vincere, nobis vinci solitum. (Ibid., Epist. III).*

Quid nostra arma cum his collata valeant utinam nobis ignorare liceat! (*Ejusdem de re militari contra Turcas institut. concil. ad calcem legat. turcicae*).

darin, zu ignorieren, daß diese Gesamtheit existiert. Die Vorstellungswelt von Descartes repräsentiert ziemlich gut die politische Welt, Jede Nation ist ein eigener Wirbel, gleichzeitig drängend und bedrängt, so daß die *Summe* nur die Vereinigung dieser Wirbel darstellt, und die Nationen sich untereinander wie die Individuen verhalten, die sie zusammensetzen. Jedes Mitglied dieser großen Familien, die man *Nationen* nennt, hat einen Charakter, Fähigkeiten und eine besondere Mission erhalten. Die einen sind dazu bestimmt, schweigend über ihren Lebensweg zu huschen, ohne ihr Vorüberschreiten bemerkbar zu machen, andere machen im Vorübergehen Lärm, und fast immer besitzen sie die Berühmtheit an Stelle des Glücks. Die individuellen Fähigkeiten sind in einer göttlichen Pracht unendlich vielfältig gestaltet, und die strahlendsten sind nicht die nützlichsten, aber alles ist nützlich, alles ist an seinem Platz, alles ist Teil der allgemeinen Einrichtung, alles führt unveränderlich zum Ziel, eine Gemeinschaft zu gründen.

In dieser Menge an Individuen gibt es welche, die unter einem versteckten Anathem geboren zu sein scheinen. Es gibt Verrückte, Dummköpfe, physisch und sittlich degradierte Wesen. Alles, was man von ihnen weiß, ist, daß sie da sind. Zu was ist dieser *Kretin* der Alpen nützlich? – Fragen Sie den, der das Gehirn Newtons geformt hat.

Mit den Nationen ist es wie mit den Individuen. Alle haben eine Wesensart und eine Mission, die sie erfüllen, ohne zu wissen, was sie tun. Die einen sind gelehrt und die anderen eroberungslustig, und die allgemeinen Charaktere sind noch unendlich vielfältig gestaltet. Unter den eroberungslustigen Völkern sind die einen ausschließlich zerstörerisch und die anderen scheinen nur zu zerstören, um für die Schöpfung eines neuen Geschlechts Platz zu machen. Die Orientalen waren schon immer kontemplativ, die Intuition scheint ihnen wesensmäßiger zu sein als die Urteilskraft. Da sie viel mit ihresgleichen zusammenleben und weniger als wir über äußere Gegenstände nachdenken, ist ihre Seele offener für spirituelle Eindrücke: daher kommen alle Religionen aus Asien.

Unter den gelehrten Nationen gibt es welche, die nur wenig oder gar kein Talent für diese oder jene Art von Kenntnissen besitzen, andere scheinen sie alle mit ungefähr gleichem Erfolg zu kultivieren, wieder andere schließlich sind auf eindrucksvolle Art zu einer gewissen Wissenschaftsgattung geführt worden, die sie fast immer mißbrauchen.

So gaben sich die Araber, die ein außergewöhnliches Talent für die Medizin und die Chemie hatten, der Magie und allen Formen von Geisterbeschwörungen hin, und die Chaldäer, welche große Astronomen waren, ergaben sich in dem Maße der Astrologie, daß in der Folge der Name *chaldäisch* Synonym für den des *Astrologen* wurde. Paracelsus und Kepler selbst stellten zwei Muster dieser Art von Nationen dar.

Die Franzosen erfinden nichts und unterrichten alles. Sie haben sehr wenig Talent für die Medizin, und, wenn man das Buch Sénacs über das Herz akzeptiert, der selbst mehr der Physiologie als der eigentlichen Medizin angehört, so bezweifle ich, daß Frankreich ein einziges eigenständiges Werk über diese Wissenschaft hervorgebracht hat.

Die Engländer dagegen haben sich in dieser Gattung unendlich ausgezeichnet, und während das Studium der Medizin in anderen Ländern unendlich viele und sogar geschickte Männer zum Materialismus geführt hat, so demonstrieren dagegen die englischen Mediziner eine ebenso durch ihren moralischen und religiösen Charakter wie durch ihre tiefen Kenntnisse ausgezeichnete *Zusammenstellung* von Namen.[142]

Ich würde über mein Thema hinausgehen, wenn ich diese Betrachtungen fortführen würde: es genügt, um fühlbar zu machen, wie lächerlich wir sind, wenn wir diese oder jene Regierung anklagen, die Völker zu verdummen. Keine Nation verdankt ihren Charakter ihrer Regierung, genauso wenig wie ihre Sprache. Im Gegenteil, sie verdankt ihre Regierung ihrem Charakter, der in Wahrheit in der Folge durch die politischen Institutionen immer gestärkt und vervollkommnet wird. Wenn Sie eine Nation dahinsiechen sehen, so kommt das nicht daher, daß ihre Regierung schlecht ist. Es kommt daher, daß diese Regierung, welche die Beste für sie ist, wie alle menschlichen Dinge verfällt, oder es kommt vielmehr daher, daß der nationale Charakter verbraucht ist. Dann erleiden die Nationen entweder politische Wiedergeburten oder sie sterben. Es gibt nichts Unbegründeteres als unsere ewigen Reden über die Unwissenheit der Orientalen. Diese Männer wissen, was sie wissen müssen, sie streben einem allgemeinen Ziel zu, sie gehorchen ebenso einem universellen Gesetz wie wir, die Broschüren herstellen. – Die Unwissenheit geht übrigens weder auf das Klima noch auf die Religion noch auf die Regierung zurück: der Charakter einer Nation hat tiefere Wurzeln. Man wiederholt immer wieder, daß der Mohammedanismus die Unwissenheit begünstigt – keineswegs! Die Regierung lehnt in Konstantinopel die Wissenschaft ab und holte sie nach Bagdad und Cordoba, in dem Moment, als der Islam seine Blütezeit erlebte. Einige heilige Personen der christlichen Kirche, welche damals gegen

[142] Das ist die Bemerkung eines Unbekannten im *European Magazine*, 179 ..., Nr. ... (Diese Anmerkung ist mir entfallen).

die Wissenschaften beinahe das Argument Omars anführten, haben uns nicht daran gehindert, das zu sein, was wir sind. Und da es sich um Wissenschaften handelt, möchte ich bemerken, daß wir uns in Europa zu sehr zu glauben angewöhnen, daß die Menschen nur erschaffen wurden, um Bücher zu schreiben. Voltaire besaß diese Lächerlichkeit im höchsten Grad. Er glaubte, daß eine Nation, die kein Theater und kein Observatorium besäße, nicht würdig sei, zu atmen. Seine kleinen Humanwissenschaften verdrehten ihm so sehr den Kopf, daß er bei der Rückkehr der Mitglieder der Akademie, die ausgezogen waren, um einen Meridiangrad am Pol zu messen, in einer Ode die Engel mit dieser lächerlichen Apostrophe ansprach:

Sprecht! Wart ihr nicht auf den großen Newton eifersüchtig?

Pope war viel klüger, viel tiefsinniger und viel spiritueller, als er, ebenfalls zu den Engeln sprechend, sagte:

Newton war für sie, was ein Affe für uns ist.[143]

Es gibt vor Dem, der die Nationen gemacht hat, keine Wissenschaften, selbst dem Weisen ist es nicht erlaubt, stolz auf das zu sein, was er weiß, wenn er an das denkt, was er nicht weiß. Wenn man im übrigen über den Nachteil der Wissenschaften nachdenkt, so könnte man von ihnen, ohne so weit zu gehen wie Rousseau, das sagen, was Tacitus von den Edelmetallen gesagt hat, als er von einem einfachen Volk sprach, das sie nicht kannte: »Es ist die Frage, ob die Gottheit sie in ihrer Güte oder in ihrem Zorn zurückweist.«[144]

Die Wissenschaften sind gut, wenn sie uns besser oder glücklicher machen. Wie auch immer, seien wir so weise, wie man es auf diesem stumpfsinnigen Planeten sein kann, und da dies unser Schicksal ist, ziehen wir unseren Nutzen daraus, aber wir sollten nicht immer so sehr geneigt sein, uns den anderen vorzuziehen. Jedes Volk erfüllt seine Mission, wir verachten die Orientalen, und sie verachten uns: wo ist der Richter zwischen uns? Sehen Sie diese Paschas, diese in Ungnade gefallenen Wesire! Das Meer bietet ihnen eine sichere Flucht, unermeßliche Reichtümer an Möbeln versprechen ihnen in allen Ländern den Wohlstand, sie kennen unsere Gastfreundschaft und diese zuvorkommende Neugier, die uns alles mit Begeisterung empfangen läßt, was wir nicht

---

[143] *Essay on man*, Brief ... V ... [Alexander Pope (1688-1744), engl. Dichter, *An Essay on man*, London 1748.

[144] *Argentum et aurum propitii, an irati dii negaverint dubito.* (Tacitus, *de Mor. Germ.*, V).

alle Tage gesehen haben. Wie bieten ihnen unsere Künste, unsere Freiheit und unsere Höflichkeit an, doch sie wollen weder unsere Künste noch unsere Freiheit noch unsere Höflichkeit. Sie bleiben unter sich, erwarten die Peitsche und ihre Nachkommen sagen stolz: »Bei uns stirbt man nicht in seinem Bett.«[145]

Der Gipfel des Wahnsinns wäre, zu behaupten, daß der Charakter der Völker ihr Werk sei. Wenn wir jedoch sagen, daß sie ihre Regierung gemacht haben, so ist es derselbe Wahnsinn mit anderen Worten.

Befragen wir die Geschichte: wir werden sehen, daß jede Nation gewissermaßen beständig in Bewegung ist und tastet, bis eine gewisse Vereinigung von Umständen sie genau in die Lage bringt, die ihr gemäß ist. Dann entfaltet sie plötzlich ihre ganzen Fähigkeiten auf einmal, sie strahlt auf prachtvollste Weise, sie ist alles, was sie sein kann, und niemals hat man eine Nation in diesen Zustand zurückkommen sehen, nachdem sie ihn verwirkt hat.[146]

---

[145] Eine türkische Dame machte diese Bemerkung gegenüber Mylady Wortley-Montagu. Sie hatte den Ton einer Französin, die unter ihren Vorfahren fünf oder sechs Feldmarschälle gezählt hätte, die auf dem Schlachtfeld gestorben waren. (Siehe die Briefe dieser geistreichen Lady).

[146] Bolinbrocke hat gesagt, daß die Nationen sich erneuern könnten. Er hätte es jedoch beweisen müssen. Hier nun, was mir viel wahrer erscheint: daß nämlich die Nationen, indem sie ihre Epoche des Verfalls durchlaufen, von Zeit zu Zeit gewisse Anläufe von Stärke und Größe haben können, die ihrerseits wie die gewöhnlichen Zeiten im abnehmenden Fortschreiten begriffen sind. Daher war das Römische Reich in seinem Niedergang unter Trajan groß, jedoch weniger als unter Augustus, es glänzte unter Theodosius, aber weniger als unter Konstantin. Schließlich hatte es bis unter dem Pedanten Julius und unter Heraklius schöne Momente, aber das abnehmende Fortschreiten ging seinen Gang und wechselte nicht das Gesetz. Der höchste Punkt einer Nation ist der, wo ihre intellektuelle Stärke zusammen mit ihrer physischen Stärke ihr *Höchstmaß* erreicht; und dieser Punkt, der vom Zustand der Sprache bestimmt ist, hat für jede Nation nur einmal stattgefunden. Es ist wahr, daß der Zustand von dem ich spreche, kein unteilbarer Punkt ist, und daß er für mehr oder weniger empfänglich ist. Daher, und um sich nicht in Spitzfindigkeiten zu verlieren, befindet sich Augustus auf dem Scheitelpunkt und seine Regierungszeit nimmt einen gewissen Teil von der Spitze der Kurve ein, wenn man die Zunahme und den Verfall des Römischen Volkes durch eine Parabel darstellt. Auf der einen Seite steigt man bis zu Terenz oder Plautus herab, auf der andern Seite bis zu Tacitus. Dort endet das Genie, dort beginnt die Barbarei, die Stärke setzt sich, dabei immer schwächer werdend, entlang der beiden Seitenwurzeln fort, sie wird mit Romulus geboren.

Betrachten wir nun die Stadien der französischen Nation. Sie hat besonders geglänzt unter den Regierungszeiten von Chlodwig I., Karl dem Großen, Philipp-August, Karl dem Weisen, Franz I., Heinrich IV., Ludwig XIII. und

Dieser strahlende Punkt war für Frankreich das Jahrhundert Ludwigs XIV. Kein Herrscher des Universums war mehr König als dieser Fürst. Der Gehorsam war unter seiner Herrschaft ein wirklicher Kult und nie waren die Franzosen weder gehorsamer noch größer. Dann sah man den Typus par excellence der französischen Wesensart in der ganzen Vollkommenheit, derer er fähig ist. Es war eine Mischung aus Religion, aus Rittertum, Genie, Liebenswürdigkeit und Galanterie – es stellte schließlich ein so leuchtendes Ganzes dar, daß Europa sich vor diesem einzigartigen Charakter verbeugte, ihn zum Vorbild der liebenswürdigen Größe erklärte und seinen Stolz daran setzte, ihn nachzuahmen.

Die allgemeine Schlußfolgerung, die man aus allen diesen Beobachtungen ziehen muß, lautet, daß es unmöglich ist, daß eine Nation nicht für die Regierung gemacht ist, unter welcher man sie auf einmal alle ihre sittlichen Fähigkeiten entfalten sieht. Da nun alle Nationen diesen hohen Grad an Größe unter verschiedenen Regierungen erreicht haben, so folgt daraus, daß alle Regierungen gut sind, und ebenso folgerichtig, daß es keinen Gesellschaftsvertrag gibt, keine Übereinkunft und keinen

---

unter Ludwig XIV. Bis zu dieser letzten Epoche hat sie nicht aufgehört, emporzusteigen und alles, was sie unter den unglücklichen Regierungszeiten erduldet hat, muß in den Rang dieser schmerzhaften Erschütterungen gestellt werden, welche die Nationen nicht erneuern (denn niemand hat bewiesen, daß sie erneuert werden können), sie aber vervollkommnen, wenn sie in ihrer fortschreitenden Periode sind und sie zum höchsten Punkt ihrer Größe drängen.

Man kann heute kluge Fragen über Frankreich stellen: z.B. dieser höchste Punkt, von dem wir sprechen, kann er durch die Zeitgenossen oder durch ihre unmittelbaren Nachkommen bestimmt werden? Wird ein anderes Jahrhundert noch dasselbe Erscheinungsbild repräsentieren können wie das XVII., d.h. alle Talente auf der höchsten Stufe vereint, in Frankreich, von den Franzosen und in derselben Epoche? Kann die Sprache dieser Nation sich vervollkommnen? Gibt es und kann es Beweise dafür geben, daß die Nation ihre Periode des Verfalls begonnen hat? Die Argumente, die man vorbringen würde, um sie zu bejahen – hätte man sie zur Zeit der Jacquerie [Aufstand frz. Bauern, genannt »les Jacques«, in 1358 gegen den Adel, die Unterdrückung und durch ihre Lehnsherren] oder der Liga [Bündnis der katholischen Partei in Frankreich 1576 zur Bekämpfung des Protestantismus] hervorbringen können? Da alle Nationen, die wir vorüberziehen gesehen haben, auf die gleiche Art gestorben waren, d.h. durch neue Nationen, die sich auf dem eigenen Boden dieser letzteren durch Eroberung gerade an die Stelle der anderen gesetzt hatten. Und wenn dieser Austausch nicht stattfindet und die korrumpierteste Nation, die man sich ausdenken könnte, in ihren Grenzen ruhig bleibt, kann sich auf demselben Boden eine neue Nation bilden, eine wirklich *andere*, obwohl sie dieselbe Sprache spricht? ... Die Untersuchung dieser Fragen, über die die Geschichte stumm zu sein scheint, würde mich zu weit führen und übrigens meine Kräfte übersteigen. Ich begnüge mich also damit, sie aufzuwerfen, wie das *Journal de Paris* einmal sagte.

Beschluß über die Annahme der Souveränität im allgemeinen, noch über diese oder jene Herrschaft im besonderen. Denn der Mensch hat sich nicht selbst gesellschaftsfähig gemacht, noch hat er sich im besonderen für diese oder jene Regierung geeignet gemacht. Die Nationen ebenso wie die Individuen sind also nach dem Ausdruck des Thales [von Milet] nur die *Werkzeuge Gottes*, der sie formt und sich ihrer seinen verborgenen Absichten gemäß bedient, welche man allerhöchstens erahnen kann. Wenn sie anfangen, sich selbst kennenzulernen und über sich nachzudenken, wird ihre Regierung für Jahrhunderte gemacht sein. Keine kann ihren Anfang zeigen, weil er immer den geschriebenen Gesetzen vorausgeht, die immer nur Deklarationen vorangegangener, nur in das universelle Bewußtsein eingeschriebener Gesetze sind. Die großen Gesetzgeber, die Gesetzgeber par exellence, beweisen nichts gegen die allgemeine These, sie bestätigen sie sogar. Zuerst sind sie aufgrund ihrer kleinen Anzahl Naturerscheinungen, Wunder, die im wahrsten Sinne des Wortes eine dem menschlichen Wirken höherstehende Wirkmacht noch besonders bezeugen und fühlbar machen. An zweiter Stelle braucht man zwei Dinge, um eine Maschine einzurichten, erstens einen Künstler, der fähig ist, sie auszuführen, und zweitens eine Materie, die den Absichten des Künstlers gehorcht. Ebenso bringt der Gesetzgeber nichts hervor, wenn er nicht unter den Händen eine *Materie* hat, d.h. ein Volk, das gemacht ist, um seinem Handeln zu gehorchen, und dieses Volk hat sich nicht als solches gemacht. Der große Mann, der es bildet, ist bereits ein Wunder.

Die Souveränität ist dem Volk also auf zwei Arten fremd, da es weder über die Herrschaft im allgemeinen noch über die besondere Herrschaft, die es regiert, einen Beschluß gefaßt hat. In einem abstrakten Sinn ist das Volk auf dem Janikulus genauso passiv wie der Pascha, der die Peitsche empfängt und sie küßt. Der stürmende Soldat entfaltet sicher eine große Aktivität, er gehorcht jedoch nur seinem General, der ihn in den Sieg oder in den Tod schickt. Darin gleicht er dem Volk, das die größte Energie für seine Freiheit beweist, Qualitäten entfaltet, die es erhalten hat und die es für diese Regierung fähig machen. Alles bringt uns also zum Urheber aller Dinge zurück. Die Macht kommt von ihm, der Gehorsam kommt von ihm, alles kommt von ihm, außer das Böse ...

Dieses Werk wurde nicht weitergeführt; es ist übrigens nur ein Entwurf, der noch nicht einmal erneut gelesen wurde
(ANMERKUNG DES AUTORS).